大方
sight

盛世 西汉

侯杨方

中信出版集团 | 北京

图书在版编目（CIP）数据

盛世．西汉 / 侯杨方著．--北京：中信出版社．
2019.6
（盛世启示）
ISBN 978-7-5217-0529-4

I. ①盛…　II. ①侯…　III. ①中国历史-西汉时代
IV. ① K22

中国版本图书馆 CIP 数据核字 (2019) 第 086556 号

盛世：西汉

著　者：侯杨方
出版发行：中信出版集团股份有限公司
　　　　　（北京市朝阳区惠新东街甲 4 号富盛大厦 2 座　邮编　100029）
　　　　　（CITIC Publishing Group）
承 印 者：上海盛通时代印刷有限公司

开　本：880mm×1230mm　1/32　　印　张：13.9375　　字　数：205 千字
版　次：2019 年 6 月第 1 版　　　　印　次：2019 年 6 月第 1 次印刷
广告经营许可证：京朝工商广字第 8087 号
书　号：ISBN 978-7-5217-0529-4
定　价：58.00 元

目录

序：剖析对现代中国影响最深的两段历史

中国现存的本国历史书大概是世界之最，大至历朝历代，小至家族个人，都有大量文献资料，以及后人为之撰写的历史书。从研究出发，当然史料和史书多多益善，不厌其烦，但从学习和了解历史出发，不得不有所选择，因为它们的数量已经远远超出了一般人终身的阅读量。正因为如此，如何根据当代人的不同需求，写出最适用于某一类读者的历史书，是历史学家的一项重要任务。

历史有两种写法，一是科学化，即运用社会科学和自然科学的方法探寻历史内在的规律，其代表是法国年鉴学派以及经济史、自然史、人口史等专门史学派；二是叙事化、文学化，其杰出的代表是司马迁的《史记》，是一部纪传体史书，另一代表是《资治通鉴》，也以叙事为主，兼具文学化。两种写法各有侧重，各有所长，前者更适合专业读者，后者更受一般读者的欢迎。

本书作者侯杨方博士的研究领域是经济史、人口史以及历史地理，均属于第一类科学化历史研究的范畴，他曾利用人口学方法撰写了《中国人口史》第六卷（1910—1953年）。他酷爱历史，并不满足于专业研究，还阅读了大量史书，其读书心得不时见诸报刊，颇受非专业的读者喜爱。他既有扎实深厚的专业基础，又有简洁可读的文笔，加上阅历渐增而对历史理解愈深，终于在不惑之年写出了综合两种写法的这本新书——既有对人性、历史事件本身的分析，也侧重于从人口、经济、环境的角度去阐释传统的历史叙事，通过分析权力结构与政治生态的长时期性变化来探究历史的内在发展逻辑。

本书从始至终反复强调职业经理人是不可靠的，因为这是由基本的人性决定的，是超越社会制度与时代的存在。作为管理国家的职业经理人，官僚集团同样如此，因此必须要有一个有效的监督、制约机制。作为职业经理人，官僚们会出于自身利益而罔顾国家、社会的长远利益，或渎职、不作为，或从个人到组织化的贪腐，这些都是官僚们或人类的自然天性。在当时的社会与技术条件下，不可能通过民主宪政的方式，而只有通过皇权与官僚集团抗衡，并进行制约、监督。与天然具有短期行为的官僚集团不同，家天下的皇权代表的是政权的长远利益，因此在一定程度上与国家、民众的长远利益比较吻合。汉武帝、汉宣帝、雍正帝对官僚、贵族强势集团进行了一系列严厉的打击，以缓和社会阶级矛盾，汉文帝、汉宣帝、康熙帝、乾隆帝又通过大规模的减免赋税让利于普通民众，而这些行为都严重损害了官僚、贵族们以及强势集团的利益。如果没有强大皇权，这些行为都是不可能得到有效执行的。西汉盛世与康乾盛世能够长期强盛，与当时的皇权强大，能比较有效制约官僚集团密切相关，信赏必罚的体制创造出了高效的组织力与执行力，这是两个盛世非常突出的特点，本书着重从这个角度与权力结构的转移变化来叙述、阐释历史。

历史事件在其必然性的背后也有偶然性，这两个盛世的最高执政者大多是历史上的杰出政治家，不仅具有高超的政治规划与执行力，而且有坚强的意志力，他们的存在本身就是非常偶然的现象，并非历史常态，因此他们才能独排众议，做出某些突破常规的举动，从而改变了历史的进程，这也是盛世并非常态的重要原因所在。历史的必然性则表现在气候、经济、人口、技术等长时段的背景变化方面，这些变化犹如缓慢而不可逆转的地壳运动，在上面活动的人类并没有意识到脚下的运动，再杰出的历史人物也无法扭转历史的大趋势，最多只能延缓或加速，这就是历史必然性与不可控性。虽然本书作者的专业研究更侧重于第一类的科学化，但在本书中他却较好结合了偶然性与必然性，较为平衡、客观地分析了这两个盛世发育、壮大以及衰落的全过程，以及其中的人为与自然的双重因素，而不是过于强调某一方面，特别是传统史学容易过分强调的人为一面，即所谓的明君贤臣史观，同时也没有将历史解释成为单纯的物理要素的组合。

本书的主人公无疑是创造盛世的杰出政治家、军事家们，盛世同时也是这些杰出历史人物集中涌现的年代。本书对这些主人公无疑抱有一种同情之理解，即试图在当时的历史情境下理解他们的所作所为，而不是用现时的观念与标准去削足适履地评判他们，否则他们都很难摆脱大独裁者及其帮凶的头衔，这样历史就会沦于一种儿童式的漫画。对历史的评价应是多元的，不能非黑即白，非优即劣，而更多会带有一种混合的复杂。这些引领时代的历史人物也具有不同程度的优、缺点，所作所为既有值得肯定、敬佩之处，也有引起非议之处，只有抱着这样的理解才能较好地还原一个相对丰满、真实的历史。

本书行文流畅、清晰，没有晦涩难懂的术语，但也没有运用当下流行的戏说体。本书引用的史实都给出了明确的出处，并引用了大量原始、可靠的材料，体现了作者长期从事学术研究的严谨，并对一些基本的史实给出了自己的解释与考证，比如对长期争论纷纭的雍正帝继位问题的考证与解释就很有新意。"言之无文，行之不远"与"文以载道"这两句古语并不矛盾，一本好的历史书应该是两者的结合，既有可读性，又有学术性与思想性，并能给读者以启发，让他们在会心一笑之后又有所回味。

葛剑雄

前言：在盛世与衰世之间

为什么选择西汉与清朝？

中国历史以秦始皇统一为标志，可以分为两个阶段，之前的"先秦"，之后的"后秦"。"后秦"时代一直延续到了 20 世纪初，长达 2 200 多年，主要特征是实行家天下的帝制，均以建立一个中央集权的大一统帝国为目标，而"先秦"则是分封制。秦始皇统一六国建立的中央集权的帝国只存在了 12 年，就被六国的旧王族、贵族以及民众联手颠覆，中国重新回到了群雄割据的内战时代。在这场史称"楚汉相争"的新版七国争雄的内战中，先秦诸国的王族、贵族被消灭殆尽，原楚国的一个平民刘邦率领一群平民在废墟上建立了汉朝，这是中国历史上第一个"布衣卿相"——即由平民建立的政权。

虽然表面上继承了秦朝的制度，汉朝实质上更类似于先秦的周朝，并不是一个中央集权的大一统帝国；皇帝只是天下的盟主，全国 62 个郡，他只能控制其中的 15 个，其他地区均由楚汉之争中的盟友们即所谓的异姓诸侯王们控制，历史似乎又恢复到了从前。汉高帝刘邦运用各种阴谋、阳谋翦除了异姓诸侯王，但吸取了秦朝迅速崩溃的教训，他将同姓的子弟分封到全国各地建立了众多的同姓诸侯国以维护、巩固刘家的政权，而不是像秦始皇那样建立一个中央集权的郡县制帝国。当时处于长期独立状态下的民众毕竟并未形成一个统一国家的认同，统一需要循序渐进，所以汉朝不能像秦朝那样急于求成。随着时间的推移，当年刘邦的子侄们逐渐长大成人，与中央政府的离心力越来越强，最终演变成为七国之乱的内战。战后，诸侯王国的独立性大大削减；汉武帝又通过推恩令等一系列措施，使得诸侯王国实质变成中央直辖的政区，汉朝终于实现了中央集权，成为一个统一的国家。

经过70年的韬光养晦，实行轻徭薄赋、宽政简刑的仁政，汉朝实现了国强民富，汉武帝才有可能北击匈奴，南平两越，开疆拓土，不仅全面恢复而且超过了秦朝的版图；独尊儒术不仅为了加强皇权，而且通过官方提倡的意识形态来塑造全体民众对统一国家的认同。秦朝只是昙花一现，汉朝才是中国历史上第一个稳定的大一统帝国，并成为历代王朝仿效的样板。无论后来的历史如何跌宕起伏，分分合合，重现汉朝，更准确地说，重现汉武帝的大一统帝国都是历代王朝的最高理想。汉武帝的杰出继承人汉宣帝在中国历史上第一次征服了蒙古高原的游牧帝国，并第一次占领、统治遥远的中亚，此时的汉帝国统一了东亚农耕区与中亚游牧区，这又成了以后历代杰出有为的皇帝们追求的最高政治理想——成为华夷天下共主。在当时的世界上，汉朝的兴盛、强大、文明，只有西方的罗马才堪与匹敌。汉朝光辉的历史界定了"盛世"的涵义：国内政治长期稳定、和平，经济实力持续发展，国力强盛，威服四夷。如果不具备这些条件而妄称盛世，只能徒留笑柄，因此我选择了"西汉盛世"作为上编，因为它是中国盛世的发端与典范。

西汉盛世与"文景之治"并不等同，"文景之治"是西汉盛世的酝酿期。西汉盛世有两座高峰：一是匈奴北通、统一南越，以汉武帝封禅泰山为标志；二是宣帝时期匈奴单于来朝，设立西域都护。虽然距今已经两千多年，但西汉盛世留给今天中国人的直接遗产仍然非常丰厚，高度的民族认同意识与稳定的核心地区的版图，无论历经多少波折、磨难，它们都是中国文明始终历久不衰、从未中断的精神、物质的两大基础。两千多年来，生活在东亚大陆农业区的亿万人一直以口说汉语、手写汉字、家居汉土、身为汉人而自豪，这都是西汉盛世留给我们的最宝贵的精神、物质双重遗产。

以西汉作为盛世的标准，比较符合这个标准的是唐朝盛世，它由贞观之治发端，截止于天宝年间，超过了一个世纪，同样建立了一个统一东亚农耕区与中亚游牧区的大帝国，与阿拉伯帝国并列为当时世界最先进、最强大的帝国。但由于唐朝热衷对外扩张，招募了大量的胡人雇佣军，又因制度设计上的缺陷，形成了势力强大的私人军队。这些雇佣军发动了叛乱，即史称的"安史之乱"，唐帝国迅速失去了扩张占领的所有领土，版图大大压缩，边境线竟然收缩到首都长安的远郊，内部也藩镇割据，从此一蹶不振，并直接导致五代十国的大分裂；因为分裂，五代时又失去了最重要的战略要地——燕云十六州，它不仅是重要的马匹产地，也是华北平原与蒙古、东北游牧、狩猎区之间的天险，燕山山脉以及从蒙古高原、东北进入华北平原的各个山口从此被游猎民族控制；游猎民族第一次长期、稳定地占领了中原农业区，进而从原始的部落联盟升级成了高度文明的帝国，在政治、经济体制等文明进化上不再落后，同时仍然保持了游猎、骑射传统以及军事上对中原的巨大优势。这些都是后来崛起于东北渔猎区的女真占据了北中国、蒙古人占领了整个中国的重要因素。不像西汉盛世，唐朝盛世只是一个过渡，制度缺乏创新，基本的统治模式与西汉没有本质的差别，取得的成就也远不及西汉对中国文明的奠基作用，因此我没有重点撰写唐朝的内容，而只是将它作为与西汉盛世比较的对象。

清朝是中国两千年帝制时代的最后一个朝代，也是最后一个华夷一统的大帝国。与西汉不同的是，清朝的最高统治层是原居住在中国东北地区的少数民族——满洲，他们利用明朝的衰落在东北建立了后金国，又利用明朝的内乱趁机入关消灭了李自成、张献忠以及明朝的残余力量，占领了明朝的全部版图。早在入关前，满洲就与部分漠南蒙古结盟，并征服其他的诸部，满蒙同盟成为清朝重要的统治基础。由于满洲人数很少，因此他们利用明朝的投降官兵作为先锋征服了广大的南方，这些明朝降将被封为藩王，在南方形成割据的半独立局面。直至康熙年间三藩之乱后，这些藩王被清军消灭，清朝才真正成为大一统的帝国，开始了长期和平、稳定的时期，揭开了长达一个多世纪的盛世序幕。

清朝盛世通称为"康乾盛世"，这是两位祖孙皇帝康熙帝和乾隆帝的年号，其中的雍正帝被忽略，因此准确地讲，应该称为"康雍乾盛世"。康乾盛世的初期面临的最大问题是缓和国内的满汉民族矛盾，克服明末清初包括三藩之乱等战乱带来的大萧条，恢复经济发展，因此康熙帝积极推行垦荒缓征，更名田产权划归实际的开垦者，频繁蠲免赋税，"滋生人丁，永不加赋"，治理黄河等政策，迅速恢复了经济，形成了国强民富的局面，从而得以从容应对外来的严峻挑战。

在消灭了汉人藩王与台湾郑氏集团后，清朝面临的第一个外来挑战是俄国的不断东进，侵占了黑龙江流域，并试图进一步征服蒙古喀尔喀部。康熙帝独排众议，果断两次出兵围攻俄国在黑龙江流域建立的最重要据点雅克萨，迫使俄国签订了城下之盟。《中俄尼布楚条约》确定了广大的黑龙江流域属于清朝版图，这是中国历史上第一次在现代国际法框架下签订的国际条约，第一次明确了边界的划分。俄国势力就此退出黑龙江流域长达170年，清朝解除了后顾之忧，得以集中全力对付另一个迫在眉睫的、更为重大的威胁。

　　漠西蒙古准噶尔部在大汗噶尔丹的领导下，在中亚建立了一个幅员辽阔的统一帝国。在西藏政教合一政权的支持下，准噶尔帝国抱着统一全蒙古，恢复成吉思汗蒙古帝国的雄心，向东进攻漠北蒙古喀尔喀部，并击败了清军，追击到了清朝境内，迫近京城。在形势万分危急的情况下，康熙帝果断决定出兵击退了准噶尔军队，并决定接受喀尔喀诸部的归附，统一了漠北蒙古，随后不断发动亲征，彻底解除了准噶尔的威胁，并将势力扩张到了青海、西藏。晚年的康熙帝出兵安藏，驱逐了占领西藏、并试图用宗教控制全蒙古的准噶尔军队，青海、西藏就此纳入了清朝版图。此时的清朝已经成为统治了几乎整个东亚大陆农业区、蒙古高原、东北亚渔猎区以及青藏高原区的统一大帝国，这是康乾盛世的第一个高峰。雍正帝继承了父亲的事业，着力解决财政、吏治问题，为盛世的第二个高峰打下了基础。

乾隆帝身负祖父、父亲两代的重托，在雄厚的国力基础上开始了新一轮的开疆拓土，他的最大贡献是彻底消灭了威胁清朝长达67年的准噶尔帝国，拓土两万余里，将中亚的西域新疆纳入版图，这是康乾盛世的第二个高峰，标志着清朝达到了极盛。乾隆帝的另一个伟大贡献是击败了入侵西藏的廓尔喀，完善了驻藏大臣制度，创立了"金瓶掣签"，加强了对青藏与蒙古诸部的管理与控制。另外，乾隆帝忠实继承并发扬光大了康熙帝的"仁政"，在其统治期间频繁大规模蠲免赋税，更是空前绝后地五次普免全国赋税。

在这一时期，中国人口第一次突破了2亿、3亿，并在盛世结束后的30多年内突破了4亿。在传统时代，这些空前的人口数量标志着空前的经济实力和国力；这一时期的全国耕地面积与粮食单产量、总产量也达到了空前的高峰。强大的经济实力是康乾盛世政治、军事成就的基础，这一时期虽然对外征伐不断，开疆拓土，但由于中央政府财力雄厚，并不需要额外增加普通民众的负担，而仅靠户部库银就足以应付，同时由于是常备军制，不需要额外征发人力，与之前的历代王朝，例如汉武帝时期征伐四夷的同时，必须横征暴敛形成了鲜明的对比，这反映了中原王朝与周边少数民族的实力一长一消；不仅征伐不需要额外加税，康乾盛世最突出的特征是大规模、频繁的减税，并已经成为常态。"永不加赋"冻结了实行数千年的人头税，"摊丁入亩"又将人头税与土地税合并，甚至还有六次普免天下钱粮，这是康乾盛世期间最大的仁政，亿万民众普遍从中受益，这也是中国人口得以长期、稳定、较快增长的重要因素。

康乾盛世对现代中国的影响最大，它不仅最终奠定了现代中国的版图，而且确定了现代中国人口的基本格局，但中国在世界格局中的衰落也肇始于此时期。16世纪起，随着地理大发现，世界开始进入了全球化的时代，以英国为代表的西北欧开始进入了工业化时代，西方社会在技术、制度、掌握的资源上都开始突飞猛进。虽然从纵向看，康乾盛世在政治、经济上都是传统中国的最高峰，在旧有的体制框架下，将传统制度的力量发挥到了极致；但横向比，在这关键的一个多世纪里，却全方位落后于世界最先进的工业文明，这其中不仅有中国传统太过强大，盲目自大的因素，也有清朝统治者为了本民族的利益，刻意闭关锁国、不思进取的因素。从积极与消极两方面看，康乾盛世对现代中国的影响最为直接、深远、巨大，这可以回答我为什么要选择清朝。

西汉标志着大一统中华帝国的诞生，确立了盛世与大一统帝国的标准与认同，清朝是两千年帝国的终结，确定了现代中国的版图与人口，这两个时期对现代中国的影响既深远又巨大，都超过了其他时期。

产生盛世的制度性因素与偶然性

盛世之所以能够成为盛世的一个必要条件：政权要长期稳定，经济必须长期稳步发展。盛世像一个有机的生命体，有发育、壮大、衰落三个阶段，没有足够长的时间很难成长、壮大。西汉、唐朝、清朝的盛世都经过了一个世纪左右才能到达顶峰，在盛世的发育阶段都奉行了长时期的休养生息、轻徭薄赋的政策以恢复国力。

除了长期稳定的发展之外，执政集团的长远战略目标、规划也是一个必不可少的因素。西汉盛世的战略目标首先是解除一切对皇权形成威胁的国内势力，主要是功臣集团和诸侯王，通过七国之乱、推恩令、酎金案等一系列措施，实现了中央高度集权、内政统一；第二个目标是解除最大的劲敌匈奴的威胁，经过了汉武帝多次主动出击匈奴而达成；第三个目标是征伐四夷、开疆拓土，完成于汉武帝、宣帝时期。清朝康乾盛世的首要战略目标是国内统一，消灭割据的三藩、统一台湾，完成于康熙时期；解除准噶尔帝国的威胁，争夺、加强对蒙古与西藏的控制权，经过康熙、雍正、乾隆三朝的持续战争，最终实现了这一目标，征服准噶尔帝国成为盛世顶峰的标志。相对来说，唐朝盛世的战略目标与规划不是很清晰，达成的效果也很不尽人意，虽然征服了东、西突厥、高丽，但都不能像西汉、清朝那样维持长期、稳定的统治，而面对吐蕃、南诏等也占不了上风，甚至遭到惨败，安史之乱后，疆域更是大幅度萎缩，丢失了之前扩张占领的所有领土。

西汉与清朝盛世还有制度上的优势，在这两个历史时期，都是皇权独大，实行高度的中央集权。在传统的技术手段下，中国这样幅员辽阔的大国不可能像古希腊城邦一样实行直接民主或间接民主制。除了极少数的例外，官僚滥用职权、谋取私利是普遍的自然现象，如果缺乏有效的监督与制衡，必然会愈演愈烈，最终政权、社会全面崩溃，因此在传统中国，只有实行帝制才能制衡官僚阶层。皇帝通过血缘世袭，在名义上拥有国家的最高主权和所有权，对国家负有最终的无限责任，因此他的个人利益与政权的利益、国家的利益相对一致；而官僚只是职业经理人，任期有限，会天然地为了个人与集团的私利而损害政权、国家、民众的利益，因此在缺乏相应技术手段的特定历史时期，只有高度集权的帝制才有可能制衡、监督官僚，在这个意义上，皇权可以超然于各个利益集团之上，起到制约、平衡的作用，可以在一定程度上保护、代表广大的普通民众利益。在这两个盛世中，皇帝经常性地打击贵族、官僚等特权阶层，某些时期甚至可以说不遗余力，尤其以汉武帝、宣帝时期最为严厉，清朝雍正帝、乾隆帝对贪腐官僚的打击也较为严厉。如果不是帝制，而是代表不同利益集团的官僚寡头统治，他们会形成分赃体制、共犯集团，腐败将因缺乏有效的制衡、监督而不可遏制地蔓延、深化，最终导致整个社会系统的崩溃。与贪腐一样，不断增加赋税同样是官僚的天然冲动，是他们的利益所在，而这两个盛世却频繁减免赋税、大力度赈灾，这都是皇帝出于政权、国家的长远利益而让利于民、藏富于民，这些都是皇权与广大普通民众利益基本一致的最重要的体现。

拥有高度权威的帝制也带来了高效的组织动员和执行能力。西汉与清朝两个盛世给人印象非常深刻的一点是令行禁止、信赏必罚。西汉继承了秦朝的制度，崇尚军功，有功封爵，无功严惩，常常是死刑。军功只看效果，不看过程，因此李广的作战过程再曲折、再传奇照样不会立功封侯，反而遭到严惩，最终被迫自杀。清朝军事集团的核心层是八旗军功贵族，他们同样按照军功封爵，或因失利严惩，而并不考虑他们原有的地位、身份——爵高为公，官高为一品，因作战失利被处死的比比皆是，同样因军功封爵的也比比皆是。如果没有掌握至高无上权力的皇帝，奖励和惩罚如此严明都是难以想象的，官僚寡头集团间的博弈、妥协与利益交换不可能具有奖罚分明的高效率机制。

秦朝以后，中国文明稳定持续了两千年，且长时期世界领先，权责相符，能有效监督、制衡官僚集团，能代表政权根本利益的帝制是其重要的制度保证，与同时期的政教合一、四分五裂、战争不断的欧洲相比，在绝大部分时间里，无论是在国家的统一、政治的稳定、政教分离等方面，还是在经济、生活水平、文化等方面，中国都遥遥领先。

本书正面评述帝制的优越性局限于特定的历史时期。评价历史不能带入现时的观念，认为民主比专制优越，所以就可以否定秦皇、汉武、唐宗、宋祖，认为他们是清一色的大独裁者，那么在这些人眼中历史就会是一团黑；同样，更不能带入过去的观念，认为中国历史帝制具有优越性来宣扬专制、人治比宪政、民主更先进。

但是中国帝制时期并非都具有以上这些优势，这也是盛世不可能是常态的重要原因。帝制是高度集权的人治独裁，因此皇帝的个人能力、个人精力、意志品质、战略眼光、责任心都非常重要。像汉文帝、汉武帝、汉宣帝，清朝的康熙帝、雍正帝、乾隆帝等都是非常杰出的政治人物，他们集中在一个特定的时期连续出现，这本身就是一个非常罕见的现象，而正是如此才造就了中国历史上罕见的两大盛世。更加难以复制的是，西汉盛世在不同的历史背景下，就会相应出现最符合时代要求的皇帝。设想汉武帝出现在汉文帝时期，因为没有充足的国力提供他的挥霍，西汉可能直接变成秦朝第二，汉武帝就会是秦始皇或隋炀帝；但如果是汉元帝产生在汉武帝的时代，那就根本不会出现盛世，而是直接奔向平庸甚至衰世。另外，如果没有汉武帝、康熙帝、乾隆帝，以及他们出现在相应的时代，历史极大可能就会改写，因为他们都曾独排众议，不顾众人的反对，乾纲独断了很多改变历史、影响深远的战略决定，因此从这个意义上讲，盛世的产生也带有偶然性。

盛世是灰色的，衰世是猥琐的

盛世并非黑白分明，并非光明灿烂，并非如传统戏剧中表现的那样明君忠臣，实际它是灰色的，既充满着理想、热血、奋斗、阳刚，也充满着残酷、苟活、卑琐、阴谋。堪称千古第一仁君的汉文帝整治功臣周勃，汉景帝残酷杀害晁错，汉武帝任用酷吏滥杀无辜，包括自己的太子一家，唐太宗杀兄屠弟逼父，康熙帝与太子反目，诸皇子争位内斗不息，雍正帝手足相残，乾隆帝屡兴文字狱……这些还只是统治集团高层的内斗，汉唐时代更有成千上万的普通民众因征发而家破人亡，清朝的中下层文人则因文字屡屡招致飞来横祸。不能用现代的眼光虚构、美化历史上的盛世，因为在蓬勃向上的同时，盛世同样充斥着暴力、血腥、阴谋与丑恶。

与盛世相对的是衰世，介于两者之间的是治世。盛世与治世、衰世最大区别当然在于文治武功的成就，而盛世与衰世还有一个非常明显的差异，即"盛世常见多才，衰世常患无才"。西汉、唐朝、康乾三大盛世都是由一群杰出人物创造出来的，贤君与功臣名将是盛世的主角，因此人才的有无、多少也是盛世、衰世明显的不同。

西汉盛世人才辈出，周亚夫、卫青、霍去病、主父偃、张骞、桑弘羊、霍光、常惠……；康乾盛世中的图海、施琅、索额图、明珠、费扬古、靳辅、岳钟琪、年羹尧、策凌、傅恒、阿桂、刘统勋、福康安、海兰察、明瑞……而这两个盛世中最杰出的人才莫过于汉文帝、汉武帝、汉宣帝以及康熙帝、雍正帝、乾隆帝，作为国家的最高领导人，他们都具有高超的政治能力——既有清晰明确的战略目标与规划，也有实现目标与规划的管理、执行能力，还具有高度的责任心、使命感与坚强的意志力，这些都是盛世能够产生的必要条件。

与之形成鲜明对比，衰世则是一个万马齐喑、平庸、衰败、猥琐的时代，清朝长达三十年的道光时期就是一个貌似治世的衰世，当时龚自珍一针见血直斥这个衰世："人心混混而无口过也，似治世之不议。左无才相，右无才史，阃无才将，庠序无才士，陇无才民，廛无才工，衢无才商，抑巷无才偷，市无才驵，薮泽无才盗；则非但鲜君子也，抑小人甚鲜。"每个人都在混日子，不敢说真话，好像治世对政治没有意见。不仅找不到有才能的文武大臣，有才能的知识分子，有才能的老百姓，有才能的工匠，有才能的商人，甚至连有才能的小偷、流氓、强盗都没有，不仅君子少，甚至小人也少，因为所有的人实在是太平庸了。偶尔出现了有才能的人，"则百不才督之、缚之，以至于戮之。戮之非刀、非锯、非水火，文亦戮之，名亦戮之，声音笑貌亦戮之。……徒戮其心，戮其能忧心、能愤心、能思虑心、能作为心、能有廉耻心、能无渣滓心"，就像一个没有缝隙的黑屋，所有的人在里面一起昏睡，不知道外面的世界正在发生的巨大变化。道光执政的第十九年，鸦片战争爆发，最后以签订《南京条约》赔款割地而告终。

盛世如同一个生命体，既然有发育和壮大，也必然有衰落；盛世本来就不是常态，因此衰落是一个随时可能发生的、自然的过程。西汉、清朝两个盛世衰落的最底层原因可能都是气候环境的变化，气温下降导致灾害频繁，粮食产量下降，引发社会动乱。人力无法挽回气候的趋势，但一个有能力、有作为的皇帝及其执政团队可以通过一系列整顿吏治、加强赈灾的措施延缓这个衰落的过程，然而汉元帝、晚年的乾隆帝、嘉庆帝显然都对此力不从心，甚至他们自己或因年老怠政、或因能力低下导致吏治败坏、决策错误、执行力丧失，他们本人就成了衰落的原因之一，这都是人治不可避免的缺陷。清朝的人口随着经济而增长，最终超过了经济增长的速度，生活水平开始持续下降，没有经济发展模式的根本转型，就会不可逆转地引发经济危机与政治危机，白莲教造反引起的全国性内战是这一危机的总爆发，这是清朝盛世衰落的最大特点，也是中国历史的首例。与西汉、清朝不同，唐朝盛世的衰落则更多要归因于人为因素，制度设计的缺陷导致了内战，盛世在突然间就终结了。

反过来看，盛世的产生固然有人为努力的因素，但气候的大背景因素同样也不可以忽视。西汉前期和唐朝的中前期都是暖湿期，有利于动、植物生长，粮食单产量高，清朝康熙年间，气温正从明末清初的干冷小冰期开始回升，从而使得双季稻在全国的推广成为可能，乾隆年间更是进一步推广一年多熟作物，并且都得到了康熙帝、乾隆帝本人的大力支持，这些都是康乾盛世得以产生、维系的最重要经济基础，既有天助，也有人为，天人因缘际会才能创造出一个盛世。

正是因为大自然与人为因素的共同合力导致了盛世的兴衰，因此我们不能过高估计人为因素在其中的作用，并非任何时代有了贤君能臣就能创造出一个盛世，因此盛世只存在于少数时间段；当然如果没有贤君能臣，缺乏明智的治国理念与政策，时代背景再好也不可能创造出一个盛世，统一后迅速崩溃的秦朝、隋朝就是两个极端的反证。

人类很难改变大自然的变化趋势，但要尽自己的人力，在好的趋势中要努力创造出盛世，而在坏的趋势中要努力延缓盛世的衰落、推迟衰世的到来，因此在这个意义上，历史上的盛世仍然会对现代有些启示：盛世需要一个能为国家的长远利益真正负责的领导层；需要长远的国家发展战略规划；需要强大的执行力以及奖惩严明的高效率制度；需要经济长期稳定的发展；需要抑制既得利益集团的膨胀；需要一个有效的监督机制来制衡、监督官僚并清除贪腐；需要一个良好的人才选拔、任用机制；需要强大的国防保卫国家的安全……这些要素都是超越时代的，如果缺乏这些因素，盛世只会是海市蜃楼。

侯杨方

第一章

一统天下与迅速败亡

秦朝的迅速成功与败亡成了曾与秦始皇帝"同框"过的刘邦心中最大的反面教材。"汉承秦制"只是表面的泛泛之谈，汉朝国策核心恰恰处处与秦朝为对立面，这也是与秦始皇帝"同框"过的汉高帝及其战友们的切身体会与教训。

第一节｜统治难题：天下苦秦久矣

1. 秦并天下：分封还是郡县

秦王政二十六年（公元前221年），大将王贲率秦军从北方的燕国故地进攻齐国，突然攻入国都临淄，没有遇到任何有效的抵抗，灭亡齐国，关东六国全部被秦消灭，天下一统，长达数百年的先秦时期结束，中国历史迈入了后秦时期。

志得意满、自认功德远迈前人的秦王政以为"王号"已经不能表达自己的功绩，于是命令丞相王绾、御史大夫冯劫等重新议定一个"帝号"。他对自己统一天下的总结很有意思——将责任全部推给了关东六国：以前韩王纳献土地，交出了印玺，并向秦国称臣，但随后背叛了约定，和赵国、魏国一起合纵攻秦，所以我才兴兵灭了韩国，俘虏韩王。我对这个结局很满意，差不多就要停止战争了。赵王派遣国相李牧来秦国结盟，所以我将他的质子送回了赵国，过后赵国又背盟，攻打秦国的太原，所以我才兴兵灭了赵国，俘虏了赵王。赵国公子嘉自立为代王，所以我才举兵灭之。魏王开始也与秦国结盟约臣服，后来与韩国、赵国一起联合反秦，所以被秦兵攻灭。荆（楚）王献青阳以西的国土给秦，后来又背约，攻打秦国的南郡，所以被灭国，荆（楚）王被俘虏。燕王昏乱，他的太子丹竟然暗中命令荆轲来刺杀我，所以被灭国。齐王听信了后胜的计策，与秦国断交作乱，所以被灭国，齐王也被俘虏。寡人以眇眇之身，兴兵诛暴乱，赖宗庙之灵，六国的王全部伏罪，天下大定。如果再不改我的名号，无从表达我的成功，流传后世，所以让大家商议一下帝号。

按秦王政的意思，他灭六国、统一天下都是被逼无奈。六国背叛、挑衅在先，秦国被迫还击在后，他占据了道德制高点，而其初衷并不是要建立一个统一的国家。

丞相王绾、御史大夫冯劫、廷尉李斯等人领会了秦王的意思，一致认为：以前五帝直辖的地方不过千里，千里以外的诸侯部族有时来朝见，有时不来，天子不能命令。现在陛下兴义兵，诛残贼，平定天下，海内为郡县，法令由一统，自上古以来未尝有，五帝所不及。我们和诸博士（非学位，秦汉顾问官职）商量后认为，古代有天皇，有地皇，有泰皇，泰皇最贵，所以我们建议改王为"泰皇"。并称命为"制"，称令为"诏"，天子自称为"朕"。

秦王政下令去掉"泰"，留下"皇"，采用上古的"帝"位号，合并号为"皇帝"。其他建议一并采纳。随后追尊父亲秦庄襄王为太上皇，下"制"道："朕听闻太古有号无谥，中古有号，君主死后，用他生前的行为功业评定谥号。这样一来，就是儿子评议父亲，臣下评议君主，很无聊，有违伦理，朕不赞同，自今往后，废除谥法。朕为'始皇帝'，后世皇帝用二世、三世计数，以至于万世，传之无穷。"所以"始皇帝"才是正式的称号，就是开始（第一位）的"皇帝"，"秦始皇"只是约定俗成的非正式用语。当然，理想是美好的，现实是残酷的。

灭六国、统一天下后，如何统治幅员空前广大的国家，是秦始皇帝面临的首要问题。丞相王绾等人建议："关东六国刚被灭亡，其中燕国、齐国、楚国距离秦的统治中心关中遥远，应该分封皇子为诸侯王，建立诸侯国统治。"群臣都认可这个方案，独有掌管司法审判的廷尉李斯有异议，他认为："周文王、武王分封了很多同姓的子弟为诸侯，但随着时间的推移，血缘关系疏远，互相攻击，有如仇敌，周天子无法禁止，导致了几百年的春秋战国乱世。现在秦始皇帝统一海内，应该用完全直属中央的郡县统治，对于诸位皇子、功臣，赏赐财物即可，这样天下人都不会有异议，有利于国家安定。"秦始皇帝认可了李斯的意见，认为天下苦于战争不休，就是因为分封诸侯，现在统一天下，如果再次分封，还会导致同样的结果。因此秦统一后，实行了中央集权的郡县制，郡的长官郡守，县的长官县令都由皇帝任命，直接服从于中央政府，并统一诸国的法律制度、货币、度量衡，车同轨，书同文字。但真的是众人皆醉，李斯独醒吗？事实证明并非如此，秦统一后不实行分封是秦迅速灭亡的重要原因。

2. 蜀山兀，阿房出：北伐南征

公元前220年，秦始皇帝开始巡游天下，向西到达陇西、北地两郡（治所分别在今甘肃省临洮县、庆阳市附近）；第二年东巡，登上东南部的峄山，立石碑歌颂自己的功业："登于峄山，群臣从者，咸思攸长。追念乱世，分土建邦，以开争理。攻战日作，流血于野。自泰古始，世无万数，陀及五帝，莫能禁止。廼今皇帝，壹家天下，兵不复起。"秦始皇帝召集原鲁国儒生70人，到泰山下讨论封禅的程序。儒生七嘴八舌，莫衷一是，秦始皇帝认为难以施行，由此开始瞧不起儒生，结束了与他们的短暂蜜月，但充当他智囊、顾问的70位博士中，仍然有儒生。之后他从泰山南坡登顶，立石碑纪念，歌功颂德，名为"封"，从北坡下，"禅"于梁父山，合称"封禅"。封是祭天，禅是祭地。封禅过后，秦始皇帝东游海上，祭祀名山、大川及八神，又南登琅邪，停留三月，建造琅邪台，立石颂德，志得意满。

人生的事业到达了最高峰，自以为功德超过了自古以来所有圣王的秦始皇帝，只剩下了唯一的追求：长生不老。于是他派遣齐国方士徐市率领数千童男童女入海寻找蓬莱、方丈、瀛洲三座神山，以求诸位仙人及不死之药。

秦始皇帝一面求仙求长生不老，一面又听信了燕国的方士卢生的忽悠："亡秦者胡也"，当时中原内地称以蒙古高原为中心居住的匈奴人为"胡"。因此秦始皇帝派将军蒙恬发兵30万人，北伐匈奴。蒙恬旗开得胜，驱逐匈奴，占领河南地（今黄河河套一带），设立了44个县，又修筑长城，依据地形，在险要的地方建要塞。长城西起临洮（今甘肃省岷县），东至辽东，有一万余里长。蒙恬后又北渡黄河，占领了阴山一线。为了调遣军队，秦始皇帝派遣蒙恬修筑直道，北至九原郡（郡治在今内蒙古自治区包头附近），南至云阳甘泉宫（今陕西省淳化县西北甘泉山），开山填谷1 800里，修筑工作数年没有完成，但遗迹至今仍在，清晰可辨。

早在统一前，秦军就开始征服长江、珠江流域的百越之地；灭亡六国后，便大规模向岭南百越进军，由屠睢统帅50万大军兵分五路进攻。古代战争最大的制约是后勤运输困难，尤其是陆运，时间漫长，极为低效，粮食尚未到达千里外的前线之前，便已在运输过程中被后勤部队消耗殆尽，因此只要能水运，绝对不会陆运。从秦国的故土汉中可以顺着汉水直达长江，再逆流沿着湘江、赣江南向；黄河中下游地区则可以沿着淮河的诸多支流进入干流，再顺着春秋时吴王夫差开凿的邗沟到达长江。但是从长江流域却无法通过水运到达百越所在的珠江流域，因为二者之间隔着一座分水岭——南岭山脉。秦国的水利工程技术高超，且不惜代价，秦始皇帝派遣史禄负责运送粮饷，史禄便率领士兵在湘水和漓水之间开凿长达62公里的灵渠，沟通长江和珠江水系，枯水期可通航两吨木船，从而保障了秦军的后勤供给。秦军主力顺着汉水、长江、湘江、漓江一路南下，但秦军尽数来自黄河流域，不适应炎热潮湿的瘴疠之地，军中传染病流行，因而被越人反击，死伤极为惨重，统帅屠睢被杀。但秦始皇帝不达目的绝不罢休，又发动了第二次南征，这一次秦军翻越南岭，占领珠江流域，设置了南海、桂林、象郡三郡。

在北击匈奴、南征百越的同时，秦始皇帝又大兴土木，将灭亡的六国宫殿复建于咸阳，又征发关东六国多达70万的刑徒大建阿房宫与自己的骊山陵。这些刑徒、戍卒从遥远的关东六国步行前往远在西北的咸阳以及长城一线戍守，很多人死在路途，不由令人怀疑秦始皇帝是在有意消耗这些六国青壮年男子，以消除对政权的隐患。

3. 焚书坑儒，偶语者弃市

在对外战争、大兴土木的同时，秦始皇帝对内又钳制思想言论。公元前213年，秦始皇帝和70位博士一起在咸阳宫喝酒，仆射周青臣歌颂秦统一天下的功德，秦始皇帝非常高兴。此时博士齐人淳于越提出不同意见，他认为殷、周两朝长达千余年，是因为他们封子弟功臣为诸侯以辅佐中央。现在陛下统一海内，而子弟普遍为平民，一旦有人要作乱篡位，就没人来救援。事情不效法古代就无法长久。现在周青臣吹牛拍马，是在加重陛下的过错，不是忠臣。

已经升任丞相的李斯反对淳于越的这个意见，他认为：五帝不相复，三代不相袭，因时代变化，各有治理的方法。如今陛下创建大业，建立万世之功，固非愚儒所能理解。淳于越说的三代之事，不足效法。那时候诸侯并争，用丰厚的待遇招揽人才，现在天下已定，法令统一，百姓在家应该好好从事农工，士大夫要好好学习法令，避免犯法。现今士大夫对当代不以为然而学习古代，这是惑乱百姓。古人思想混乱，不能统一，所以才有诸侯争战，用古代来否定当代，用假话、空话惑乱现实，人人喜欢私下办学，政府将无法控制。现在皇帝统一天下，分别黑白，定于一尊，应该禁止私人办学。私学喜好妄加议论，夸耀自己的意见独特高明，这样一来皇帝的权势就会被削弱。因此建议将非秦国的历史书籍全部烧毁，除了博士收藏的图书外，天下收藏的诗、书、百家论著全部烧毁，但医药、卜筮、种树一类的实用书籍可以保留。有敢偶语诗、书者"弃市"

（公开处死），以古非今者灭族。私学废止后，天下人要学习法令，以吏为师。秦始皇帝自认为是自古以来功德最高的第一人，痛恨淳于越让他效法上古三代，于是采纳了李斯的建议。这就是中国历史上的第一次文化浩劫——焚书，导致先秦的很多典籍部分或全部失传。

但比起"焚书"，更可怕的是只要偶语诗、书就"弃市"，以古非今就灭族，天下人只能以吏为师，学习法令，其他一切学问全部禁止。秦朝对思想、学术、言论的钳制可谓登峰造极，丧心病狂。

焚书与钳制言论的目的是愚民。统一学术，统一思想，统一言论，只有官吏才能当老师，天下人只能用官方规定的一个头脑思考；民众愚蠢了，丧失了独立思考能力，就会听话，乖乖当顺民，江山政权就会稳固，长治久安，皇帝位可以传至二世、三世乃至万世。秦始皇帝与李斯的如意算盘不可谓不精明，初衷不可谓不美妙，可惜就在焚书后短短几年，不读书的刘邦、项羽就率领不读书、想愚而没有成功的平民灭亡了秦朝，所以唐朝人章碣有诗《焚书坑》："竹帛烟消帝业虚，关河空锁祖龙居。坑灰未冷山东乱，刘项原来不读书。"极为尖锐地嘲讽了秦始皇帝与李斯愚民反愚己的愚蠢政策。

有些政策可能利于当代，危害千秋，而有些政策可能利于千秋，危害当代。当然既能利于当代又能利于千秋的政策最佳，但也最罕见难得，而焚书的政策既不利于当代，又不利于千秋，只能说是蠢上加蠢，沦为千古笑柄。

六国的王族、贵族当然极为痛恨灭亡其国的秦国，韩国贵族、世代为相的张良就曾雇用大力士在博浪沙刺杀秦始皇帝未遂；大规模的战争与劳役也让天下人，特别是六国的百姓深感压迫与死亡的威胁，极为痛恨秦的暴政，甚至包括秦始皇帝一度信任的儒生、方士也对他的统治不满。韩国的侯生与燕国的方士卢生私下议论，他们认为：秦始皇帝天性刚戾，灭亡六国、兼并天下后，为所欲为，认为自己是有史以来第一伟人，专门亲幸狱吏，严刑峻法以治天下。虽然有70位博士，但只是备位，并不听取他们的意见。丞相以及诸大臣都听命于他，没有主见。秦始皇帝喜欢以刑杀来显示威风，天下官员拿着俸禄害怕被治罪，没人敢尽忠。他听不得任何不同的意见而日益骄横，官员只好说假话来取悦他。秦法规定，方士预测失败则判死刑，所以尽管300名方士水平很高，但没人敢说不吉利的真话。天下之事无分小大，皆由秦始皇帝一人决定，他一天不分日夜，要批阅100斤的公文，权力欲极强，因此不可能获得仙药长寿。议论完毕，两人决定逃亡。秦始皇帝听到侯生、卢生逃亡，勃然大怒。以前他将天下没用的书全部焚毁，招揽了很多文学、方术之士，想用他们来建设太平天下，结果被韩众、徐市等骗财亿万，也没找到长生不死药，厚待卢生等人，他们却反来诽谤。于是秦始皇帝下令御史审问在咸阳的诸生，互相揭发，坑杀460余人，以警告天下，又征发更多的人去边境。这就是"坑儒"，与"焚书"合称为"焚书坑儒"，是秦始皇帝的一大恶政。秦始皇帝的长子扶苏对此有不同意见，他认为天下初定，关东六国人心未服，现在将"皆诵法孔子"的诸生严加惩处，可能会天下不安。秦始皇帝闻言大怒，命令扶苏去上郡蒙恬军中监军。扶苏的这番话可以证明，坑杀的460余人主要是"皆诵法孔子"的儒生，而并非有些人认为的方士。

第二年，有陨石坠落于东郡（治所在今河南省濮阳市），上面刻有"始皇死而地分"。秦始皇帝下令御史追查，但无人承认，于是他下令将陨石周边的居民全部诛杀。秦始皇帝将关东六国的上、中、下层全部得罪光，树敌众多，甚至父子之间的矛盾也被利用，天下人就等着反秦的机会来临。

第二节 | 楚虽三户，亡秦必楚

1. 沙丘惊变：权力失衡的悲剧

机会不久就来了。公元前210年，秦统一天下后的第九年，秦始皇帝怀疑"东南有天子气"，于是带领少子胡亥、左丞相李斯一行人出巡弹压。此次出巡距离遥远，经过了位于今湖北、湖南的云梦泽，到达湖南南部的九嶷山，然后又折向东，经过今江苏南部，渡过钱塘江，到达今绍兴的会稽山祭祀大禹陵。秦始皇帝在山上刻石歌颂自己的功德，返回时经江苏丹阳渡长江，到达山东沿海，射杀巨鱼（疑为鲸鱼）。当时他的马车没有悬挂减震系统，没有橡胶轮胎，经过长达几千公里，历时数月的舟车劳顿，秦始皇帝由平津渡黄河时生病了。由于他忌讳旁人谈论他的身体状况与死亡，所以臣下无人敢提，结果病情越来越严重。他自觉到死亡来临，下令中车府令行符玺事（官名，掌管皇帝乘舆与符节、玺印）赵高拟写遗诏，发给上郡蒙恬军中的长子扶苏，要求他回到咸阳后主持葬礼，实际就是继承皇位。遗诏写好后已经密封，放在赵高处，"未授使者，七月丙寅，始皇崩于沙丘平台"（今河北省邢台市广宗县），终年49岁。

丞相李斯因为秦始皇帝在外驾崩，担心他的诸多儿子争位及天下动乱，决定秘不发丧，将棺材如平常一样放在辒凉车中，让亲信的宦官假装在车上陪伴，如常送饮食，百官照样奏事，宦官在辒凉车里扮演秦始皇帝批准。此时只有幼子胡亥、赵高以及亲信的宦官五六人知道实情。赵高是胡亥的书写及司法的老师，两人关系非常好。秦始皇帝最信任的是蒙恬、蒙毅两兄弟，蒙家三世为秦大将，蒙毅位至上卿，和秦始皇帝形影不离，出外同坐一辆车，在宫中则在御前；兄长蒙恬在外率领大军，弟弟蒙毅为皇帝的随从智囊。赵高曾经犯法，差点被蒙毅杀掉，因此结下了仇怨。最后一次出巡时，秦始皇帝病重，派遣最亲信的蒙毅代替他祭祀山川，蒙毅未及返回，秦始皇帝已经驾崩，这给了赵高极为难得的可乘之机。因此他劝说丞相李斯合谋篡改遗诏，因为如果没有丞相的配合，阴谋难以成功。李斯初闻大惊，但赵高洞察世事人情，劝说李斯："你的功劳以及与扶苏的关系都不及蒙恬，一旦扶苏即位，你的丞相位不保；而且秦国一向刻薄寡恩，想保留爵位退休，颐养天年也不可能，下场一定很惨。"

于是为了保位保命，李斯决定合谋篡改遗诏，改立胡亥为太子，并下一道伪诏给扶苏："公子扶苏率兵屯边，耗费大量人力物力，却无尺寸之功，此外多次上书直言诽谤秦始皇帝的行为；又因为不能早回咸阳立为太子，日夜抱怨，为子不孝，赐剑自裁！将军蒙恬不能纠正扶苏的错误，为人臣不忠，赐死，军队归王离指挥。"使者到达上郡，出示伪诏逼令扶苏自杀，蒙恬怀疑其中有诈，但扶苏坚信不疑，随即自杀。由此事可知一方面扶苏也是个糊涂人，真的即位下场也未必好；另一方面秦始皇帝太过严厉，父子关系想必极为紧张，二人缺乏基本的交流与互信。扶苏死后，蒙恬失去了起兵的合法性，但他因拒绝自杀而被囚禁，二世皇帝即位后，他被逼自杀，弟弟蒙毅也被杀。扶苏自杀后，胡亥、李斯、赵高三人大喜，决定返回咸阳，正值夏天，秦始皇帝遗体腐烂，臭气熏天，胡亥下令每辆车上装载一石鲍鱼以掩盖臭气。统一六国的一代雄主，竟然落得个如此凄惨的下场：遗体腐烂，心仪的继承人被杀，皇位被篡夺，最宠信的二位大臣也被杀害，甚至未来他的所有子女都将被胡亥诛杀，唯一的孩子胡亥也将被赵高杀害……这一切皆缘于他自信太过，旅途中差遣最亲信的蒙毅提前返回，导致自己身后出现了致命的权力真空，失去制衡李斯、赵高的力量，被两人合谋翻盘。甚至不能排除秦始皇帝被赵高计划死亡的可能，因为赵高最担心扶苏即位，蒙家得势，自己很可能死无葬身之地，因此必然拼死一搏，而且诏书"未授使者"一语大有深意，是来不及，还是故意？后者更有可能。因为一旦动了扣押本应十万火急发出的遗诏的念头，秦始皇帝就必然要立即死亡，否则被发现，全族被诛的就是赵高。秦始皇帝更不会料到，大秦江山将在短短的三年后彻底崩溃，全部皇族将被项羽屠杀殆尽。当然，即使秦始皇帝长寿，江山的崩溃也难以避免。

号称是西汉中期、但来历不明、没有任何考古记录的竹简《赵正书》所记载的秦始皇帝本来就要传位给胡亥的说法根本不可信，因为它无法解释二世皇帝即位后的所作所为；更何况即使它不是伪造，其产生年代也要晚于《史记》。我们不能听风就是雨，用来历不明的所谓出土文书就否定《史记》以及秦末汉初人的共同知识。"沙丘政变"是真的发生了，最有力的证据就是二世皇帝胡亥即位后，杀光了13位哥哥与毫无争位可能的10位姐姐，以及与扶苏关系密切、最受秦始皇帝宠信的蒙家兄弟。

吕思勉认为："从前政治上的惯例，太子是不出京城，不做军队中的事务的，苟其如此，就是表示不拟立他（扶苏）的意思。"[1]有很多人拿这句话作为扶苏不可能继位的证据。秦始皇帝是中国历史上的第一位皇帝，而且他最痛恨"是古非今"，哪来的从前惯例可供遵循？秦始皇帝当然也不可能拿以后各朝的太子为例，他没有穿越时空的本领。

1　吕思勉：《中国通史》，西安：陕西师范大学出版社，2010：94.

至于先秦，诸侯太子领军作战的比比皆是：魏太子申，韩太子奂，韩太子奂，燕太子丹，楚太子商臣……吕思勉纯属信口开河。更何况就在十几年后，淮南王英布造反，汉高帝刘邦就准备派遣太子刘盈领军作战，又何来惯例可言？

吕思勉好为惊人之语标新立异，后来者拾人牙慧人云亦云。

二世皇帝登基后，由于担心兄弟姐妹怀疑沙丘之谋，便与老师赵高变本加厉，将秦始皇帝的其他所有儿子、女儿全部诛杀。2 000多年后，他们高等级的墓葬经由考古被发现，尸骨或身首异处，或更残酷，被腰斩两段。胡亥与赵高承袭了秦始皇帝的严酷刑法，连皇子、皇女都可以被全部诛杀，大臣、百姓更是个个惶惶不可终日。二世皇帝年幼昏庸，居于深宫不见大臣，甚至丞相李斯都很难见到他，政权逐渐被赵高掌握。

由于继续大兴土木修建骊山陵、阿房宫，民怨沸腾，关东又爆发了民众暴乱。丞相李斯多次劝谏但不被听取，后被赵高诬陷，连同儿子一起被腰斩于咸阳市集，行刑时他悲叹："吾欲与若复牵黄犬俱出上蔡东门逐狡兔，岂可得乎！"[1] 父子相对痛哭，被夷三族，也算作茧自缚、罪有应得。

秦始皇帝的诸位皇子、皇女被杀光，最信任的蒙家兄

---

1 《史记》卷87《李斯列传》。

弟、丞相李斯被杀，这些举动让秦的核心高层基本盘彻底瓦解，人人自危，对政权的信心、忠诚荡然无存。继秦始皇帝得罪遍了关东六国的上、中、下所有阶层后，二世皇帝又得罪遍了秦的核心基本盘，此时大秦的江山犹如一座外表庞大光鲜，而内里糟朽烂透的宫殿，只欠临门一脚，就会彻底崩塌。

2. 大泽烽火：王侯将相，宁有种乎！

二世皇帝继位后，效法秦始皇帝巡游天下，刻石纪功，南到会稽，北到辽东。回到咸阳不久，关东爆发了第一起民变。二世元年（公元前209年）七月征发"闾左"（居闾里之左的贫民）屯适戍渔阳（郡治所在今北京市密云县）。陈胜、吴广作为屯长，率领900人驻扎在沛郡蕲县大泽乡（今安徽省宿州市大泽乡），天下大雨，道路积水不通，他们预料肯定不能按时到达，按秦的军法，"失期"皆斩，于是决定造反。陈胜认为："天下苦秦久矣，而且二世皇帝是少子，不应当立为皇帝，当立者是公子扶苏。扶苏因为几次劝谏，被派遣在外领兵，很多老百姓听说他贤明，不知道他已经死了。项燕是楚国大将，多有功劳，又爱护士卒，楚国人很拥护他。有人认为他死了，也有人认为他逃亡了。现在可以诈称公子扶苏、项燕为我们的首领，这样天下一定会响应。"此举极具讽刺意味，扶苏是秦始皇帝的长子，指定的继承人；项燕是楚国大将，在抵抗秦军灭楚的最后一战中战死，陈胜、吴广竟然伪称这两人是他们的起兵领袖，可见二世皇帝不仅丧尽了关东六国的人心，而且丧失了原秦国的人心。

陈胜、吴广将以朱砂写有"陈胜王"三字的布帛放在鱼腹中，士卒买鱼发现此书，觉得非常怪异，夜里吴广躲藏在鬼神祠旁的树丛中，点起篝火，学狐狸叫"大楚兴，陈胜王"，夜里士卒大为惊恐。到了白天，众人偷偷指着陈胜窃窃私语。吴广深受众人爱戴，故意多次在县尉（秦每县有二县尉）面前说要逃亡，被县尉鞭打，吴广还击，和陈胜一起杀了两个县尉。他们劝说众人，现在已经"失期"，军法当斩，即使侥幸不斩，戍卒死亡也高达十之六七，不如造反。"且壮士不死即已，死即举大名耳，王侯将相宁有种乎！"[1]于是900名戍卒诈称公子扶苏和项燕为他们的领袖，号称"大楚"，陈胜自立为将军，吴广为都尉，攻下大泽乡和蕲县（今安徽省宿州市），此时已经有战车六七百乘，骑兵千余人，士兵数万人，继而攻下陈郡（或称淮阳郡，治所在今河南省淮阳县），陈胜被拥立为王，王号为"张楚"。

---

1 《史记》卷48《陈涉世家》。

陈胜、吴广起兵点燃了关东诸国的反秦烽火，各郡县纷纷起兵杀掉秦的地方官响应。但二世皇帝忌讳听到各地的告急，将说真话的人下狱，群臣只敢讲关东有少数盗贼作乱，很快就会被抓捕，皇帝不必担心。而此时关东六国已经纷纷称王复国。二世皇帝变着花样作死，无可救药。

陈胜起兵两个月后，就在大泽乡附近，流落于芒砀山的刘邦起兵，逃亡在会稽郡（治所在今江苏省苏州市市区）的项梁与侄子项羽起兵。他们都是楚国人，项梁更是秦楚最后一战殉国大将项燕的儿子，项羽是项燕的孙子，天然拥有极高的号召力。其他关东六国的王族、贵族和中下阶层联合起兵反秦，六国复国，迅速恢复到了秦统一之前的局面，但这一次攻守之势迥异。陈胜派遣周文率领数十万大军、1 000辆战车进攻咸阳，一直打到了距离咸阳仅几十公里的戏（今陕西省新丰县东北），一时间大秦灭亡在即。

自商鞅变法，秦国对关东诸国一直占据绝对优势，尤其是长平之战后，秦灭六国已经不可逆转，但为什么在灭亡六国之后，竟然在短短十来年间，形势就发生了如此翻天覆地的变化？最重要的原因是二世皇帝篡位上台后，变本加厉地继承了秦始皇帝的暴政，大肆清洗屠杀包括自己兄弟姐妹在内的秦国核心高层基本盘，人心惶惶。由于秦实行高度中央集权，一切决策都要取决于朝廷，而咸阳远在西北，各地方官没有便宜处置的权力、动力，再加上二世皇帝不喜欢听到坏消息，地方官报喜不报忧，直至局势完全失控。其次，秦的最精锐主力部队在长城一线防备匈奴，另一支远在南岭以南的百越，腹心地区无兵可通知。第三，甚至是最重要的原因，秦统一不过十来年，关东六国的成年人都对秦统一过程中的征服屠杀、统一后的暴政记忆犹新、痛恨不已，他们绝不会认同自己是大秦臣民，所以陈胜、吴广起义后仅几个月，整个关东大地就纷纷起兵。

陈胜派遣的周文大军攻到咸阳附近了，面对如此危急的形势，二世皇帝如梦初醒，但戍守咸阳的只有5万军队，主力部队或在北方的长城一线，或在岭南。此时正在秦始皇帝陵监工的少府（官名，九卿之一，执掌山泽收入、皇室手工业制造）章邯提出赦免并武装几十万刑徒，组成军队，迎击周文，结果一战击退，并继续追击，周文在第二年败走自杀，解救了灭亡在即的大秦。这支刑徒军成为了大秦在内地的主力军，继续东进平乱，一路报捷，陈胜、吴广也兵败身死。

3. 嗟乎，大丈夫当如此也：迅速亡秦

就在刑徒军击败周文的同一年，二世皇帝做出了一个非常诡异的决定，废卫国的国君角为庶人，宣告先秦时代

的最后一个诸侯国灭亡。难道他想以此证明，比起他父亲，他才是真正的大一统皇帝？但显然这个举动未能改变他的命运。未来灭秦的两位新星正在冉冉升起，他们就是当年分别与秦始皇帝有过"同框"经历的刘邦和项羽。

刘邦出身平民阶层，是原属楚国的沛县丰邑人（今江苏省丰县），家中排行第三，祖籍魏国，他还有两位哥哥。他一向游手好闲，不从事正当职业，不置办家财，甚至到了40岁也未能娶妻成家。古代人的寿命不长，40岁的死亡概率就很高，这只能说明刘邦混得实在太惨。刘邦为人仁爱，与人交往豁达大度，出手也很大方，人际关系很好，喜欢喝酒、恶作剧，又好美色，虽然没结婚，但和情人曹寡妇有一个儿子刘肥。中年时他谋得沛县泗水亭长的职位。当时十里一亭，十亭一乡，亭长是最基层的小吏，相当于现在的村治保主任。他曾去咸阳服徭役，遇见了秦始皇帝的出行车驾，喟然感叹："嗟乎，大丈夫当如此也！"[1]很多人可能想不到，刘邦只比秦始皇帝小三岁，他们其实是同时代人。刘邦的大半生是在先秦度过的，他目睹了秦军步步东进，灭亡了他的祖籍国魏国及现籍国楚国。他当年的人生偶像是著名的战国四公子之一——魏国的信陵君，而且他又是信陵君的门徒张耳的好友，如果不是后来成为皇帝，

---

1 《史记》卷8《高祖本纪》。

刘邦完全可能是一位《战国策》中的人物。读历史，时间线非常重要。

当了亭长以后，刘邦有机会结交沛县体制内的头面人士，如主管人事的县吏科长萧何、狱卒科员曹参等。迁居沛县的富豪吕公大摆筵席，负责收钱的就是萧何。当时规定，拿1 000钱贺礼的人只能坐在堂下，没带一文钱的刘邦却自称带了贺礼万钱，大摇大摆登堂入室上座。吕公好相面，认为这位傲慢不逊、放浪不羁的亭长未来贵不可言，不顾妻子反对，执意要将比刘邦小15岁的女儿吕雉嫁给他，后来生了一个女儿鲁元公主和一个儿子汉惠帝刘盈。

当了亭长的刘邦押送服徭役者去骊山修建秦始皇帝陵，一路上很多人逃亡，他心想等到达目的地，人肯定都跑光了，自己也没法交差，于是到了丰邑西边的大沼泽中，他就停下来喝酒，然后夜里将所有人都松绑，并说："公等皆去，吾亦从此逝矣！"[1]竟有十几个人感其义气自愿跟随他一起逃亡。他们走在沼泽中，忽然遇到一条大白蛇，众人不敢前行，刘邦上前，一剑将其斩为两段，再向前走，发现一位老妇在路边哭泣，她说是赤帝之子斩了白帝之子。刘邦听了心喜，以为天命所归，自己是赤帝的儿子。此时秦始皇帝听说东南有天子气，于是东巡察看，刘邦害怕，于

---

1 《史记》卷8《高祖本纪》。

是率众躲藏在芒砀山，但妻子吕雉却经常找得到他，刘邦感觉奇怪，吕雉解释，因为他的头上有"云气"，很多沛县子弟听到这个传说后，都去投靠他。当然这两个故事都很可能是后来汉宣部的作品。

陈胜、吴广起事后，附近的沛县县令想起兵响应，萧何、曹参劝他要招揽逃亡在外的沛县子弟，于是派遣刘邦的连襟、屠狗个体户樊哙去找他回来，此时刘邦手下已经有了数百人。当他们回到沛县城下，县令又反悔。刘邦将帛书射到城上，宣称"天下苦秦久矣，天下诸侯纷起，希望父老赶紧起兵反秦，否则会被诸侯屠城。"于是沛县父老杀县令开城。萧何、曹参都是秦的公务员，熟知秦的法律，担心失败后会被灭族，于是让刘邦当义军的领袖，号"沛公"。

项梁、项羽叔侄俩是下相人（今江苏省宿迁市），与刘邦的家乡相距不远，他们逃亡到长江以南的会稽郡，一直在招揽宾客、学习兵法，准备起兵反秦。秦始皇帝巡游时，两人都曾围观，项羽说："彼可取而代也。"[1]项羽身高长八尺余（约1.9米），力能扛鼎，才气过人。陈胜、吴广七月起事，九月会稽守（官名，秦郡最高长官）与项梁商量反秦，但项梁指使项羽杀了郡守，并以一人之力击杀府中近百人，招募八千子弟兵起兵反秦。当时年已70岁的范增劝说项

---

1 《史记》卷7《项羽本纪》。

梁："陈胜必将失败。因为秦灭六国，楚最无罪。自从怀王去了秦国没有返回，楚人至今痛惜，所以楚南公说'楚虽三户，亡秦必楚'。陈胜首先起事，不立楚王后代而自立，很快就会失败。现在这么多楚国的将士投奔你，就是因为项家世代为楚大将，希望你能复立楚王之后。"于是项梁找到了楚怀王的后代——牧羊人熊心，号称"楚怀王"，这样他们就拥有了为楚国复国的合法性与感召力。

不久刘邦率军投奔了项梁，楚军成为了反秦的主力。公元前208年，刘邦和项羽联手击败秦军，并杀死了秦丞相李斯的儿子三川郡（治所在今河南省洛阳市汉魏故城）守李由，但随后项梁被章邯的刑徒军击败身死。也正是在这一年，在江山风雨飘摇、摇摇欲坠之际，秦的最高层依旧在继续恶斗、清洗，左丞相李斯被赵高诬陷与儿子李由共同谋反，被夷三族，右丞相冯去疾、将军冯劫也因劝谏下狱自杀，赵高被任命为丞相，彻底掌控朝政。

在关东诸国中，楚国力量最为强大，因而成为诸侯盟主。楚怀王与诸将约定"先入定关中者王之"，但此时秦兵很强大，诸将没人敢西征关中。独有项羽急于报国恨家仇，但楚怀王认为他太残暴，不派遣他西征，而刘邦是宽厚长者，于是派他收容陈胜、项梁的残兵西征。此时项羽跟随"卿子冠军"宋义率军北上，救援被秦兵包围在巨鹿城的赵国军队，但宋义在安阳屯兵不前长达46天，最终被项羽斩杀。巨鹿城下集中了两支秦兵主力,一支是自长城南下,原属蒙恬的王离军队,一支则是章邯军队。援赵的齐国、燕国军队不敢交战,只得作壁上观。项羽先派军切断了王离军的后勤通道,然后率领楚军主力只携带三天的粮食,不胜利即战死,渡过黄河,破釜沉舟,包围王离军,九战皆胜;章邯军撤退,救援的诸侯军才敢出击,击败秦军俘虏王离。巨鹿之战秦军主力被歼灭,这是灭秦的决战,项羽功劳最大,甚至可以说一人力挽狂澜。章邯败走后,二世皇帝不断派人来逼迫他出战。由于担心即使战胜,也有可能被赵高忌妒杀害,战败更是必死无疑,章邯决定率军投降项羽,但归顺后不久,所部20多万秦军被项羽全部坑杀。至此,秦亡已成定局,因为仅存的秦军远在岭南,他们已决定堵塞北上的南岭道路,而真定人南海尉赵陀又独立建国,赵陀即南越国的武王。大秦可谓众叛亲离,这是人心丧尽的必然恶果,没有人愿意为这样一个嗜血残暴、刻薄寡恩、黑白不分的政权卖命。而此时秦廷还上演了一幕荒诞的行为艺术:已经是丞相、独揽朝政的赵高牵了一头鹿献给二世皇帝,宣称是一匹马。二世皇帝虽糊涂,但也笑着说:"丞相误邪,谓鹿为马!"[1]然后问左右大臣,大臣或沉默,或说是马,或说是鹿。赵高暗中将说鹿者治罪,

1 《史记》卷6《秦始皇本纪》。

此后群臣都畏惧赵高，没人敢揭发他的罪过。

刘邦的军队避开了秦军主力，从黄河以南一路顺利西进，于二世三年八月攻入了武关（在今陕西省丹凤县）。武关与函谷关、萧关、大散关并称秦的四塞，楚军由此攻入了秦的核心地带，秦都咸阳门户大开。二世皇帝此时终于醒悟，责备赵高以前隐瞒关东战事误国，赵高则一不做二不休，抢先下手，杀了二世皇帝。胡亥生于不义，死于耻辱，秦始皇帝万分害怕、极力想要避免的"亡秦者胡也"最终恰恰应验于他的少子胡亥身上。

赵高立二世皇帝的侄子子婴为秦王，不再称为"皇帝"。子婴即位后，用计杀掉了祸国的赵高。赵高是赵国的公子，自沙丘政变后，他的所作所为都是以亡秦为目的，令人不得不怀疑他是赵国的卧底、死间，潜伏在秦廷的最核心高层，迫害、诛杀秦的忠臣良将以及秦始皇帝的所有子女（包括二世皇帝），颠覆秦政权。这一切应该是他完美的复仇计划，否则完全无法解释赵高的行为，而他的学生二世皇帝则是不折不扣、凶残歹毒的糊涂虫。

刘邦军在蓝田两次击败秦军，于当年十月抵达咸阳东边的霸上，秦王子婴素车、白马，以组（帝王用的戮，一种丝带）系颈，献上皇帝的玺、符、节，在轵道亭边向刘邦投降。诸将之中有人要求诛杀秦王，刘邦认为杀降不祥，只是将子婴囚禁。至此，立国已经563年的秦国灭亡；自秦始皇帝统一六国计，秦朝只维持了15年，距秦始皇帝之死才过去3年。

汉文帝时的贾谊在《过秦论》中总结秦二世而亡的原因："秦以区区之地，致万乘之势，序八州而朝同列，百有余年矣。然后以六合为家，殽、函为宫，一夫作难而七庙隳，身死人手，为天下笑者，何也？仁义不施而攻守之势异也。"秦的兴起非常迅速，灭亡更加迅速，战国时期震慑天下的秦国在灭亡关东诸国后，竟然短短15年自己也灭亡了，超越了最大胆的想象，但这竟然是事实、是历史，原因何在？这是以后所有政治家不得不认真思考的问题。战国时期的秦国强大，在于建立了一套以首功制为核心的军国主义体制，所有男子平时耕种，战时出征，以获取敌人的首级数计功封赏；为了维系这个体制，实行严刑峻法，户籍管理极为严密，保甲连坐，严禁人口流动，政府横征暴敛，整个国家变成了一架精密运转的耕战机器，所有人都是这台机器的零件、齿轮。

秦国唯才是举，不拘一格吸收关东诸国的人才客卿，楚国人李斯总结秦国的客卿政策：秦孝公起用商鞅变法，使得秦国移风易俗，民以殷盛，国以富强，百姓乐于为国效力，而各诸侯国也前来亲近归服。秦国先后击败了魏国和楚国的军队，获得了上达千里的土地，时至今日，依旧国家强盛，政治修明。秦惠王听取了张仪的连横之计，攻下三川之地，吞并西边的巴、蜀两郡，向北攻取上郡，向南攻取汉中，包围九夷之地，挟制鄢、郢二地。向东占据险要的成皋，获取六国膏腴之壤地，如此拆散了六国的合纵之谋，令他们向西边的秦国臣服，影响至今。秦昭王得到了范睢，罢免了穰侯魏冉，驱逐了华阳君芈戎，以此增强王室的权力，遏制豪门的势力，从而蚕食诸侯，使秦国成就了帝业。这四位君王能够成功，都是客卿的功劳。

但这一套耕战军国主义体制只适用于扩张时期，因为可以掠夺关东诸国的土地、财物、封赏立功的将士，一旦扩张停止，这一套体制就无法继续运转，秦军也就失去了战斗目标，这也是秦始皇帝在统一六国后仍然北征匈奴、南伐百越的原因之一。

秦的统一仅维持了十来年并非偶然，30年为一世，一个政权的前30年最危险，因为被统治的民众绝大多数都是前一政权或故国的臣民，不仅对新政权没有认同感，甚至怀有仇恨。因此秦在统一后应该采取怀柔政策，以仁政化解敌意，让时间消除仇恨，这样过了一代人（30年）、两代人（60年）后，旧时代的人逐渐老去、死去，治下都是出生在新政权的人，他们自然会形成对新政权的认同。但秦统一后，不仅没有采取怀柔政策，反而实行苛政，变本加厉。耕战军国主义体制并没有改变，而且推广到了关东诸国，以严刑峻法维持横征暴敛以及高强度的劳役兵役。大量关东诸国的青壮年男性死于服役的工地和路上，这种人口灭绝式的政策不可能不激起反抗。底层民众和被"焚书坑儒"、"偶语诗、书者弃市"政策迫害的社会中上层，以及对秦怀有血海深仇的六国旧王族、贵族相结合，整个关东诸国各阶层的民众都是秦的死敌。因此即使没有沙丘之变，扶苏继位，甚至即使秦始皇帝长寿，也很难避免秦的迅速灭亡。陈胜大泽乡起义仅仅是导火索，而这样的导火索无处不在，一旦点燃无处不在的干柴，烈火就会迅速蔓延。这就是贾谊总结的"仁义不施而攻守之势异也"。沙丘之变直接促使秦的核心基本盘崩解，再加上一位立意摧毁大秦的赵高执掌了朝政，更加速了秦的灭亡。

除李斯外，所有大臣都建议分封皇族子弟于全国，秦始皇帝没有听从这个建议，也是一个巨大的错误。首都咸阳偏于西北，在当时的交通和通讯条件下，以高度中央集权的体制直接统治一个如此幅员辽阔的国家是极其困难的，要求地方官员有高度的忠诚感、认同感、责任感，才能有效统治新征服的国土与民众。但非常不幸，事实证明各地方官员不仅没有能力弹压起义，纷纷丧命，而且即使是没有丧命的也缺乏忠诚，纷纷投靠反秦义军，因为他们仅是职业经理人，与皇帝没有休戚与共的血缘亲情，最典型的就是戍守岭南的秦军主力军队不仅没有回师北上勤王，反而阻塞北上的道路，隔岸观火，甚至独立建国。试想，如果秦始皇帝的诸多儿子被分封各地为王，拥有自己独立的国家与军队，他们镇压各地起义的热情与效率将远远超过中央集权郡县制下的百官，也绝不会出现二世皇帝信息隔绝、决策失误、各地束手无策的局面。秦始皇帝自以为功高古人，嘲笑东周时诸侯纷争，但实行分封的周朝维持了800多年，而统一的秦朝只维持了15年，谁成功、谁失败岂非一目了然？秦始皇帝的去世很及时，也很幸运，否则将很可能目睹他创建的统一国家毁于自己之手的悲剧。与秦朝的命运很相似的是隋朝，同样是二世而亡，同样是在统一之后不到30年就灭亡，没有能熬过政权最危险的时期。

　　刘邦进入咸阳，诸将都忙着抢夺金帛财物，只有萧何进入秦丞相府的档案库搜集天下的地图与各项档案记录，如此一来刘邦就可以知道天下的要塞、户口多少、强弱之处。但此时的刘邦本性大暴露，看见华丽宫殿、帷帐、狗马、财宝，还有数千美女，就打算住进去不走了。樊哙、张良先后劝谏要以除残贼、争夺天下为重，现在这样就是"助纣为虐"。"忠言逆耳利于行，毒药苦口利于病"，于是刘邦离开了咸阳，还军霸上。十一月，刘邦召集秦的诸县父老、豪杰，对他们说："父老苦秦苛法久矣，诽谤者族，偶语者弃市。我与诸侯约好，先入关中的人称王，所以我应当称王。

现在与父老约法三章：杀人者死，伤人及盗抵罪。我将秦法全部废除，但各级官吏全部留任。我来是为秦国父老除害的，不会侵害你们，大家不用担心。我现在率军回到霸上，等待诸侯军队到来，一起制定规则。"刘邦的宣言公布到各县、乡、邑，秦国人大喜，争相奉献牛羊、酒食犒劳军队，刘邦又推辞不受，说："仓库里粮食很多，并不缺乏，不用大家破费。"秦国人更加欣喜，唯恐刘邦不做秦王。

坑杀了投降的秦军后，项羽率领40万诸侯大军攻破了刘邦军队守卫的函谷关，进入关中，刘邦看到无法阻挡项羽军队，赶紧去鸿门（今陕西省临潼新丰镇鸿门堡村）与他会面，上演了一出精彩的鸿门宴，鸿门宴的细节是樊他广告诉司马迁的父亲司马谈的，而他便是在宴会上救了刘邦的樊哙之孙。

秦亡了，秦的悲剧并没有结束。继刘邦攻下咸阳后，灭秦的第一功臣项羽率军在咸阳屠城，杀了投降的秦王子婴以及秦宗室，火烧宫殿，大火三月不灭；又盗掘秦始皇帝陵以及其他秦陵，两千多年后发掘出的秦陵兵马俑明显有破坏、抢掠的痕迹。秦始皇帝陵被盗掘在古代几乎是一个常识，只是在近年，才开始有人认为秦始皇帝陵没有被盗。几年之后，刘邦在两军阵前当面列举了项羽的十大罪状，其中一条就是"掘始皇帝冢，私收其财物"；《汉书·刘向传》中也记载着："项籍（羽）燔其宫室营宇，往者咸

32

见发掘。其后牧儿亡羊，羊入其凿，牧者持火照求羊，失火烧其藏椁。"可见秦始皇陵不仅被盗，其地宫也被烧毁。项羽与秦始皇帝是世仇，发掘仇敌坟墓是报复的最好途径，他怎么可能会放过秦始皇帝陵？更何况秦始皇帝陵的总监工章邯就在项羽军中，不存在任何技术上的障碍。有一条宋代的史料可以确证秦始皇地宫曾被盗掘。北宋开宝三年（970年），宋太祖下诏："周文王、成王、康王、秦始皇、汉高祖、文帝、景帝、武帝、元帝、成帝、哀帝……二十七陵尝被发（盗掘），令有司备法服、常服各一袭，具棺椁重葬，所在长吏致祭。"[1]明确无误地指出秦始皇帝陵被盗掘，因此命令地方官准备棺椁重新安葬。

在灭秦事业中，项羽的功劳无疑是最大的，因为他杀了上司宋义，破釜沉舟地歼灭了秦军主力，此后秦的灭亡是注定的，因此他成了诸侯的纵（合纵）长，即盟主。在他抵达关中后大封诸侯，自立为"西楚霸王"，并未称帝，而是尊奉楚怀王为"义帝"。西楚国包括了原来梁（魏）国、楚国地的九个郡，国都在彭城（今江苏省徐州市区），全境包括今江苏省、安徽省北部、河南省东部及浙江省北部。

---

1 《续资治通鉴长编》卷11。

第三节│至死不悟：西楚霸王的末路

1. 从楚汉战争转变为楚秦战争

按照楚怀王与诸人的约定，先入关中者封为关中王，但项羽违约，将刘邦封在路途险远的巴、蜀，建都汉中南郑（今陕西省汉中市区），为"汉王"。刘邦十分愤怒，想要和项羽开战，周勃、灌婴和樊哙劝阻了他。萧何认为：虽然汉中不如关中，但活着总也比现在开战，立刻送命要强，因为以现在的实力，与项羽开战肯定百战百败；《周书》说"天予不取，反受其咎"，而且汉王、汉中得名于"天汉"（汉水），原意是银河，名称非常美好。希望刘邦好好在汉中"养其民以致贤人，收用巴、蜀，还定三秦，天下可图。"于是刘邦离开关中前往汉中，以萧何为丞相。

感谢刘邦、萧何，甚至项羽，因为刘邦定都汉中，就任汉王，建立"汉国"，他称帝后的朝代才被称为"汉朝"、"大汉"；他的曾孙汉武帝北伐匈奴，南征南越，东设朝鲜四郡，西征大宛，收服西域，将汉朝推向极盛，治下的臣民自称"汉人"。汉朝的强盛与光荣成为了以后中国人的集体历史记忆，他们一直以自己的汉人身份而自豪，最典型的唐朝人自称本朝为"汉家"，自己为"汉人"，皇帝为"汉皇"，大唐军队为"汉兵"，甚至与吐蕃的正式盟约中称"汉"……于是"汉"又成为世界上最大民族的名字。

"汉"，在上古专指汉水，《尚书·禹贡》就有"嶓冢导漾，东流为汉"之语。汉中因汉水而得名，汉水则得名于天汉，即天上的银河。"汉"来源于"汉中"、"汉水"和"天汉"，即"银河"，这就是萧何说"语曰'天汉'，其称甚美"的涵义。

项羽三分关中，将秦的三位降将封王，用来阻塞刘邦返回中原争霸的道路，其中章邯为雍王，在咸阳以西；司马欣为塞王，在咸阳以东；董翳为翟王，在咸阳以北。这三人都是秦国的降将，所以又号称"三秦"。项羽占据了魏国故地，将魏王豹封为西魏王，在今山西南部；瑕丘申阳为河南王；韩王成在韩国故地；赵将司马卬为殷王，在今河南北部；赵王歇改封为代王，在今山西北部；张耳为常山王，在今河北南部；黥（英）布为九江王，在今安徽、江西；吴芮百越的番君为衡山王，在今湖南；共敖为临江王，在今湖北；燕王韩广改封为辽东王，在今辽宁南部；臧荼为燕王，在今河北北部；改封齐王田市为胶东王，在今山东胶东；封田都为齐王，在今山东西南部；封田安为济北王，在今山东东北部。包括西楚、汉在内，总共十八国。

项羽在关中停留了五个月，到了夏四月，决定携带财宝、妇女东返。韩生劝说项羽："关中阻山带河，四塞之地，土地肥饶，可以建都于此，称霸天下。"项羽认为秦宫殿都被烧毁，心里又想回家乡，答道："富贵不归故乡，就有如衣绣夜行，谁会知道呢！"韩生退下后说："人言楚人沐猴而冠，果然！"项羽听到后，烹杀了韩生。诸侯们也率军返国，汉王刘邦分得三万人，另有数万人自愿随从，他们从关中南下汉中。刘邦听从了张良的计策，将经过的秦岭栈道烧毁，向项羽表示没有北返的意愿。

十八国诸侯的局面极为脆弱，分封仅一月后，不满意未被封王的田荣起兵攻击齐王田都，杀胶东王田市，又派遣大将彭越杀济北王田安，合并了三齐之地，他们都是战国时齐国的王族。诸齐的内战揭开了楚汉战争的序幕，田荣自立为齐王反楚。

就在楚军与田荣在齐地交战之际，八月，在汉中的刘邦率军经故道（县治在今陕西省凤县）返回关中，一路击败了雍王章邯、塞王司马欣、翟王董翳，占领了三秦。章邯在固守后自杀，另两位投降。此后秦国的故土关中、汉中和巴蜀就成了刘邦稳固的大本营。韩生嘲笑项羽"沐猴而冠"非常正确，不以四塞为固的秦国故地作为自己的大本营，而建都于彭城四战之地，是项羽失败的重要原因。

刘邦在出兵之前，拜萧何强烈推荐的韩信为大将，他们之间发生了一段对话，分析了楚汉相争的形势。

韩信问刘邦："你与项羽相比，谁更勇悍仁强？"刘邦默然良久，承认不如。韩信说："我也认为你不如他，但我曾经在项羽手下做事，知道他的为人'暗噁叱咤，千人皆废'，勇猛无比，但他不能任用贤将，这只是匹夫之勇。项羽见人恭敬慈爱，说话温和有礼，属下生病，会难过得涕泣，并将自己的食物分给病人。但是属下有功应当封爵地，他却将印把子放在手中把玩良久，舍不得给，这就是所谓的妇人之仁。项王虽称霸天下，诸侯臣服，但他不居关中而建都于彭城四战之地，违背义帝之约，且没有封你为关中（秦）王，而以自己的喜恶分封诸侯，天下觉得不平；将义帝手下的将相封王，却将义帝迁逐安置到江南；他所过之处无不残灭，百姓不拥戴他，这就是恃强凌弱。他名称虽为'霸'，但事实上已失天下民心，所以他容易由强变弱。如果现在你能反其道行之，任用天下武勇之人和能人志士，一定能消灭他。用天下地城邑分封功臣，哪里会有人不臣服呢？率领这些思念家乡、想要东归的士兵，一定能打败他。现在三秦王均为秦降将，手下的秦国子弟伤亡不可胜计，他们又欺瞒手下投降项羽，20多万军队被项羽坑杀，唯独这三人逃脱。秦国父兄痛恨他们，痛入骨髓。现在项羽强行分封这三人为王，秦地百姓不可能拥护他们。而你以前攻入武关，秋毫无犯；除秦苛法，与秦国民众约法三章，秦民都想请你当秦王，但项羽违约，封你在关中，秦民没有人不恨他。现在你只要率军东进，三秦便可传檄而定。"刘邦大喜，感叹得到韩信太晚，决定部署军队进攻三秦，而留下萧何收巴、蜀租税，供应后勤。

这段对话体现了韩信极高的眼光，从领袖的个人因素、地理形势以及人心向背等三个主要方面分析了楚汉胜败的前景，毫无疑问，项羽暴虐、不公正的处事作风与刘邦宽宏大度、仁厚爱人形成了鲜明对比。项羽不在关中而在四战之地立国是其败亡的主要因素；项羽讲究个人修养，但却舍不得让利，与属下共享"股份"，行事残暴，因而不得人心。以后形势的发展果然如韩信所料。

仿佛是为韩信的话作注脚，沛县人王陵派遣使者去接刘邦的父母、妻儿，项羽得知之后，将其拦截，并让王陵的母亲招降儿子，王母私下对使者说："希望你替我对王陵说：好好侍奉汉王，汉王是长者，最终将取得天下，不要因为我而生二心。我以死送使者！"随即伏剑而死，项羽很愤怒，将她的尸体投入沸水烹煮。此事凸显项羽的行事残暴，除了泄愤，只有反面作用，只能证明自己用暴虐来发泄无法自控的情绪，令人不齿。随后项羽命人将义帝于江中杀死，更令人离心离德，因为项梁、项羽起兵的合法性很大程度上是为了复楚国之仇，结果灭秦后，首先违约不封刘邦为关中（秦）王，没有恢复楚国，其次作为世代楚将出身的项羽杀掉了拥立的楚怀王（义帝），由反秦复楚的志士变成了天下人眼中的不忠不义、残暴凶虐之人，谁还再敢忠于他？而且这样一来，项羽和刘邦作战的目的是什么呢？刘邦的基本盘变成了旧秦国的民众，他们因为仇恨项羽团结在了刘邦的麾下。非常好笑，现在竟然有不少人尊奉项羽是真正的贵族，这简直是对贵族最大的抹黑。极度讽刺的是，刘邦也是楚人，但他却继承了秦国的版图、资源、民众与兵员，因此，"楚汉战争"也可以理解为"楚秦战争"。

2. 知天亡我，非战之罪也：至死不悟的霸王

刘邦平定关中后，一路东进，势如破竹，魏王豹投降，继续东进，又俘虏殷王司马卬。汉军南渡黄河至洛阳（今河南省洛阳成周城故址），刘邦为义帝发丧，袒身大哭，哀临三日，派遣使者告诉诸侯："天下共立义帝，北面事之。今项羽放杀义帝江南，大逆无道！寡人亲为发丧，诸侯皆缟素。悉发关中兵，收三河士，南浮江、汉以下，愿从诸侯王击楚之杀义帝者。"[1] "顺德者昌，逆德者亡"，这一举动占据了合法性的制高点。此时楚军正在攻打齐国，汉军趁

---

1 《史记》卷8《高祖本纪》。

机通过西楚的腹地进入彭城，项羽率军回师，大败松懈的汉军，刘邦在沛县的父母、妻子皆被俘获。彭城惨败后，诸侯又都背汉归楚，刘邦的事业跌到了最低点。

刘邦收集败军，驻扎于荥阳，萧何从关中派遣兵员到来，汉军恢复了实力，任用原秦军的李必、骆甲为校尉率领骑兵，在荥阳东大破楚军骑兵，此后楚、汉即以荥阳为界对峙。曹参、韩信率军北上灭了魏国、代国、赵国，著名的"背水一战"即发生于灭赵的战役中。随后韩信东进，攻灭齐国，而南方的英布也投向了刘邦，从而对西楚形成了合围之势。而且在西楚的腹地还有彭越军队骚扰，项羽的处境非常不妙，这就是他选择四战之地立国的后果，自始至终他都没有形成自己稳固的后方根据地，西楚国一直是战区，因此他的兵员、后勤都是大问题，而刘邦却有非常稳定的大后方，且从未被战争波及，一方越战越弱，一方越战越强。楚汉两军主力分别由项羽、刘邦率领，在荥阳一线对峙，而灌婴率军在楚军后方攻克了项羽的首都彭城，尽略楚地。

就在刘邦在荥阳广武与项羽对峙之时，韩信派人来要求封他为"假王"（代理王）镇守齐国，刘邦大骂："我困在此地，日夜盼望你来帮助我，没想到你却要自立为王！"张良、陈平踩着刘邦的脚，耳语道："我们现在战事不利，难道能禁止韩信自立为王吗？不如趁机立他为王，让他镇守

40

齐国，否则担心他叛变。"刘邦一下子醒悟，又继续骂："大丈夫定诸侯，就应该做真王，怎么能做假王？"随即派遣张良持印，立韩信为齐王，征调他的军队攻击西楚。虽然刘邦拜韩信为大将独立率先作战，但他们毕竟相识较晚，没有同乡发小之谊，彼此间缺乏绝对的信任。刘邦最亲信的下属基本上都是沛县同乡，如萧何、曹参、王陵、樊哙、周勃、夏侯婴、卢绾等，此外便是张良、陈平这类没有军队、只能依附他的谋士，而其他如彭越、英布、臧荼等则是因为有共同的敌人项羽而结成了同盟关系。

　　周勃、灌婴曾在刘邦面前告状，说陈平是美男子，有过盗嫂的恶行，又曾是魏王和项羽的手下，不值得信赖。听说陈平指派诸将，向他行贿金多者得善处，金少者得恶处。刘邦怀疑，问推荐人魏无知："有这样的事吗？"魏无知说："有。"刘邦质问："那你还说他是贤人？"魏无知答道："我所说的，是陈平的能力，而陛下所问的，是陈平的品行。现在陈平即使有如同尾生和孝已一般的品行，但对战争胜败无益，陛下还有闲暇去任用他吗？楚、汉对峙，我举荐了身怀奇谋的人才，是考虑到他的计谋有利于国家。盗嫂与收受贿赂二事，如何足以令陛下对他起疑呢？"刘邦召问陈平，陈平辩解道："魏王不听我的话，所以我投靠了项羽，结果他用人不是姓项的，就是妻子兄弟，我也不得重用。我听说你能用人，所以裸身投靠，如果我不接受贿赂就没法活了。我的计策如果好，就请你采用；如果不好，你赐我的黄金都在，我返还就行。"刘邦听后重赏陈平，封他为护军中尉。

韩信虽然是刘邦的部下，但因军功卓著，独当一面，势力大增，要求刘邦封王就是要求上升为同盟关系，这就是刘邦生气大骂的原因。刘邦因被要挟，封韩信为齐王，但已经埋下了不信任的种子，两人开始貌合神离。即在此时，又发生了蒯彻劝韩信背叛自立，"参分天下，鼎足而居"的事，韩信其人，"为汉则汉胜，与楚则楚胜"，但双方都不信任韩信，刘邦胜利后韩信也不会有好下场。韩信犹豫不决，但又认为自己功高劳大，刘邦不会剥夺他的封国，因此不忍背叛。

项羽的军粮耗尽，又面临刘邦、韩信两面夹击的困境，决定与刘邦谈和，双方以鸿沟（运河）为界，此即"楚河汉界"，并释放了被俘的刘邦父母与妻子。刘邦也想西归关中，但张良、陈平认为现在汉已经拥有天下大半，且诸侯尽皆归附；而楚兵疲食尽，此天亡之时。今日如果不趁机攻击，就是养虎遗患。刘邦听从了他们的建议，率军追击楚军至固陵（今河南省太康县）约定与齐王韩信、魏国相国彭越一起合击项羽，但两人都不来会师。楚军趁机反击汉军，汉军大败，坚壁自守。刘邦问张良："诸侯不从，奈何?"张良认为："韩信、彭越不来很正常，因为灭掉项羽两人得不到什么好处。韩信封王不是刘邦主动封的，因此他的忠诚并不坚定，彭越本来是魏王豹任命的相国，现在魏豹死了，彭越也想封王。如果将彭越封王，将韩信的封地扩大至他的家乡淮阴（今江苏省淮安市），这两人就会来参战。"刘邦听从了他的建议，果然韩信、彭越两军前来参战，刘贾与九江王英布也率军一起合围项羽于垓下（今安徽省灵璧县）。楚军兵少食乏，陷于绝境，上演了四面楚歌、霸王别姬的悲剧，之后率800余骑兵半夜突围，汉军5 000骑兵穷追不舍。项羽身边只余28骑，预计无法逃脱，对部下说："我起兵至今已有八年，经历过70余战，未曾失败过，因而霸有天下。但今日突然被困在此地，这是天要亡我，不是我作战的过失。今日固然非死不可，愿为诸君痛快一战，果真突破重围，斩汉将、砍汉旗，连胜三次，就令诸君知道，是天要亡我，不是我作战的过失。"果然人人以一当百，杀伤数百名汉军。汉军披靡，郎中骑杨喜甚至被瞋目而叱，吓得逃跑数里，而楚军仅有两骑损失。项羽问部下："我说得如何？"26人全部伏地，道："果然如大王所言。"项羽到达了乌江（今安徽省和县长江段），乌江亭长准备了一条船，请求项羽渡江到江东（今江苏省南部，在此段长江以东），项羽笑说："天要亡我，我还渡江作甚！当年我与江东子弟8 000人渡江西去，如今无一人返还。纵使江东父兄因怜悯而尊我为王，我又有何面目去见他们！

纵然他们不言明，难道我就不会问心有愧吗?"于是将所乘的乌骓马赐予亭长，下令骑兵都下马步行，持短兵刃接战。项羽斩杀汉军数百人，自己也受伤十余处。他回头看见汉军的骑司马吕马童，问："你不是我的故人吗?"吕马童告诉中郎骑王翳："此人就是项王!"项羽说："我听说汉军以千金求购我的头颅，得到的人可以封邑万户，我现在就帮你个忙。"说完自刎而死。王翳割下了项羽的头，其他人相互争夺，数十人互相杀害。最后，杨喜、吕马童、吕胜、杨武各争得身体的一部分，于是刘邦封这五人为侯，将封户平分。如此精彩生动、细节丰富的英雄末路故事如何得以流传?故事的亲历者杨喜被封为赤泉侯，他的后代就是汉昭帝时的丞相杨敞，这个故事在他们家代代相传，而杨敞的岳父就是《史记》的作者司马迁。刘邦以鲁公之礼安葬项羽，亲临葬礼，痛哭离去，项氏族人一应不杀。至此楚汉战争结束。刘邦立即剥夺韩信的军队，改封他为楚王，并封彭越为梁王。

项羽人生最后一幕可谓悲壮：悲，是可悲；壮，是壮烈。壮烈自不待言，率领28骑殊死一搏，杀伤数十倍的敌人；可悲的是正如韩信对他的评价，只有匹夫之勇，毫无战略、谋略；更可悲的是，临死前还将自己的失败归咎于上天，可谓至死愚昧，愚昧至死，实际上他的失败几乎全部归咎于他自己。

项羽因为对秦的血海深仇而投身于反秦事业，势如破竹，摧枯拉朽，仅用了三年的时间就全歼了秦军的主力，达到了人生的巅峰，此时的项羽是最耀眼的时代明星。但自此以后，就开始一路下坡，因忌恨刘邦先入关中，违背义帝的约定，不封刘邦为关中王，失信于天下，不忠于义帝，结怨于刘邦，可谓不智；既然已经得罪了刘邦，又不在鸿门宴上除掉刘邦，做事首鼠两端，留下祸根；先是坑杀20多万秦军降兵，入咸阳后，又大肆抢劫烧杀，掘坟盗墓，而刘邦入关中后，军纪严明，约法三章，两相对比，秦人、秦国变成了刘邦的基本盘、主要兵员与物资供应地，而项羽与秦人结下了血海深仇，可以说楚汉战争的结果是秦人逆袭复仇的胜利，短短数年间的惊天大逆转真是莫大的讽刺。

项羽不在关中立国，而选择自己家乡下相（今江苏省宿迁市）的四战之地立国，战争一开始就处于被包围状态，他自始至终都没有一个稳固的后方根据地，首都彭城都数次被攻下，这样的选择不智之至，而刘邦的后方始终没有遭受兵灾，所以他可以经历数次重大失败而翻盘，项羽的军队却越打越少，越打越弱，最终仅余28骑与他一起战死乌江。

放弃立国关中，项羽却将秦人痛恨的三名秦降将分在秦地，结果刘邦进攻关中，传檄而定，悍将章邯没有任何表现能力的机会，等于将最重要的战略要地关中拱手让给了刘邦，埋下了失败的祸根。分封的其他十几个诸侯王也非常失败，几乎没有一个是自己的忠诚盟友，很快大部分不是倒向刘邦，就是因为缺乏能力和实力而被刘邦消灭。

更愚蠢的是，项羽祖先世代为楚将，祖父项燕更是战死于抵抗秦军的最后一战，但他不仅违背秦盟主义帝的约定，甚至放逐、杀害义帝，其信用、人格完全破产，等于向天下昭示自己残暴不仁、不忠不义，毫无底线，这样谁还敢与他结盟？韩信判定项羽只有妇人之仁，没有气量分赏有功之人，而刘邦恰恰相反，不吝给同盟者分王、分利益，如韩信封齐王，彭越封梁王，英布封淮南王，张耳封赵王等等，而项羽除了自己外，手下没有一员可堪与这些人一战的方面大将，刘邦盟友越打越多，项羽盟友越打越少，他的失败是迟早的、必然的。

刘邦、项羽在政治上的智慧差别甚巨，与他们的年龄、阅历也密切相关，刘邦毕竟年长，仅比秦始皇帝小三岁，又在社会底层，历经人世艰辛，黑白两道通吃，洞察人性，有识人之明，个性又豁达大度，不拘小节，有容人度量；而项羽年轻气盛，贵族出身，生活环境单一，缺乏识人能力，再兼气量狭隘，做事没有规划，目光短浅，他是借着反秦大潮站在最高点的时代弄潮儿，一旦失去反秦的目标，就不知为何而战、如何而战，完全凭借个人的武勇胡闹一通，稀里糊涂走向绝路，至死不悟。

至于有人认为项羽的失败是因为他"开历史倒车"，废除了秦始皇帝的中央集权郡县制，恢复了分封制，这完全不符合历史事实。反秦战争时，关东六国全部复国，而项羽甚至不是诸侯王，只是楚国的一员将军，巨鹿之战后被诸侯王拥戴为盟军统帅。如果项羽要推行中央集权，废除诸侯王国，就是妄想成为秦始皇帝第二，那他的失败将更加迅速，反秦的关东诸侯王们会立即联合起来向他开战。项羽与他痛恨的秦始皇帝确有相似之处，借助时代的大势，他们的胜利都来得太快，因此都错误地以为自己的能力超过前人，不用巩固、扩大自己的力量基本盘，为所欲为，因而失败也来得也极为迅速、惨烈，有点类似于现代经常说的，风口上一头会飞的猪。

第四节 | 大风起兮云飞扬：汉家初创

1. 镇抚四海，承卫天子：异姓王与同姓王

楚汉战争结束后，刘邦宣布大赦天下，全体诸侯王请尊汉王为皇帝，公元前202年2月28日，汉王刘邦于汜水之阳（今山东省河泽县定陶区），即皇帝位，改王后为皇后，改太子为皇太子，封吴芮为长沙王，封故粤王无诸为闽粤王。刘邦即以后通称为"汉高祖"的汉太祖高皇帝，"太祖"是其庙号，"高"是其谥号，"高祖"并不是他的正式称呼。

汉高帝在洛阳南宫摆酒宴，要求诸大臣据实说明汉胜楚败的原因。高起、王陵认为："陛下使人攻城略地，因以与之，与天下同其利；项羽不然，有功者害之，贤者疑之，此其所以失天下也。"汉高帝回答："公知其一，未知其二。夫运筹帷幄之中，决胜千里之外，吾不如子房；镇国家，抚百姓，给饷馈，不绝粮道，吾不如萧何；连百万之众，战必胜，攻必取，吾不如韩信。三者皆人杰，吾能用之，此吾所以取天下者也。项羽有一范增而不能用，此所

以为我擒也。"[1]这个答案不仅符合事实，也彰显了汉高帝的宽宏与智慧，既归功于属下，但同时又凸显了自己用人水平之高。一位领袖最重要的才能就是识人、用人，如果没有这种才能，如项羽，只能称为匹夫之勇、匹夫之才，绝无成事的可能。

汉高帝及属下都是关东人，因此他想建都洛阳，齐人娄敬认为这个决定非常不智，建议建都秦地，因为关中被山带河，四塞为固，万一有突发状况，可立即召集百万之众。经过秦国多年的经营，关中已是膏腴之地，天府之国。如果山东（函谷关、太行山以东的黄河中下游地区）大乱，陛下可以据关中固守。建都关中就是"扼天下之亢（咽喉）而拊其背"。汉高帝问群臣，群臣都是山东人，都想建都洛阳，但张良有不同意见："洛阳虽有此固，其中小不过数百里，田地薄，四面受敌，此非用武之国也。关中左殽、函，右陇、蜀，沃野千里。南有巴、蜀之饶，北有胡苑之利。阻三面而守，独以一面东制诸侯；诸侯安定，河、渭漕天下，西给京师；诸侯有变，顺流而下，足以委输。此所谓金城千里，天府之国也。娄敬说是也。"[2]汉高帝最看重张良的意见，下令立即动身建都关中；后任命娄敬为郎中，号奉春君，赐姓刘氏。由于咸阳已经被焚毁，渭水以南还

1 《史记》卷8《高祖本纪》。
2 《史记》卷55《留侯世家》。

有一座秦的离宫——安乐宫留存，因此汉高帝将其改建，重新命名为"长乐宫"，作为自己的宫殿，由于此处是秦的长安乡，因此都城命名为"长安"，并在长乐宫以西建未央宫。长乐、未央是汉朝长安的核心，直至汉惠帝时才修筑城墙，建成了汉长安城。

此时除了汉高帝直辖的秦国旧地外，关东还有七个异姓诸侯王存在：楚王韩信、梁王彭越、淮南王英布、赵王张耳、燕王臧荼、长沙王吴芮和韩王信。称帝仅数月后，燕王臧荼反，汉高帝亲征，平定叛乱，俘杀臧荼，封太尉长安侯、自己的儿时好友卢绾为新的燕王。

项羽手下的大将钟离眜与楚王韩信是老朋友，项羽败亡后，他投奔韩信，汉高帝听闻后，下令韩信抓捕钟离眜。正在此时，有人上书告发楚王韩信要造反，汉朝诸将请求"亟发兵，坑竖子耳！"[1]但汉高帝默然，他问陈平，陈平说："韩信知道有人告他造反吗？"汉高帝说："不知。"陈平又问："陛下的精兵和楚国比怎么样？"汉高帝回答："不如。"陈平继续问："陛下诸位将领，用兵有能超过韩信的吗？"汉高帝回答："没有。"陈平说："现在兵不如楚精良，将也不及楚，如果举兵攻打，是催促韩信开战，我为陛下感到担忧。"汉高帝问道："为之奈何？"陈平建议汉高帝伪

---

1 《史记》卷56《陈丞相世家》。

装出巡至楚国，趁着韩信来迎接时逮捕他。果然韩信携带钟离眜的首级前来，被当场抓捕，韩信抗议："狡兔死，走狗烹；飞鸟尽，良弓藏；敌国破，谋臣亡。天下已定，我固当烹！"[1]

汉高帝回到洛阳赦免韩信，降韩信为淮阴侯。韩信心知汉高帝忌惮他的能力，多次称病不朝，平时也"心有鞅鞅（不满怨恨）"，耻与周勃、灌婴辈同列。他曾到樊哙家，樊哙跪拜送迎，自称臣下，说："大王乃肯临臣！"韩信出门笑说："生乃与哙等为伍！"[2]汉高帝曾问韩信："我能率领多少兵？"韩信回答："陛下不过能将十万。"汉高帝反问："那你能率领多少？"韩信回答："臣多多而益善。"汉高帝笑问："多多益善，怎么你被我擒获？"韩信回答："陛下不能将兵，但善将将，这就是我被陛下擒获的原因。而且陛下是天授的，非人力所能做到。"韩信自认为与汉高帝是同盟关系，结果被剥夺王位，降为臣属的淮阴侯，心中怨恨不满自不待言，但他将这种情绪不加掩饰地表达，将更招忌惮，非常不明智。

田肯建议汉高帝："陛下抓获了韩信，又建都秦中。秦是形胜之国，带河阻山，地势便利；面对各诸侯国的军队，有高屋建瓴之势。而齐国，东有富饶的琅邪、即墨，南有

1　《史记》卷92《淮阴侯列传》。
2　同上。

泰山，西有浊河，北有勃海，面积近二千里，士卒百万，这是东西二秦，如非亲子弟，不可使他做齐国的王。"汉高帝将原齐国73县封给私生（长）子刘肥并封他为齐王，"诸民能齐言者皆以与齐"[1]。战国时最强大富庶的秦国和齐国一西一东掌握在父子之手，足以使刘氏制衡其他异姓诸侯。汉高帝又将韩信的楚国分为两国，淮东50县分给族兄刘贾，封他为荆王；其余36县分给弟弟刘交，封他为楚王；山西北部53县分给哥哥刘喜，封他为代王；山西中部太原郡31县为韩国，迁韩王信定都晋阳。

汉高帝的分封诸侯是尊重现实，尊重实力，而不是一厢情愿地中央集权。因为这将不可避免继"反项联盟"后形成"反刘联盟"，再起内战。因此那些认为汉初分封是秦大一统倒退的观点是不切实际、从观念到观念的臆想。异姓诸侯王因为共同的敌人项羽结成同盟，并不是他的核心基本盘，因此为了扩大自己的实力，汉高帝将自己的儿子、兄弟封为同姓诸侯王，多所钳制。

汉高帝封功臣为彻侯（汉武帝时因避讳改为列侯），其中萧何封酂侯，食邑很多，功臣们不满，说道："我们身披战甲，手持兵刃，多的身经百战，少的也有数十回合。而今萧何未曾有汗马之劳，只会舞文弄墨、卖弄口舌，但反

---

1 《史记》卷52《齐悼惠王世家》。

而位居我等之上，这是为何？"汉高帝说："你们懂得打猎吗？打猎的时候，追逐野兽的是猎狗，而发现野兽踪迹的是猎人。你们只能捕捉野兽，这是类似猎狗的功劳；而萧何能够发现野兽的踪迹，并予以指明，这是类似猎人的功劳。"张良和陈平都是谋臣，虽无战功，但都是汉高帝最信任的人，汉高帝封张良为留侯，甚至要封三万户，被张良谢绝；封陈平为户牖侯。张良世代为韩国相，秦灭韩国后，他立志复仇，投奔刘邦；陈平以前追随过魏王咎和项羽，魏无知将他推荐给刘邦，他们两人都不是刘邦的故人，也没有自己的班底、军队，但都屡出奇策，深受刘邦信任。

刘邦的成功在于豁达大度，容忍度高，抓大放小，能识人，敢用人，封赏大方，他要的不是道德完人，而是能人，胜利了一切好说，失败了一切皆空；项羽却不重用韩信、陈平，将他们逼到了刘邦的阵营。

第一批分封的功臣有20余人，其余的部下日夜争功不决，还未来得及分封。汉高帝在洛阳看见诸将坐在沙地上，好像在谋划着什么事，就问张良他们在做什么。张良回答："诸将在策划谋反。你发迹于布衣，依靠诸将取得天下，现在做了天子，分封的都是故旧亲戚，诛杀的都是平生仇怨。现在这帮军吏计算军功，认为天下土地不足，封赏轮不到他们，又担心以前得罪过你而被诛杀，所以相聚谋反。"于是张良建议汉高帝率先分封最仇恨的雍齿，果然其他人都放心了："雍齿都可以为侯，我们这些人就没什么好担心的了！"

列侯受封后，需要排列前十八位功臣的名次，大家公认平阳侯曹参"身被七十创，攻城略地，功最多，宜第一"[1]。但汉高帝赞同谒者（官名，秦汉皇帝左右掌传达等事的近侍）、关内侯鄂千秋的意见：曹参虽有野战略地之功，但这只是一时之事。五年的楚汉战争中，曹参军伤亡惨重，他自己也是几次死里逃生。然而萧何从关中征发补充兵员，前线后勤几次粮草匮乏，幸有萧何转漕关中，送来军粮。陛下多次在山东（关东）失败，萧何坐镇关中，作为陛下的大后方，这是万世之功，因此萧何当居第一，曹参次之。

汉高帝将秦严格的朝见礼仪全部废除，群臣烂醉争功，大喊大叫，甚至拔剑击柱，汉高帝极为厌恶。秦博士、儒生叔孙通主动要求制定礼仪，指导群臣演习。公元前200年冬十月，长乐宫建成，诸侯群臣朝贺，按照礼仪井然有序地排列、行礼，汉高帝不禁感叹："吾今乃知为皇帝之贵也！"[2]

2. 消灭异姓诸侯王

刘邦称帝并不意味着天下太平。继燕王臧荼谋反后，

---

1 《史记》卷53《萧相国世家》。
2 《史记》卷8《高祖本纪》。

韩王信又谋反，汉高帝亲自率军平定叛乱，韩王信逃亡匈奴，匈奴军入塞攻至，被汉军击败。汉高帝趁机北伐匈奴，派了十批使者去匈奴探听虚实，使者回来后都说匈奴虚弱，可以击败。汉高帝又派娄（刘）敬出使，还没等他回来，汉军32万人便已出动北伐，正好遇见回来的娄敬。娄敬认为匈奴故意展示老弱病残，隐瞒实力，隐藏埋伏了大批精锐。汉高帝大怒，以为娄敬妄言，灭自己威风，于是将他关押，自己率军北进，结果在白登（在今山西省大同市）被匈奴冒顿单于率领的40万骑兵合围七日，之后他听从了陈平的秘计，派人携带重礼贿赂、劝说单于阏氏（正妻）才冒险解围。汉高帝赦免娄敬，承认错误，并杀掉了报喜的十批使者，封娄敬二千户，为关内侯[1]，又改封陈平为更富裕的曲逆侯。匈奴攻打代国，代王刘喜弃国逃跑，被降为合阳侯，汉高帝改封儿子刘如意为代王。

秦末汉初天下大乱，秦北方边防军尽数南下，匈奴趁机崛起，南下侵占了原蒙恬占领的河南地，东攻东胡，西攻月氏、乌孙、西域，版图以蒙古高原为中心，东至辽东，西至西域，成为亚洲草原的霸主，并不断南下侵略汉朝。刘敬建议"和亲"，将公主嫁给单于，由此开始了长达60

---

[1] 秦汉时期的爵位制度，最高的第二十级为彻侯，后因避汉武帝刘彻的名讳改为列侯，有封地有食邑，第十九级为关内侯，无封地有食邑，两者均可由子孙世袭。

多年的汉匈和亲，但即使这样，也不能完全杜绝匈奴的入侵。如果没有汉武帝的北伐匈奴，汉朝不会成为"强汉"，在历史上只会是一个屈辱的王朝——"弱汉"。

汉高帝从匈奴前线返回关中，恰逢丞相萧何督造的未央宫落成，非常壮丽，不由大怒，说道："天下匈匈，劳苦数岁，成败未可知，是何治宫室过度也！"但萧何认为："天下方未定，故可因遂就宫室。且夫天子以四海为家，非令壮丽无以重威。"[1] 而且可以让后世的皇帝不会再增建新的宫殿。汉高帝闻之大悦，他真是低估了自己曾孙的对居住品质的要求。未央宫落成后，汉朝自栎阳迁都长安，这一年是公元前200年，以长乐宫、未央宫为中心的长安城建成，但此时还没有修筑城墙。

建都长安的第二年，赵国相国陈豨自立为代王，起兵造反，汉高帝又一次亲征，用重金收买陈豨的部将，攻下东垣，改名真定，太尉周勃平定了代郡、雁门和云中，将陈豨斩杀于当城。在汉高帝亲征之际，称病不从征的淮阴侯韩信因与陈豨勾结，意图在长安谋反，而被吕后指使的相国萧何引诱至长乐宫诛杀，夷灭三族。汉高帝听到这个消息，"且喜且怜之"，这就是"成也萧何，败也萧何"。无论汉高帝和萧何如何赏识韩信的才干，他毕竟不是沛县功

1　《史记》卷8《高祖本纪》。

臣集团的成员，他们彼此间缺乏基本的信任，当年因为反对项羽结成的短暂同盟，在共同的敌人被消灭后，彼此猜忌的双方矛盾激化，直至韩信谋反被杀。这几乎成为汉初异姓功臣王的普遍下场。

此时汉高帝的好友赵王张耳已经去世，继任的赵王是张耳之子、汉高帝的女婿张敖，因部下要谋杀汉高帝被逮捕，后降为宣平侯，又一个异姓王被清除。之后，汉高帝自己的儿子代王如意被改封为赵王。不久，反叛的韩王信也被击杀。此时异姓王只剩下淮南王英布、梁王彭越、燕王卢绾以及长沙王吴臣，很显然他们变成了汉高帝下一批要消灭的目标。

梁王彭越因不随陈豨出征而引起汉高帝的不满，被手下告发意图谋反而被逮捕，但毕竟并未实际谋反，于是被赦免流放蜀地，结果在途中遇到吕后，哭诉自己无罪，要求将自己安置到昌邑，吕后假意答应并将他带回洛阳。回到洛阳后，吕后警告汉高帝不能放虎归山，于是将彭越处死，夷三族。淮南王英布因"往年杀彭越，前年杀韩信；此三人者，同功一体之人也，疑祸及身"，又自认为汉高帝年老，厌恶战争，因此不会亲征，在诸将中"独患淮阴、彭越，今皆已死，余不足畏也"[1]，因此起兵造反。

---

1 《史记》卷91《黥布列传》。

英布的猜测没有错，汉高帝因为生病想派遣太子刘盈率军镇压英布的反叛，但太子的门客极力反对，因为太子亲征，即使有功也无法提拔，无功则从此受祸，正好给了汉高帝废太子的借口，吕后在汉高帝面前哭泣哀求："英布是天下猛将，善于用兵，毫无实战经验的太子领兵就是驱羊入狼口，是刺激英布西攻长安。你虽然生病，但也得躺在车中指挥作战，如此诸将不敢不尽力，请为妻儿自强。"汉高帝无奈，只得亲自率军东行。英布率军攻杀了荆王刘贾，又渡过淮河击败楚国军队。汉高帝率领的军队与英布军在蕲县西（今安徽省宿州市附近）相遇，他望见英布排兵布阵如项羽的军队，非常生气，遥问英布为什么要造反，英布回答："欲为帝耳！"汉高帝怒，两军大战，英布败走，逃往江南，投奔妻弟长沙王吴臣，后被吴臣诱杀。

英布败死后，汉高帝最亲信的儿时密友燕王卢绾也极为担忧自己的命运，害怕汉高帝去世后，吕后不会放过他。汉高帝几次召见，卢绾都称病不去，他挟匈奴自重以保燕国的事又被告发，汉高帝认定卢绾造反，派遣樊哙率军进攻燕国，并封自己的儿子刘建为燕王，卢绾后来投奔了匈奴。此时除了国小且柔弱恭顺的长沙王外，其余异姓王全被清除。汉高帝称帝的短短八年间，几乎只做了一件事，就是清除异姓王，这些异姓王都是反项羽的盟友，汉高帝当年是盟主，他善于用人，用对人，用好人；当共同的敌人被消失后，这些同床异梦、缺乏互信的盟友就成了他心头之患，被他逐一清除。

3. 陛下独不见赵高之事乎

在解决完最后一个危险的敌人英布后，汉高帝不仅受了箭伤，以前的病也加重了，因此更急迫地想换太子。汉高帝的太子刘盈是他与吕后所生的嫡长子，但他后来宠爱戚姬，认为她所生的赵王刘如意像自己，而太子过于仁弱。赵王经常在长安，不去封国。戚姬跟着汉高帝去关东巡视，日夜啼泣，要求换太子，而吕后年老，又经常留守长安，夫妻关系越发疏远。但是群臣反对废太子，御史大夫周昌口吃，在朝廷上激烈争辩，盛怒之下，甚至扬言："臣口不能言，然臣期期知其不可！陛下欲废太子，臣期期不奉诏！"[1]这就是成语"期期艾艾"的来源之一。

吕后派遣哥哥建成侯吕泽拦住地位超然的张良，求其出谋划策，张良建议重礼请来四位汉高帝想聘请却不来的名士随从太子左右。一次酒宴，汉高帝发现那四位名士随从太子，皆年过八旬，须眉皓然，衣冠甚伟。汉高帝十分惊异，问道："为什么我请他们不来，却愿意追随太子？"

---

1 《史记》卷96《张丞相列传》。

四位名士回答："陛下轻视士人常常斥骂，臣等维护气节，不愿受辱，因此感到十分恐惧，就选择了亡匿他地。如今听闻太子仁孝，恭敬爱士，天下士人没有不愿为太子而死的，故而臣等前来效命。"酒宴后，汉高帝召戚夫人来，指着四人背影说道："我想要换太子，但太子已经有了他们四人辅佐，羽翼已成，没办法了。"戚夫人泣涕不已，汉高帝让她跳楚舞，自己唱楚歌："鸿鹄高飞，一举千里。羽翼以就，横绝四海。横绝四海，又可奈何！"汉高帝心里清楚，这四位名士是一个强烈的信号，他手下的大臣，尤其是沛县功臣集团强烈反对废太子。因为吕后的两个哥哥跟随汉高帝反秦，均是已封侯的开国功臣，而吕后不仅是汉高帝的妻子，也与功臣集团关系密切，废太子就意味着她不仅不可能成为太后，而且会失去现有的权势地位，而戚姬是后来才跟随汉高帝，她妄想摘取胜利的果实，必然遭到功臣们的激烈反对。如此一来，功臣们当然会感到物伤其类，人人自危：你连结发妻子、亲生的嫡长子都可以废除，我们这些人算什么？废太子会动摇基本的权力结构，必然会伴随着重新洗牌。汉高帝曾重病十多天不见大臣，舞阳侯樊哙率众臣排闼直入，质问他："且陛下独不见赵高之事乎？"[1]即是此种心理的生动表现。

---

1 《史记》卷8《高祖本纪》。

虽然出于个人情感强烈倾向于赵王如意，但洞察人情人性的汉高帝当然明白权力的边界及后果，如果他执意废太子立如意，就意味着与功臣集团决裂，即使勉强成功，自己死后，如意的帝位甚至生命将很难保全，因此只能与戚夫人相对哀叹。即使预料到了宠姬与爱子未来的悲惨下场，也只能徒呼奈何了。为了保护爱子如意，汉高帝特意派遣原则性极强又刚直不阿、且是吕后恩人的周昌当赵王的太傅。想换太子，几乎是刘邦这一生做的唯一蠢事。

已经年过花甲的汉高帝在征讨英布时受了箭伤，也许是预感到即将不久于人世，他在回程时特地回道家乡探望父老，酒酣之际，击筑自歌："大风起兮云飞扬，威加海内兮归故乡，安得猛士兮守四方！"歌罢起舞，忼慨伤怀，泪下数行："游子悲故乡。吾虽都关中，万岁之后吾魂魄犹思沛。"回到长安后，汉高帝伤病加剧，也许是厌倦了一生的颠沛流离与战乱，他拒绝医治："吾以布衣提三尺取天下，此非天命乎？命乃在天，虽扁鹊何益！"[1]公元前195年夏四月甲辰（6月1日），汉高帝崩于长乐宫，终年61岁，结束了其传奇的一生，他虽当了七年的皇帝，但几乎全部在战乱中度过。

---

1 《史记》卷8《高祖本纪》。

第二章

德莫胜于孝文皇帝

汉文帝是中国历史上著名的仁君，在位期间宽容简朴、清静无为、轻徭薄赋、宽刑简政，奉行"国退民进"的自由主义政策，向民众开放资源、产业，对外实行和平主义外交，一意恢复秦末战乱后萧条的经济，奠定了西汉盛世的重要基础。

第一节 | 由功臣拥立的"弱势"皇帝

1. 为刘氏左袒：功臣发动的政变

秋天的关中，长安城郊外的渭桥，一群峨冠博带的官员们向一位身着王者衣冠的年轻人跪拜。权倾朝野、掌握军权的太尉、绛侯周勃，手捧皇帝的玉玺和符节献给这位年轻人，他就是刘恒，汉太祖高皇帝刘邦的儿子，中国第一个盛世的奠基者——汉太宗孝文皇帝。除了开国的汉太祖高皇帝刘邦、复国的汉世祖光武皇帝刘秀外，为了宣扬"以孝治天下"，汉朝其他皇帝的两字谥号第一字均为"孝"，常被省略，因此刘恒被后世简称为汉文帝。

正常的情况下，刘恒不可能成为皇帝，他既非皇后所生的嫡长子，又不是刘邦宠爱的儿子。刘邦的嫡长子是皇后吕雉所生的刘盈，刘盈虽然是太子，但却不得宠爱，刘邦一直想以宠妃戚姬所生的刘如意取代刘盈，但因遭到吕雉以及开国功臣们的反对未果。刘恒的母亲薄氏是刘邦的战俘，地位普通，他自己也仅是刘邦八个儿子之一，在刘邦生前被封为代王，国都在今山西省平遥县附近，封国靠近汉朝最强劲的敌人匈奴。如果没有后来的变故，刘恒将作为诸侯王终老一生。

刘邦死后，太子刘盈继承帝位。由于刘盈个性懦弱，而他的母亲，既有政治野心又有手段的吕雉坚毅果敢，实际控制了政权。刘盈在母亲的控制下，当了七年的傀儡皇帝，年仅22岁就死了，谥号"孝惠皇帝"。刘盈的太子刘恭继位后，吕雉以太后身份公开称制临朝，吕氏家族的吕台、吕产和吕禄掌握了中央军北军、南军的军权，并违背刘邦"异姓不王"的白马盟誓，封吕家四人为诸侯王。此前吕后就杀害了刘邦宠儿赵王刘如意及其母亲戚姬，随后又杀害了刘邦的儿子，原淮阳王、后改封赵王的刘友和梁王刘恢，燕王刘建忧惧而死。吕后又企图毒杀私生的庶长子齐王刘肥未遂，但不久刘肥也因忧惧而死。最后刘邦的八个儿子仅存代王刘恒以及吕后抚养过的淮南王刘长。吕后"以吕代刘"的意图此时已经昭然若揭，刘恒、刘长被消灭只是时间早晚的问题。但吕后在此意图完全实现之前去世，形势因此陡变。

刘邦建立的汉朝采用郡国并行的制度，即在皇帝直接控制的地区（以首都长安为核心，不到国土面积的一半）实行郡县制，继承的基本上就是战国后期秦国的疆域，而在其他地区，即关东六国采取的仍然是周朝的封（土）建（国）制。刘邦以世袭的王爵或侯爵分封开国功臣们，建立了七个异姓王国和众多的侯国，即功臣与皇帝共同世代享有汉朝的"股份"。全国62个郡，中央政府只控制了其中的15个，其他属于各个诸侯国。刘邦与功臣们结成联盟，共同建立了汉朝，因此封建制正是这一联盟必然的妥协结果，但不久，刘邦运用各种权术甚至内战，几乎完全消灭了这些异姓诸侯王，而改以同姓皇族封王建国。这是他吸取了秦朝不分封同姓诸侯，导致天下起事、迅速崩溃灭亡教训的结果。刘邦建立的同姓封建制度对稳定刘姓江山是非常有效的，如果当时不存在诸多强大的刘姓诸侯国，吕后就可以轻而易举实现改朝换代；正因为存在着强大的刘姓诸侯国，在吕后死后，局势就发生了急剧的变化。

在消灭异姓诸侯王后，汉朝的统治集团核心是刘姓皇族与丰沛功臣集团。刘邦临终前，吕后问他丞相的人选："'陛下百岁后，萧相国即死，令谁代之？'上曰：'曹参可。'问其次，上曰：'王陵可。然陵少戆（有点呆，不变通），陈平可以助之。陈平智有余（太聪明），然难以独任（难决断）。周勃重厚少文（没什么文化，但质朴忠诚可靠），然安刘氏者必勃也，可令为太尉。'吕后复问其次，上曰：'此后亦非而所知也。'"[1]除了陈平外，其他人都是刘邦的丰沛故人，萧何是秦朝沛县的主吏掾（管理人事），曹

---

1 《史记》卷8《高祖本纪》。

参是沛县的狱掾（狱吏），王陵是刘邦的邻居，当地的富豪，曾经照顾过吕后及其儿女，周勃是沛县的编织工兼乡村乐手，在葬礼上吹箫，他们都是刘邦最信任的核心功臣。而吕后本人在刘邦逃亡芒砀山时就给他们一行送饭，她的两个哥哥曾参加刘邦的军队一起反秦，军功封侯，也是丰沛功臣集团的核心成员。

吕后死后，被封为吕王的吕产为相国，吕禄的女儿为皇后，掌握了军政大权。吕产、吕禄策划发动政变，欲改朝换代，以吕易刘，但因惧怕在军中深具影响力的功臣周勃、灌婴而迟疑不行，结果这一计划被吕禄的女婿硃虚侯刘章（齐王刘肥的儿子）获悉，派人通知哥哥齐王刘襄起兵，里应外合消灭吕氏家族。刘襄是刘邦的庶长孙，自认为理应继承帝位，因此联合诸位刘姓诸侯王，以诛灭诸吕、辅佐汉室的名义起兵反吕。"汉闻齐发兵而西"，相国吕产派遣颍阴侯灌婴率兵向东进发镇压，结果灌婴到荥阳后却按兵不动。他认为如果击破齐国，刘氏会很危险，而吕氏就会更强大，因此反而与齐王达成协议，双方谈和，坐待长安城发生反吕政变，然后再联合领兵进军长安。

长安的卫戍力量分为三层：外层是驻扎京师的"北军"，由"中尉"率领；中层是驻扎在未央宫外的"南军"，由"卫尉"率领；内层是警卫宫门的"郎卫"，由"郎中令"（负责宫廷安全警卫工作的最高官员，为九卿之一）率领。长安城外诸侯联军压境，城中则政潮汹涌，以周勃为首的开国功臣集团控制了守卫皇宫和首都的南、北两军，发动了军事政变，诛杀了吕氏家族不分男女老少的所有成员。政变消息传来，以齐王刘襄为首的刘氏诸侯王宣布撤兵。这次政变的功劳分属于刘氏诸侯王集团和功臣集团，正是他们的携手合作，彻底粉碎了吕氏代刘的计划。诛灭诸吕的政变之所以能够轻而易举地成功，一是因为京城之外的刘氏诸侯王实力雄厚，公开起兵反吕；二是因为刘邦手下的开国功臣集团权威与实力仍在，吕后死后，无尺寸功劳的吕氏成员仅在制度或名义上控制的军政大权名存实亡，根本无法与在军队中拥有崇高威望、深厚人脉的功臣集团抗衡。太尉周勃进入北军军营一声号令，将士们全部左袒（脱下左袖，露出左臂）支持刘氏，即是最生动的证明。

消灭诸吕后，功臣集团认为当时的皇帝刘弘并非汉惠帝刘盈的亲生儿子，而是吕氏家族的男孩，因此要废除皇帝（此前的皇帝刘恭已被吕后废杀），重新拥立新的皇帝。讨论中，有人认为齐王刘襄是刘邦的长孙，理应成为皇帝，应该说这个理由是很充分的，更何况刘襄还有首先起兵反吕的大功。但功臣集团中的大部分人反对这个方案，表面是要吸取作为皇后一族的吕氏做大、危害刘氏江山的教训，因为刘襄的舅舅强悍难制，怕他成为吕氏第二。但功臣集团的真实意图是害怕强势的刘襄成为皇帝会损害自身的利益，因而倾向于选立一位相对弱势的皇帝。在这种考虑下，原本不起眼的代王刘恒，因是刘邦现存的两个儿子中年龄较大的一个，且个性仁孝宽厚，母亲薄氏又出身平民，为人谨慎良善，是功臣们属意的弱势人选，从而被选中。而由于淮南王刘长是吕后抚养，故不被考虑。

决定了皇帝人选后，功臣集团派使节通知当时还远在代国的刘恒进京即位。年轻的刘恒并没有被这个天上忽然掉下来的大馅饼砸晕，而是非常冷静，犹豫再三，征询手下人的意见。以郎中令张武为代表的众人认为，功臣集团均是当年刘邦手下打天下的大将，能征善战，诡计多端，只是因为慑于刘邦、吕后的威望才老老实实当臣子。现在他们发动政变，杀尽了吕氏家族，在这样的情况下，刘恒还是应该再观察一段时间，不要轻易入京。唯有中尉（诸侯国执掌军事的官员）宋昌力排众议，认为代王刘恒应该立即入京即位，因为：第一，天下没有其他人有刘氏这样高的威望；第二，刘氏诸侯国势力强大；第三，汉朝废除了秦朝的苛政，有天下人的拥护。刘恒是刘邦仅存的两个儿子之一，且年龄较大，帝位非其莫属。宋昌的理由是符合实际的，因为诸侯王国众多，刘氏皇族集团是当时的第一大政治势力，而且占据了正统地位，名正言顺；功臣集团势力虽大，但他们中没有人拥有绝对优势，敢于取代刘氏的天下。从这些理由判断，功臣集团是真心拥立刘恒为皇帝，而不会阴谋骗其入京杀害。

饶是如此，在吕后专政下担惊受怕的刘恒仍然谨慎小心，在占卜大吉、应即帝位后，仍然先派舅舅薄昭入京与周勃会面，确信功臣集团是真心拥立，这才决定动身入京。但当行至长安附近的高陵后，刘恒停止了行程，派遣宋昌驰马去长安打探消息。宋昌到了渭桥，发现以丞相陈平、太尉周勃为首的大臣们已经在那里迎候，立即返回汇报，刘恒这才决定继续前进，前往渭桥与大臣们会面，上演了本章开头的一幕。

刘恒入京居住在自己的府邸，此时皇帝刘弘仍然居住在宫中。东牟侯刘兴居、汝阴侯滕公（即当年汉惠帝的救命恩人夏侯婴）强行将刘弘带出宫，随后杀害。一同遇害的还有刘弘的兄弟们，他们究竟是否为汉惠帝的儿子、汉高帝的孙子此时并不重要，只因为他们是吕后所立所以必须要死。刘恒入宫，立即任命随从入京的亲信宋昌为卫将军，率领南、北两军；张武为郎中令，保卫宫廷安全。控制了军权后，刘恒随即赴未央宫前殿，当天夜里就下诏书大赦天下，赐全国男子爵位一级，女子每百户牛一头、酒十石。此时，刘恒成为了中国历史第一个，也是极为少见的由大臣们选择、拥立的皇帝。按照中国史书的传统惯例，从此开始，我们称呼他为"汉文帝"。

2. 控制功臣：安知狱吏之贵乎

从接到功臣集团的通知开始，直到正式即位后，汉文帝的一连串反应，显示了他是一位谨慎、冷静、从容、果敢的政治家。面临莫测的局势，他首先是耐心观察，掌握足够信息，谋定而后动，而不是因意外之喜而得意忘形。功臣集团可以轻易诛杀掌握了全国军政大权的吕氏家族，如果没有预先掌握情况，贸然入京，极有可能坠入功臣集团的阴谋，汉文帝很可能也会被轻易诛杀。在经过冷静的观察后，汉文帝一入宫，就立即"夜拜宋昌为卫将军，领南、北军，张武为郎中令"[1]，让自己的亲信掌握保卫京城、宫廷的军队、警卫。这表明直至此时，他对功臣集团仍然不能完全信任，但入宫后已经别无退路，只能一条道走到底，因此一定要将军队、警卫亲自掌握，以防不测，而这个不测显然只有可能来自于功臣集团。

一位政治家，只有在掌握自身的命运后，才有可能大展自己的宏图抱负，实现治国理念，缺少这一前提，其他只是无源之水，无本之木，根本无从谈起。于是几乎只身入京、身居不测之境的汉文帝打破常规，甫一入宫，不待

---

1 《汉书》卷4《文帝纪》。

天明，半夜竟然就立即临幸未央宫前殿，发布大赦天下的诏书，以此来确立自己不容置疑的合法地位。能做出这一连串静若处子、动若脱兔的举动，汉文帝绝对不如功臣集团认为的那样，仅仅是一个"仁孝宽厚"的弱主，他同时还是一个英明果敢的政治家。兼备这两个特点的人是极其罕有的。功臣集团遇上了一个出乎预料的、极其强劲的对手，而他当时仅仅23岁，相当于现代一个刚刚走上社会的大学毕业生。

汉文帝面临的首要问题是如何与功臣集团相处，他刚即位，右丞相陈平便称病，要将职位让与太尉周勃，理由是在诛诸吕的政变中，周勃的功劳要大于他。汉高帝曾称赞周勃"重厚少文，然安刘氏者必勃也"，果然在诛诸吕、匡扶汉室的政变中，周勃发挥了重要的作用，身居首功，汉文帝因此答应了陈平的请求，以周勃为右丞相，赐金五千斤，食邑万户，陈平为左丞相。人的优缺点经常是一体两面的，周勃"重厚少文"，即为人本色、质朴、直率，不擅于伪装隐藏，但当上右丞相后，便天性流露，居功自傲起来。汉文帝念及他的拥立之功，对他特别尊敬，经常目送他离去。郎中袁盎劝说汉文帝千万不能这样做，会失去了君臣本分，可能会坏事。汉文帝觉得有理，以后朝会时，汉文帝变得严肃庄重，周勃则越发敬畏。汉文帝问他司法、财政方面的问题，作为质朴的军人，周勃一问三不知，惶恐之下竟汗流浃背，而左丞相陈平却应对自如。有人劝周勃，你诛杀诸吕，立代王为帝，任右丞相，位极人臣，功盖天下，迟早要引祸上身。周勃想自己并不是丞相之才，再加上怕引起皇帝的猜忌，决定辞去右丞相，由陈平独任丞相。不久陈平去世，周勃又复任丞相，但不到一年，汉文帝以列侯都要回到自己封国为由，再一次罢免了周勃。

周勃回到了自己的封国，天天生活在恐惧中，担心随时会有牢狱之灾。有地方官求见，他经常披甲相待，并命家人手执兵器护卫，不想这正好给了别人告发他谋反的口实，因而被逮捕入狱。周勃为人笨嘴拙腮，无从辩解，还被狱吏欺侮。之后他终于开窍，花了千金贿赂狱吏，得到狱吏的暗示，让他走自己儿媳、汉文帝女儿的门路，但也未果。最后是通过汉文帝的舅舅薄昭向薄太后做了工作。薄太后质问汉文帝："绛侯绾皇帝玺，将兵于北军，不以此时反，今居一小县，顾欲反邪？"汉文帝听后便下令释放周勃，恢复他的爵位与封地。出狱时，周勃感叹："吾尝将百万军，然安知狱吏之贵乎！"[1]不是狱吏有多贵，而是狱吏的后面有皇帝。周勃终于明白，作为一位曾率领百万大军的将军，在皇帝面前，他也不过是个随时会被剥夺自由甚至生命的普通人。七年后，周勃在其封地闲废而死，这标

---

1 《史记》卷57《绛侯周勃世家》。

志着当年追随汉高帝刘邦打天下的功臣们开始淡出了政治舞台。这件事无疑是汉文帝一手导演的，他当然明白此时失去军权、闲居一小县的周勃并无造反的实力和野心，但他有意通过这一事件彻底消除周勃及开国功臣集团对自己皇权的潜在威胁，周勃事件标志着汉文帝已经完全战胜了功臣集团，大权独揽。此时他才27岁。

汉初功臣集团是与汉高帝刘邦一起打天下创业的伙伴，是汉文帝的父辈。他们诛杀了诸吕，重新巩固岌岌可危的汉室江山，对汉室有再造之功；对汉文帝个人而言则有拥立之恩，让他从普通诸侯王跃升为皇帝。作为一个20多岁的年轻人，汉文帝对这个能杀尽诸吕、皇帝以及汉惠帝所有儿子们的集团无疑有所忌惮，甚至畏惧。周勃作为这个集团的领袖，汉文帝打击他，就是为了警示功臣集团，自己才是至高无上的主宰，你们功劳再大，也只是臣下，你们的生死荣辱完全由我操控。汉文帝的举动并非是普通人理解的那种忘恩负义，冷血无情，他并不像明太祖朱元璋一样诛杀、翦灭功臣，只是通过一出政治话剧就达到了自己的目的。皇帝如果不能制衡臣下，臣下就会反制皇帝，造成臣强君弱的局面，激发臣下的谋逆之心，引发政局不稳，甚至内战，这就是袁盎劝谏汉文帝的本意，也是汉文帝打击周勃的本意。

毫无疑问，汉文帝是一个非常有能力的政治家，他擅于利用一切有利的形势与资源，短短几年，就解除了功臣集团对他的潜在威胁，真正掌握了治国大权。一个有能力的政治家并不一定是一个伟大的政治家，他必须要有伟大的政治理念，否则只能是一个玩弄政治的权谋家；而一个政治家如果空有政治理念而无执行的能力，也只能是一个政治空想家。中国的第一个盛世——西汉盛世，就是由这样一个伟大的政治家奠基的。

第二节 | 通往繁荣之路：国退民进、轻徭薄赋

1. 大萧条：天子不能具钧驷

西汉建立初期，因长期内战，经济凋敝，国力衰弱，有一个最为后世津津乐道的例证："天子不能具钧驷"。[1] 即皇帝也拼凑不齐四匹相同颜色的马来拉车，而丞相、将军们只能坐牛车。刘邦率军路过仅有五千户人家（约两万多人口）的曲逆（今河北省顺平县东南），就感叹他去过了这么多的地方，只有曲逆和洛阳最为繁华。由此可见，经过秦末战乱，人口损失是多么巨大。汉文帝登基时，距离秦末战乱结束已经22年，虽经汉高帝、吕后治国恢复，但经济情况仍然非常萧条，国力羸弱。

汉文帝即位一年多，年轻的贾谊上疏："汉之为汉几四十年矣，公私之积犹可哀痛。失时不雨，民且狼顾；岁恶不入，请卖爵、子。既闻耳矣，安有为天下阽危者若是而上不惊者！世之有饥穰，天之行也，禹、汤被之矣。即

---

1 《史记》卷30《平准书》。

不幸有方二三千里之旱，国胡（何）以相恤？卒然边境有急，数十百万之众，国胡以馈之？兵旱相乘，天下大屈，有勇力者聚徒而衡击，罢夫羸老易子而咬其骨。政治未毕通也，远方之能疑者并举而争起矣，乃骇而图之，岂将有及乎？夫积贮者，天下之大命也。苟粟多而财有余，何为而不成？以攻则取，以守则固，以战则胜。怀敌附远，何招而不至？今殴民而归之农，皆著于本，使天下各食基力，末技游食之民转而缘南亩，则畜积足而人乐其所矣。"[1]

　　贾谊逻辑严密、情思恳切的言辞打动了汉文帝，他知道，凭现在的汉朝国力，不仅不能战胜北方最危险的敌人匈奴，而且一旦遇上天灾，恐怕随时会发生内乱，政权就会面临生死存亡的危险。因此汉文帝确定了他的执政理念：发展生产，恢复经济，藏富于民。农业是当时最重要的产业，因此大力发展农业生产是当务之急，汉文帝于是下令开辟"藉田"（皇帝耕种的田），亲自耕种以做天下万民的表率。过了几个月，汉文帝又下诏："农，天下之本，务莫大焉。今勤身从事而有租税之赋，是为本末者毋以异。"[2]他深知农业是天下的根本，是人民赖以生存的基础，如果民众都不从事农业而从事工商业（末），那么社会生计就会有困难，所以他才率领诸位大臣亲自耕种以为天下

1　《汉书》卷24《食货志》。
2　《史记》卷10《孝文本纪》。

表率，并下令减免当年天下一半的田赋，即由田赋标准的十五税一减为三十税一（粮食产量的三十分之一作为田赋上交国家）。为了发展农业，他还将皇家的苑囿开放给民众耕种。

十年后，晁错上疏强调农业与储存粮食的重要性，认为虽然经过了十年的发展，但土地并没有完全被开垦，山泽的资源也没有被充分利用，民众仍然没有全部好好从事农业生产。他提出的解决方案是，由民众向边境地区提供粮食，再根据提供粮食的多少赐给民众不同的爵位，这样一来富人有爵，农民有钱，粮食也能在粮多、粮少的年份和地区间合理调配。汉文帝采纳了这个建议。这一方案的实质是通过提高粮食的价格来促进农业生产，实行以后果然尽如预期。晁错又一次提出，等到边境地区粮食足够五年消费的时候，就可以在郡县储存粮食，等到郡县的粮食足够一年消费的时候，就可以减免农民的田赋。如此一来，皇帝的德泽加于万民，民众就愈加勤于农事，生活也会幸福富足。汉文帝又一次采纳了晁错的建议，并下令将这一年的田赋再次减半为三十税一。

第二年即公元前167年，汉文帝做出一个史无前例的决定，免除该年的天下田赋，理由是农业是国家的根本，而从事农业的人与从事商业的人同样需要纳税，是本末不分。这是中国历史上最早的一次免除全国农业税。不像现代社会，那时候农业税还是政府的主要税收来源。当时除了田赋外还有人头税，即口赋、算赋，规定七岁至十四岁，每人每年出口赋20钱；十五岁至五十六岁，每人每年交算赋120钱。汉文帝一度将算赋减为40钱。

对普通民众来说，负担最重的是徭役，凡是成年男子都要去服役。徭役主要有三种：一是正卒，即正式兵役；二是戍卒，即去守卫边境或者是到京师去做卫士，役期都是一年，可缴钱由政府雇人代役；第三种是更卒，即到各级政府服劳役，主要是治河、开渠、筑路、修城等工程，一年一次，为期一个月。在当时的交通条件下，服徭役者从自己家到服役地，路途遥远，一来一回可能要长达数月。由于他们是家庭的主要劳动力，徭役会严重影响农业生产和民众的生活。另外，守卫边境的戍卒服役期仅一年，他们还没有学会如何与匈奴作战，服役期就要结束了，又要换新一批戍卒，来回实在太过折腾，效果也不好。因此汉文帝听从了晁错的建议，决定招募内地民众迁移到边境，充实边塞的防务，并将更卒改为三年一次。这些举措大幅度减轻了民众的负担，并确保农业生产有足够的劳动力，给普通民众带来的福利要远远超过减免田赋。因为田赋只有十五税一或三十税一，负担本来就不重，而一个家庭却有可能因为主要的劳动力奔赴远方或边境服徭役而破产。

2. 小政府、大社会：国退民进，弛山泽之禁

汉文帝是一位自由市场经济的信奉者，他在位期间，采取了一系列"国退民进"的经济政策。汉朝的山泽即山间、沼泽、河流、湖泊和海滨等处的资源均属皇帝所有——某种意义上也可以说是国有，朕即国家。汉文帝下令"弛山泽之禁"，即将这些资源开放，这意味着森林、鸟兽、鱼虾、矿藏，尤其生活中必不可少的盐，全部向私人开放，这会极大促进工商业的发展；与之配套，原本设于全国各地交通要道的收税关卡也全部被取消，通关不再用"传"（通行证）。司马迁对此评价："汉兴，海内为一，开关梁，弛山泽之禁，是以富商大贾周流天下，交易之物莫不通，得其所欲。"[1]

不仅如此，汉文帝还将原来由中央政府垄断的货币（铜钱）发行向私人开放。吕后制定的"盗铸钱令"规定，私铸钱币者，无论主犯、从犯一律死刑，不可谓不严厉。但由于政府掌握的铜矿有限，铸造的铜钱不足，导致钱贵谷贱，不利于商品流通。资本逐利为其天性，无从禁绝民间铸钱；另外，各诸侯国也有权铸造铜钱，这样只会迫使

---

1 《史记》卷129《货殖列传》。

资本逃往诸侯国，更加不利于中央政府。崇尚宽仁的汉文帝，索性废除了"盗铸钱令"，政府不与民争利，不仅能减轻刑罚，而且提高了经济效率，更有利于经济的发展。为了禁绝私铸钱币，一向倍受汉文帝赏识的贾谊提出将铜矿收归国有，但因为这个建议违背了汉文帝开放国有资源、为民所有的政治理念，而被他拒绝。

总的来说，经济发展有两条道路，一是大政府小社会，以国有垄断的方式发展，将经济的重要部门集中于政府，对民众高征税。在这个过程中，如果缺乏有效的监督与收入二次分配，掌握各项资源的政府官僚，及与其关系密切的特权阶层将是最大的受益者；一是以自由经济为主，让民间资本自由进入经济生产的各个部门，低征税，让利于民，藏富于民。汉文帝选择的是第二条道路，他重视农业，开放国有资源给全体民众，废除各地税卡，轻徭薄赋，减轻民众负担，这一系列措施强有力地促进了全社会的经济发展，奠定了盛世坚实的经济基础。

但这些措施无疑会减少以皇帝本人为首的中央政府的收入，因此汉文帝以身作则，在位23年间没有为自己兴修过一处宫殿、园林，没有为自己增添过一件日常出行、起居的器物，一切政策、行为都以利民为先。汉文帝曾想给自己造一座露台，当得知要花费相当于10户中产家庭的财产后立即放弃了，他认为自己住在先帝的宫殿里都常常内心不安，怎么能再花这么多钱造露台呢？汉文帝宠爱的慎夫人，为了节省布料，衣服不能像当时流行的那样拖在地上，帷帐也没有花纹；汉文帝自己身穿黑色厚缯制的衣服，硬生皮制的鞋，系剑的带子没有装饰，坐蒲草编制的席……他的一切用具都很简朴，也就相当于当时一个普通人家的水平。他死后葬在霸陵，陪葬品都是瓦器，他不准用金、银、铜、锡等金属制品陪葬。

如果说作为个人，汉文帝在日常生活中的简朴只是起到了一种表率作用，那么作为一位质朴无华、宅心仁厚的政治家，在国家大政方针中，他更加恪守这条原则，不大兴土木、不上马各种工程、不发动战争，竭力争取一个和平稳定的环境，只有这样才能确保全力发展经济，推行富民政策。如果说一座露台要花费10户中产家庭的财产，那发动一场战争的花费恐怕是10万甚至100万户中产家庭的财产，当然还有成千上万条生命。

800多年后的唐朝初年，在位的是另一位太宗文皇帝，即庙号也为"太宗"、谥号也为"文"的李世民。他在位期间，隋末唐初的战乱才刚刚结束几年，天下疲弊，户口减少大半，所面临的历史处境与西汉初年非常类似。在相似的历史背景下，同为英明政治家的唐太宗也采取了与汉文帝相似的政治、经济政策，重视农业，轻徭薄赋，与民休息。唐初国家财力薄弱，国库空虚。鉴于隋朝在天下一统之后大兴土木，无节制地征发民力，导致天下大乱、二世而亡的沉重历史教训，唐太宗特别注意爱惜民力。并非巧合，这位唐朝的太宗文皇帝最推崇的政治家就是汉朝的太宗文皇帝，曾经特地祭奠他。唐贞观二年（628年），因皇宫地势卑湿，大臣建议有"气疾"的唐太宗建一高阁居住，但被拒绝，他要以汉文帝为榜样："昔汉文帝将起露台，而惜十家之产。朕德不逮于汉帝，而所费过之，岂谓为民父母之道也？"[1]

---

1 《旧唐书》卷2《太宗本纪》。

第三节 | 四海止戈：奉行和平主义的外交政策

1. 北和匈奴、南抚南越

当时汉帝国最危险的敌人是北方的匈奴，第二危险的敌人是皇帝同一个家族的诸侯王们。

汉文帝即位不久，将军陈武等就建议："南越、朝鲜自全秦时内属为臣子，现在都脱离统治，不臣服于汉朝。高帝时天下刚刚安定，民众才过了几天和平生活，所以不能再次兴兵讨伐。如今陛下以仁政安抚百姓，恩泽遍及海内，获得乐于为陛下所用的士民，应该趁此征讨这些逆党，统一版图。"汉文帝否定了这一建议："朕能任衣冠，念不到此。会吕氏之乱，功臣宗室共不羞耻，误居正位，常战战栗栗，恐事之不终。且兵凶器，虽克所原，动亦耗病，谓百姓远方何？又先帝知劳民不可烦，故不以为意。朕岂自谓能？今匈奴内侵，军吏无功，边民父子荷兵日久，朕常为动心伤痛，无日忘之。今未能销距(武器)，原且坚边设候（哨所），结和通使，休宁北陲，为功多矣。且无议军。"[1]汉文帝的这番话清楚地表明了他对战争的态度，他只愿意守卫北部边境，防止匈奴入侵，并力争与匈奴讲和通使，而决不愿意再发动其他的战争，决不愿意用百姓的鲜血和财物给自己增添开疆拓土的荣耀。

汉初，汉高帝刘邦率领30万大军北上抗击匈奴，结果在白登被包围，差点提前上演了一出明英宗土木堡被俘的悲剧。认清匈奴远比汉朝强大后，汉高帝开始奉行"和亲"政策，即经常选派号称是公主的宗室女或宫女送给匈奴单于，并附带赠送大批财物，其本质是一种纳贡。随后的汉惠帝、吕后继续奉行和亲政策，但效果并不好，匈奴仍然会经常南下侵掠。

汉文帝即位的第三年（公元前177年）夏，匈奴右贤王部入侵河南地，侵略上郡（今陕西省榆林市附近），杀掠人民，汉文帝派遣丞相灌婴率军7万反击，匈奴退去。公元前166年，匈奴老上单于率领14万人侵朝那、萧关（今宁夏自治区固原市附近），杀北地（今甘肃省庆阳市附近）都尉，前锋部队甚至到达了皇帝的甘泉宫（今陕西省淳化县附近）。汉文帝布置10万骑兵、步兵保卫长安，匈奴军入塞长达一个月后才退兵，汉军只能尾随匈奴出塞，不敢交战，当然也没有什么战绩。在公元前166年至前162年间，

---

1 《史记》卷25《律书》。

匈奴每年入侵,杀掠民众、牲畜甚多,其中云中郡、辽东郡被祸害最深。汉文帝对此非常忧虑,他派遣使节与匈奴和谈,并恢复了和亲。汉文帝在位时期,他对匈奴的政策是以和平为主,不主动挑起战争,因为此时汉朝国力有限,并不是匈奴的对手,和亲带来的羞辱和物质损失要远小于战争带来的危害和损失。作为一名负责任的政治家,汉文帝的政策是符合现实的,而且当时的国内政局也非常危险。

汉文帝面临的敌人除了北方的匈奴外,还有南方的南越国,大约相当于现在南岭以南的广东、广西以及越南北部一带。南越国是真定人(今河北省正定县附近)赵佗建立的,他原来是秦朝南海郡的龙川县令(今广东省龙川县附近)。秦末战乱,南海尉(南海郡的军事长官)任嚣在病死前嘱咐赵佗封闭与中原的道路,独立建国,随后赵佗又吞并了桂林郡、象郡。汉朝建立后,汉高帝派遣陆贾出使南越,封赵佗为南粤(越)王。吕后当政时,禁止向南越国出口铁器,赵佗因此称帝,发兵攻打汉朝的长沙国,汉军反击,但因气候高温潮湿,士兵很多人生病,连南岭也翻不过去。一年后,因吕后死而罢兵。南越国因此声威大振,闽粤(越)(今福建省一带)、西瓯骆(今广西自治区、越南北部一带)向它臣服,其版图东西万余里,赵佗本人也仿照汉朝皇帝的排场,南越俨然成为与汉朝并驾齐驱的两个帝国。汉文帝在北方已有劲敌匈奴,不想再树强敌,即位后下令修缮在真定的赵佗祖坟，任命他的兄弟为官，主动示好，又再次派遣陆贾出使南越国，带了一封礼貌谦虚、言辞恳切的信给赵佗，请求两国重新修好，只要求赵陀去除帝号。赵佗被汉文帝真诚、谦虚的行为和言辞打动，同时也惧怕汉朝的强大，答应去除帝号，仍称南越王，双方和好如初。

2. 内安诸侯兄弟之国

刘邦建立了汉朝的郡国并行体制，随即又消灭了几乎所有的异姓诸侯国，此时整个汉朝超过一半的版图均属于刘姓诸侯国所有，尤其是关东地区的洛阳、荥阳以东几乎全是诸侯王的天下。应该说，刘邦的这一制度设计是成功的，刘姓诸侯是汉初最强大的政治势力，这确保了汉朝的江山不会落入异姓之手。作为汉朝的最高统治者，吕后及其家族掌握了军政大权长达十几年，却不敢公开篡夺刘氏江山，建立吕氏天下，所忌惮的不仅是开国功臣集团，更是刘姓诸侯，所以她只能逐步削弱诸侯的力量。但等到她一死，刘氏诸侯立即起兵讨吕，此举激发了功臣集团，他们在首都发动政变，轻而易举地消灭了吕氏集团。刘姓诸侯诛杀诸吕立了大功，汉文帝即位后，立即封政变的功臣皇族硃虚侯刘章为城阳王，他的弟弟东牟侯刘兴居为济北王，这样他们与哥哥齐王刘襄并列为诸侯王，成为当时一股强大的政治势力。公元前177年，济北王刘兴居因不满意汉文帝未封其为更重要的梁王，趁着匈奴大举入侵起兵造反。汉文帝立即采取软、硬两手措施，一面宣布只要归顺朝廷，所有跟随刘兴居造反的人全部赦免，不追究罪责，一面调遣大军进驻荥阳，迎击叛军。在大军压境的形势下，叛军自知造反无望，纷纷归顺朝廷，刘兴居也兵败自杀。

汉文帝有一个亲弟弟淮南王刘长，他和汉文帝是汉高帝刘邦仅存于世的两个儿子。刘长为人非常骄纵、跋扈，再加上皇帝亲弟弟的身份，汉文帝对他非常优容，他的气焰越来越嚣张。他经常违反朝廷法令，甚至亲手用大锤打死了曾任左丞相的辟阳侯审食其，却没有受到处罚，汉文帝的母亲薄太后、太子刘启及满朝大臣都害怕他。刘长益发骄横，回到淮南国后完全模仿皇帝，出入称"警跸"，发布命令称"制"，废除了汉朝的法律，自己制订了本国的法律。几次上书给汉文帝也桀骜不驯，这些行径已经等同于谋反。汉文帝再也不能容忍，于是让舅舅薄昭写信警告刘长，举了周公诛杀管叔以稳定周朝和自己诛杀济北王以稳定汉室等例子，希望刘长赶紧谢罪以求宽恕。一向骄横跋扈的刘长哪里经受得了这个？他接信后马上勾结棘蒲侯柴武的太子、闽越国和匈奴，准备里应外合谋反，但事情很快败露，刘长被逮捕，押送长安。按律，刘长当"弃市"。

汉文帝不忍杀害自己唯一的亲弟弟，法外开恩，将他和他的子女、妻妾一起流放到严道邛邮（今四川省荥经县西），在当时是非常边远的小地方。地方官为他们盖了房子，每天供应肉五斤、酒二斗。参与刘长谋反的其他从犯全部被杀，主犯却因是皇弟而幸免。

刘长被关在辒车里，沿途各县像接力一样依次押送他去往遥远的流放地，到了雍县后才发现刘长已经绝食而死。听到这个消息后，汉文帝担心自己会落下一个杀弟弟的恶名，将责任推给了沿途各县应该打开辒车、侍奉刘长饮食的相关人员，将他们全部诛杀，并以列侯的礼仪安葬了刘长，还封他四个还未成年的儿子为侯。过了几年后，民间流传有一首民歌："一尺布，尚可缝；一斗粟，尚可春。兄弟二人，不相容。"汉文帝听到这首民歌后，为了不让人觉得他是贪图淮南国的地盘而不顾亲情，便将刘长的陵园改成诸侯王的规格，并将淮南国故地封给了他尚在世的三个儿子，分别封为淮南王、衡山王和庐江王。这说明汉文帝很重视民间舆论和自己的声誉。一个政治家如果对民间的舆论毫不在意，将是非常可怕的。

济北王、淮南王的两起反叛表明，同姓诸侯王已经由原来的江山捍卫者变成了威胁者，因为此时异姓诸侯王已经被彻底消灭，开国功臣集团势力也已经式微，皇帝与同姓诸侯王的矛盾逐渐浮出水面。这是汉文帝面临的一项政治难题。

作为汉文帝最重要的智囊，贾谊认为当时天下安定的原因是大诸侯国的王还未成年，中央政府为他们安排的师傅、丞相还掌握着各国的政权。等再过几年，这些诸侯王长大成年，血气方刚，他们会将师傅、丞相因年老体弱而罢免，然后再扶植自己的亲信掌握政权，这样一来又会形成新的济北国、淮南国。那时再想天下安定，就是尧、舜也没办法。借鉴汉朝的历史，诸侯国造反是强者先反，因此如果要防止他们造反，就一定要先削弱他们的力量，将这些大国分成几个小国给他们的子孙，这样一来，小国没有实力不敢造反，朝廷也不会对他们征伐，天下也会认为皇帝很仁厚，这是一个双赢的策略。

汉文帝只是部分采纳了贾谊的建议，将强大的齐国一分为七，恢复后的淮南国也一分为三，但是对吴国、楚国这样的大国，汉文帝却没有采取任何有效的措施。贾谊直言不讳地批评汉文帝不应该沽名钓誉，分封刘长的四个儿子为侯，因为这是淮南国复国的第一步，是遗患后世的行为。后来的事实果然证明了他的预见是非常正确的。汉文帝没有解决中央政府与诸侯国之间的矛盾，而且还给后世留下了隐患。这是由汉文帝的政治理念决定的，他在位时尽量避免滋生事端，尤其避免发动战争，不愿意烦扰百姓。吴王刘濞谎称有病不来朝见，汉文帝虽然心知肚明，但只是赐给他坐几和手杖表示关怀，准许他因年老体衰而免去进京朝觐的义务。但是汉文帝也并非一味怀柔，一旦出现诸侯王反叛，他会坚决使用武力平定。

汉文帝外对匈奴、南越国，内对诸侯国都奉行和平友好的基本政策，不主动挑衅生事。如果说匈奴比汉朝强大，汉文帝奉行和亲政策，赠送财物是出于无奈，那么对相对弱小的南越和诸侯国，则完全是出于汉文帝信奉的和平主义。有一个和平稳定的内外环境，才有可能集中精力发展经济、壮大国力。史称汉文帝在位期间"躬修俭节，思安百姓"[1]，这可以说是对汉文帝一朝最简洁的概括。

---

1 《汉书》卷24《食货志》。

第四节 | 宽刑重法：一代仁君

1. 一位感动皇帝的女孩

汉文帝清静无为，他在位期间，政府尽量不干涉经济生产与社会生活，民间不依靠政府投资拉动经济，开放各项资源，不垄断，轻徭薄赋，让利于民，藏富于民，他施行的政策几乎与秦朝完全相反。秦朝奉行严刑峻法，统治极为严酷，而汉朝的法律是以秦为蓝本制订的，汉文帝对此并不满意。刚即位，他就召集丞相、太尉和御史大夫，商量要废除其中的"相坐法"，他认为罪犯的父母、妻子和儿女并没有罪，却要受到连累一起遭受处罚，这样的法律很不合理。丞相陈平、周勃都反对废除"相坐法"，但在汉文帝的反复坚持下，这一规定最终被废除。这一善政并未持续多久，十几年后汉文帝被方士新垣平欺骗，一怒诛杀了他的三族，等于又恢复了"相坐法"。汉文帝还多次大赦天下，加强教化，以仁德教育民众，宽刑简政，意图营造一个"人人自爱而不敢犯法，先行义而废弃耻辱"的社会，当时全国每年处理的罪犯不过数百人。

自周秦以来，肉刑持续了 1 000 多年，这项刑罚极为残酷不人道，它包括了"黥"（人脸上刻字）、"劓"（割掉鼻子）、斩左或右止（同"趾"，砍掉左或右脚）。中国的传统认为"身体发肤受之父母，不得损伤"，凡受肉刑就会被整个社会遗弃，对于受刑者来说是一种永久性的精神、肉体双重打击。公元前167年，齐国的太仓令（管理仓库的官员）淳于公犯罪，应该被逮捕押送长安，并处以肉刑。淳于公有五个女儿，他抱怨自己只有女儿，没有儿子，在危急的时候一点忙也帮不上。他的小女儿缇萦悲伤哭泣，决定跟随父亲一起到长安。到达长安后，她上书给汉文帝："妾父为吏，齐中皆称其廉平，今坐法当刑。妾伤夫死者不可复生，刑者不可复属，虽复欲改过自新，其道无由也。妾愿没入为官婢，赎父刑罪，使得自新。"汉文帝阅读了这封信后，被深深打动，写了一条批示给御史大夫："今法有肉刑三，而奸不止，其咎安在？非乃朕德薄而教不明欤？吾甚自愧。……今人有过，教未施而刑加焉？或欲改行为善而道毋由也。朕甚怜之。夫刑至断肢体，刻肌肤，终身不息，何其楚痛而不德也，岂称为民父母之意哉"，因此下令废除肉刑。[1]

两千年后，在感叹缇萦的孝义与勇气之余，我们也

---

1 《史记》卷10《孝文本纪》。

惊异于一个普通的小女孩竟然可以给皇帝写信，并得到了正面的回复，这是因为汉文帝允许所有人给他上书提意见。为了听取批评意见，在即位的第二年，汉文帝就废除了"诽谤妖言罪"，他认为："今法有诽谤妖言之罪，是使众臣不敢尽情，而上无由闻过失也。将何以来远方之贤良？其除之。"[1]汉文帝每次上朝时，只要遇到随从官员上书提意见，他都会停下车来接受，意见不可行的就放在一边，可行的就采纳。

2. 法者，天子所与天下公共也

汉文帝强调以法治国，强调法律面前人人平等，他本人就是一个守法的表率。汉文帝一朝掌握全国司法大权的是廷尉张释之，他原来只是皇帝的一个侍从（骑郎），十年都没得到升迁，后来经袁盎推荐，获得汉文帝赏识，逐步提升为公车令（守卫宫殿南门司马门的官员）。一天，皇太子刘启和他的弟弟梁王刘揖（又名"胜"）共乘一车，他们违反规定，不下车就直接驶进了皇宫的司马门，正在守卫的张释之追上去扣留了他们，并且按照规定要罚款。太子、梁王的奶奶，汉文帝的母亲薄太后得知了两个心爱的孙子

---

1 《史记》卷10《孝文本纪》。

居然会被一个看门的扣留，立即召见汉文帝责问，汉文帝脱下帽子谢罪，说是他教育儿子不当导致的。薄太后于是派人赦免了太子、梁王，他们这才能进入司马门。此事过后，汉文帝不但不责怪张释之，反而对他非常欣赏，将他提拔为中大夫（执掌议论的中级官员），随即又升为中郎将（皇帝的侍卫首领），从此他们二人成为最佳的君臣伙伴。汉文帝人格之伟大，心胸之宽广，千古之下，仍让人感叹。

　　随后有一天，张释之随同汉文帝、慎夫人去霸陵（汉文帝为自己选定的陵墓，地宫开凿在山中）巡视，汉文帝登高远望，指着新丰道对慎夫人说，这是去往你故乡邯郸的道路。故乡、墓地，生于彼，死于此，汉文帝是一个真性情的人，不由得触景生情，引吭高歌，声音非常凄惨、悲凉，慎夫人则在一旁鼓瑟伴奏。放歌后，汉文帝看着跟随的群臣说："唉！以此山为我的椁（外棺），再用麻絮混着漆封闭，谁能打得开呢？"群臣都说这个主意不错，只有张释之说："如果地宫里有贵重的东西陪葬，再坚固也没用；如果没有贵重的陪葬品，即使没有石椁，也没什么好悲伤的！"这真是句极聪明的话，汉文帝一听大为叫好，随即提拔张释之为廷尉，掌管全国司法。

　　张释之不只是对太子、梁王铁面无私，就连汉文帝本人也不时领教他的原则性。有一次汉文帝乘车路过中渭桥，突然有一人从桥下钻出来，致使为汉文帝拉车的马受惊，侍卫立即将此人逮捕，押送到了张释之那里审讯。那个人招认："听说皇帝要来，所以我躲藏在桥下，想等他过去再出来。谁知道时间过了很久，我一出来就恰好见到皇帝的车骑，当时我就是想跑开罢了。"张释之依法判他罚款。汉文帝很生气："这个人惊了我的马，幸好我的马驯良温和，如果换了别的马，我岂不是会摔伤？你竟然只是罚他的款？"张释之回答说："法者，天子所与天下公共也。今法如此而更重之，是法不信于民也。且方其时，上使立诛之则已。今既下廷尉，廷尉，天下之平也，一倾而天下用法皆为轻重，民安所措其手足？唯陛下察之。"汉文帝思考了很久，说："廷尉当是也！"[1]

后来发生的一件事更让汉文帝生气。有一个人盗走了汉高帝刘邦庙中的玉环，被抓到后，汉文帝震怒，送给张释之治罪。张释之按照法律判他死刑。汉文帝大怒："这个人丧心病狂到盗窃先帝庙里的东西，我将他交给你，就是想诛杀他的全族，而你却按照法律办事，这可不是我的本意！"张释之免冠叩头谢罪："法律就是这样，要按照罪行的危害程度来判决。现在盗窃宗庙器物的要诛全族，那万一有人盗窃汉高帝长陵的地宫，你将如何处罚他呢？"许久之后，汉文帝将这件事告诉了薄太后，最终还是按照张

---

1 《史记》卷102《张释之冯唐列传》。

97

释之的判决执行。张释之因此名声大噪，天下人都觉得他了不起。这就是当时汉朝的社会风气，一个正直、不畏强权、坚持原则的人是很受民众追捧的；如果相反，这样的人被民众嘲笑为傻瓜，那么一定是这个社会出了大问题。成就张释之声名的是汉文帝，他的自律、宽容、大度以及对司法的尊重才造就了这位刚正不阿的名臣。

汉文帝尊重司法不仅表现在他对张释之严明执法、甚至违逆自己心愿的宽容，还表现在他对尊亲违法的态度。汉文帝是个大孝子，当年在代国时，母亲薄太后重病长达三年，他亲自看护，殷勤侍候在侧，目不交睫，衣不解带，每当煎好汤药，他都要亲自尝试，然后再给母亲服用。他的仁孝声名传遍天下，这也是当年功臣集团立他为帝的一个原因。这件事后来成为中国传统二十四孝之一的"亲尝汤药"。汉文帝的母亲薄太后只有一个弟弟薄昭，当年就是他先期赴长安与周勃会晤，确认其中没有阴谋，才使得汉文帝可以平安登上帝位，而且他又是跟随着汉文帝从代国赴长安即位的六个随从之一。他不仅是汉文帝的至亲长辈，也是汉文帝最可信赖的心腹。公元前170年，时任车骑将军的薄昭杀了汉文帝的使者，犯了死罪。汉文帝不忍心诛杀舅舅，但还是想了一个办法，他派公卿大臣们穿着丧服到薄昭家去吊孝，逼着薄昭自杀。中国古代司法讲究议亲、议贵，即使汉文帝赦免舅舅也并非不可，但在情与法之间，汉文帝最终选择了法，虽然他是用了一个曲折委婉的手段。

汉文帝杀舅事件在中国历史上一直有争议。唐朝名相李德裕认为："汉文帝诛薄昭，断则明矣，于义则未安也。秦康送晋文，兴如存之感；况太后尚存，唯一弟薄昭，断之不疑，非所以慰母氏之心也。"但司马光认为："法者天下之公器，惟善持法者，亲疏如一，无所不行，则人莫敢有所恃而犯之也。夫薄昭虽素称长者，文帝不为置贤师傅而用之典兵；骄而犯上，至于杀汉使者，非有恃而然乎！若又从而赦之，则与成、哀之世何异哉！"[1]盛世之所以成为盛世，一定会有其他时代没有的长处，不是平庸的时代可以企及的，衰世就更不用提了。

虽然是皇帝，但汉文帝并不是一个绝对的独裁者，他的行为处事不仅受到他自身道德的制约，还受到当时的法律和大臣们的制约，张释之并非唯一能制约他的大臣。汉文帝一度想启用皇后的弟弟窦广国为丞相，但害怕天下人认为他有私心，考虑了很长时间还是不敢任命。那时汉高帝朝的大臣们在世者已经不多，汉文帝只好以开国功臣中地位并不高的申屠嘉为丞相，封为故安侯。这表明直到此时，功臣集团仍然主导着汉朝的政局，百官之首的丞相只能从这个集团中产生。

---

1 《资治通鉴》卷14《汉纪六》。

申屠嘉为人清廉正直，居家时不接受私人的拜访。汉文帝极其宠爱太中大夫邓通，赏赐他很多的财物，还经常去他家饮酒作乐。一天，丞相申屠嘉入朝，邓通在汉文帝身边，态度简慢随意，并对他有所怠慢。申屠嘉汇报完事情后，对汉文帝讲："陛下爱幸臣，则富贵之；至于朝廷之礼，不可以不肃！"汉文帝回答："你不要再说了，我就是宠爱他。"申屠嘉回到相府，发布公文命令邓通来进见，如果他不来，就命令使者直接将他斩杀。邓通害怕了，告诉了汉文帝，汉文帝说："你先去丞相府，然后我派人去召你过来。"邓通到了丞相府，脱下帽子，赤脚，叩头请罪。申屠嘉坐在那里，旁若无人，根本不回礼，骂道："夫朝廷者，高皇帝之朝廷也。通小臣，戏殿上，大不敬，当斩。吏今行斩之！"邓通拼命叩头，头上鲜血直流，申屠嘉依然置之不理。汉文帝估计邓通已经被折磨得差不多了，便派使节去召邓通进宫，并请求申屠嘉："此吾弄臣，君释之。"邓通见到汉文帝哭诉："丞相几杀臣。"[1]

这样一位刚正不阿、清廉耿介的丞相一直受到汉文帝的器重。汉文帝明白弄臣与股肱大臣是有本质不同的。汉文帝宠爱邓通，可以赐给他大量财物，甚至可以让他经营铜矿，铸造铜钱，成为巨富，但绝对不会委任他以重任；

<hr />

1　《史记》卷96《张丞相列传》。

而申屠嘉、张释之这样的大臣却能让汉文帝产生敬畏，深受他的尊重与器重，这样的人才是他可以委以重任的股肱之臣，才是他执政团队的核心成员，才可以在他的领导下，共同开创一代盛世。

以汉文帝为榜样的唐太宗同样尊重司法，他认为"法者，非朕一人之法，乃天下之法"，又因"死者不可再生"，对死刑判决极为慎重，贞观四年，全国死刑犯才29人。汉唐两位文帝虽相距年代遥远，却秉持着同样的司法原则。

第五节 | 举荐贤良方正与慧眼识英才

1. 既问苍生也问鬼神：识拔平民精英

治理一个国家，光有一个贤明的君主是不够的，还需要一个执政团队。汉初的执政集团就是开国功臣集团，丞相、太尉、御史大夫号称三公，是这个团队的领袖。但到了汉文帝时期，开国功臣集团开始逐渐淡出政治舞台，这既有他们年华老去的原因，也是汉文帝有意扩大执政基础的结果，必须要有新人来取代功臣，形成新的执政团队，这是正常的政治新陈代谢。

公元前178年发生了日食，汉文帝认为这是上天示警，于是下诏检讨自己："朕闻之，天生蒸（烝，众多）民，为之置君以养治之。人主不德，布政不均，则天示之以灾，以诫不治。乃十一月晦，日有食之，适见于天，灾孰大焉！朕获保宗庙，以微眇之身托于兆民君王之上，天下治乱，在朕一人，唯二三执政犹吾股肱也。朕下不能理育群生，上以累三光之明，其不德大矣。令至，其悉思朕之过失，及知见思之所不及，匄（乞求）以告朕。及举贤良、方正、能直言极

102

谏者，以匡朕之不逮。因各饬其任职，务省繇费以便民。"[1]
这封诏书情真意切，充分表达了汉文帝的谦卑谨慎。他将一切过失归于自己，立志要更好地为民众服务，并提出了切实的解决方案，即要求大家向他提意见，并要举荐贤良方正、能直言极谏的人才来辅佐他，纠正他的过失。什么是人才？也许不同的人有不同的标准，但在汉文帝看来，道德水平高、正直、不圆滑，能够坦率向他提出尖锐批评意见的才是他需要的人才，就像丞相申屠嘉、廷尉张释之。能够容纳这样人才的人，一定有着宽阔、博大的胸襟，一定有着高远的志向。这道诏书开启了中国历史上一个举荐人才的时代，这一制度维持了近一千年，直到被科举制逐渐取代。

在新的人才选拔体制中首先脱颖而出的是年轻的贾谊。廷尉吴公向汉文帝举荐年仅20来岁的洛阳人贾谊充当博士。在诸多博士中，贾谊最年轻，但又最聪明，每当汉文帝有问题要求解答时，众人还在思考讨论，他就率先给出了答案，而且还能让众人心服口服。汉文帝对他极其赏识，半年后就越级提拔为太中大夫。贾谊是汉文帝最重要的一位智囊，他的《论积贮疏》《陈政事疏》（《治安策》）成为汉文帝、汉景帝，甚至汉武帝时期经济、政治方面重大国策的理论基础，其中提出了重视农业、重视粮食储存、

---

[1] 《史记》卷10《孝文本纪》。

通过再分封抑制诸侯国势力等一系列政策。为了削弱功臣集团的势力，贾谊建议所有列侯应该离开长安回到他们的封地，这是釜底抽薪之计，自然遭到了功臣们的强烈反对，因为这样一来他们就得辞去身任的丞相、太尉、御史大夫等要职，等于要将功臣集团从政治舞台上彻底清除。以周勃、灌婴为首的功臣集团向汉文帝告状，说这个"洛阳子"贾谊年少无知，却已经一门心思想擅权乱政，因此贾谊不得不离开长安，担任长沙王的太傅。几年后，汉文帝思念贾谊，召他进京，他们于未央宫宣室殿讨论鬼神这一类形而上的问题。到了半夜，汉文帝听得入神，不知不觉在席上向贾谊靠近（汉朝时人们是跪坐在席上）。过后汉文帝感叹："我久不见贾谊，以为自己终于能在学问上超过他了，现在发觉还是不及他。"随即任命贾谊为自己最宠爱的小儿子梁王刘揖的太傅。汉初中央政治一直存在着两方势力的斗争，一方是开国的功臣集团，一方是逐渐崛起的平民精英，贾谊、晁错是后者的杰出代表。为了扩大统治基础、抗衡功臣集团，皇帝有意拔擢平民精英，功臣集团当然也要反击，我们在汉初的政治史中可以清楚地看到这一脉络。

唐朝李商隐有句名诗："可怜夜半虚前席，不问苍生问鬼神。"说的就是上述汉文帝与贾谊在宣室谈话的故事。不问天下苍生，反而讨论鬼神，李商隐表面上感叹汉文帝未能重用贾谊，但他其实是借贾谊之酒杯，浇自己胸中怀才不遇的块垒。汉文帝与贾谊多年不见，讨论一下哲学问题有何不妥呢？事实上，汉文帝对贾谊可谓破格重用，贾谊20岁出头已经成为他最重要的智囊，贾谊所提的重要建议也大多成了国策。汉文帝甚至想将贾谊进一步提拔为公卿大臣，但在功臣集团的强烈反对下，不得不将他调离京城，后提拔为长沙王太傅，秩二千石，与最高地方长官郡守同一级别，此时贾谊还不到30岁；后来又调任他做汉文帝最宠爱儿子梁王的太傅。贾谊是一个没有任何背景的平民，怎么还能说汉文帝不重用他呢？

对贾谊而言，调离京城未尝不是一种保护，以免他与功臣集团的矛盾激化。要知道汉朝的丞相对贾谊这种中级官员有先斩后奏的权力。贾谊本人的性格多愁善感，对自己被调离长安有过怀才不遇的怨言，最后因悲伤抑郁而死，这也说明他是一个智囊型的感性人才，并不适合担任杀伐决断的决策、执行职位。从这一层面，可以说，汉文帝是非常知人善任的。中国古代文人总是喜欢高估自己，认为自己有经纬天地的治国之能而怀才不遇，孰不知，事关国计民生的行政决断、执行能力与文学才能之间并没有必然的因果联系，甚至可能是负相关的。因为文人多理想化，好纸上谈兵，而现实远比纸面上的知识、理论要复杂得多，因此常见他们多谋寡断、优柔寡断甚至胡想乱断。中国盛产文学青年，而政治家、实干家一向是极为稀缺的。

在贾谊出任梁王刘揖的太傅后不久，刘揖坠马摔死。因他无子，贾谊上书建议将汉文帝的儿子、太子同母弟淮阳王刘武改封为梁王，建都于睢阳（今河南省商丘市附近），这是一个极富战略预见性的安排。梁国的地理位置极为重要，扼守都城长安与东方诸侯国的咽喉要道，是维护中央政府的屏障；梁国也是经济非常发达的地区，是全国的粮仓。贾谊提议将汉文帝的儿子分封在此，就是为了防备未来可能发生的东南诸侯国叛乱。汉文帝听从了这个建议，将淮阳王刘武改封为梁王。梁国疆域北界泰山，西至高阳，下辖人口众多、经济发达的40多个县，是当时最强大的诸侯国。在日后的吴楚七国之乱中，梁国发挥了极其重要的作用。之后汉文帝又改封城阳王刘喜（第一代城阳王刘章的儿子）为淮南王，也是同样的目的。但仅四年后，汉文帝不顾贾谊的建议，又将刘长的儿子封为淮南王，刘喜还封为城阳王，这一举措为日后的七国之乱埋下了祸根。

可以说，正是汉文帝制定的举荐人才制度，才让一无背景、二无阅历的贾谊成为他最重要的智囊，使得贾谊在经济、政治、军事三方面都作出了极为重大的贡献。如果说贾谊是一匹千里马，汉文帝无疑就是那位慧眼独具的伯乐。可惜因为梁王刘揖意外而死，责任心极强、身心脆弱的贾谊认为自己作为师傅没有尽职，经常哀痛哭泣，身体因此日渐衰弱，一年多后就去世，年仅32岁，否则经过历练后的贾谊肯定还会被进一步重用。

汉文帝时期被发现的人才还有晁错，他是颍川人（今河南省许昌市附近）。汉文帝时，《尚书》已经基本失传，无人通晓，只有济南的伏生因曾是秦朝博士，精通《尚书》，但此时他已经90多岁，无法到长安来了。于是汉文帝命令太常（掌管宗庙礼仪之官，博士是其下属）派人去跟随伏生学习《尚书》，太常选择了晁错。伏生不会说官话，讲话难以被人理解，所以让他的女儿翻译，但仍旧有大约十之二三的内容晁错没有听懂。晁错用当时流行的汉隶记录《尚书》，与古本《尚书》的文字不同，所以就称之为"今文《尚书》"，这就是流传到现在的今文《尚书》的源头。学习《尚书》回到长安后，晁错被汉文帝任命为太子的随从官家令，因其能言善辩，深得太子赏识。后来汉文帝命令天下举荐贤良、文学人士，晁错便在候选名单中。那次对策共有100余人参加，汉文帝亲自策问了晁错，并评为优秀，于是晁错被提拔为中大夫，当时贾谊已死。

晁错给汉文帝的建议很多，如要求削弱诸侯、改变法令等，汉文帝并没有全部听从，但却非常欣赏他的才能。[1]汉

---

1 《史记》《汉书》对此说法不同。《史记》卷101《袁盎晁错列传》："数上书孝文时，言削诸侯事，及法令可更定者。书数十上，孝文不听，然奇其材，迁为中大夫。"《汉书》卷49《爰盎晁错传》："错又言宜削诸侯事，及法令可更定者，书凡三十篇。孝文虽不尽听，然奇其材。"《汉书》的记载更符合史实，汉文帝并没有完全不听从晁错的建议。

文帝曾特地用盖着玉玺的诏书，正式且谦虚地回应晁错的《言兵事疏》："皇帝问太子家令：上书言兵体三章，闻之。书言'狂夫之言，而明主择焉'。今则不然。言者不狂，而择者不明，国之大患，故在于此。使夫不明择于不狂，是以万听而万不当也。"[1] 即可以提任何不同的建议，但最重要的是决策者如何选择，并且要为其选择、决策最终负责，而不能将责任推卸给建议者，因此提建议者尽可以"狂"，这样才能让领导听到不同的尖锐意见。汉文帝的这段回答是对晁错极高的褒扬，不仅欣赏他的建议，而且欣赏他张扬、狂放的个性，但并非人人都像汉文帝这样心胸宽广，晁错以后的悲剧证明了这一点。晁错能够成为太子，即后来的汉景帝最重要的智囊，也正是由于他的性格偏执、不随和、严厉刚直、做事不留余地。但除了汉文帝和汉景帝外，基本上没有人喜欢他，这导致了他日后的悲惨下场。

2. 军中闻将军令，不闻天子之诏

在武将方面，汉文帝发现并重用了周亚夫——未来平定七国之乱的汉军主帅。周亚夫是周勃的儿子，公元前158年，匈奴6万骑兵入侵，周亚夫作为将军，率军驻扎在长安

---

1 《汉书》卷49《爰盎晁错传》。

郊外的细柳。汉文帝亲自视察劳军，先去了另外两个军营。在那里，皇帝的马车可以直接驶入，将军则率领部下骑马迎送。但等汉文帝到了细柳，发现将士们全身披甲，手执兵器，弓弩都拉满了弦，随时准备战斗。汉文帝的前锋先至，却被拦住不能进入军营。前锋说："天子且至！"军门都尉回答："将军令曰'军中闻将军令，不闻天子之诏'。"没多久，汉文帝到了，又被拦住不得进入，于是汉文帝命令使臣手持皇帝的符节对周亚夫说："吾欲入劳军。"周亚夫这才命令开门。守门的士兵向皇帝车骑转达周亚夫的命令："军中不得驱驰。"于是汉文帝一行人挽住了马辔慢慢前行。进入军营里后，将军周亚夫手持兵器，对汉文帝行拱手礼说："介胄之士不拜，请以军礼见。"汉文帝听到后肃然起敬，为之动容，他手扶车轼（车前横木），派人对周亚夫说："皇帝敬劳将军。"敬礼完成后便离开了。出了军营门，随从的大臣都感到十分震惊。汉文帝则对周亚夫连连称赞："嗟乎，此真将军矣！曩者霸上、棘门军，若儿戏耳，其将固可袭而虏也。至于亚夫，可得而犯邪！"过了一个多月，匈奴退兵后，汉文帝提拔周亚夫为掌管长安城卫戍、率领北军的中尉。汉文帝在临死前告诫太子："即有缓急，周亚夫真可任将兵。"[1]

---

1 《史记》卷57《绛侯周勃世家》。

后来的事态发展足以证明，汉文帝非常知人善任，他一贯欣赏、重用的都是如贾谊、晁错、周亚夫这样有才能、有个性的人，而不是善于逢迎的奴才。汉文帝在位期间的所作所为，充分证明了他的政治能力。他巧妙地解除了功臣集团的权力，但并未选择激烈的手段，而是逐步用举荐的人才代替，这既避免了权力交替后经常出现的政局动荡和冲突，也能够让新的人才在实践中证明自己的能力。

800年后的唐太宗同样虚怀纳谏、尊重大臣，他认为"致治之本，惟在得人"，非常知人善任，手下的文臣名将盛极一时，李靖、李世绩、魏征、房玄龄、杜如晦等都是中国历史上著名的政治、军事人物。贞观之治的文治武功正是在唐太宗的领导下，由这一批人杰策划、执行并实现的。

3.岂不仁哉：备受推崇的千古仁君

可惜天不假年，公元前157年，年仅46岁的汉文帝去世了。在位23年，他用短暂的一生为历史与后人诠释了什么是有道明君，什么是仁君。汉文帝去世时的遗诏是其伟大人格的最好总结："朕闻盖天下万物之萌生，靡不有死。死者天地之理，物之自然者，奚可甚哀？当今之时，世咸嘉生而恶死，厚葬以破业，重服以伤生，吾甚不取。且朕既不德，无以佐百姓；今崩，又使重服久临，以离寒暑之数，哀人之父子，伤长幼之志，损其饮食，绝鬼神之祭祀，以重吾不德也，谓天下何！朕获保宗庙，以眇眇之身托于天下君王之上，二十有余年矣。赖天地之灵，社稷之福，方内安宁，靡有兵革。朕既不敏，常畏过行，以羞先帝之遗德；维年之久长，惧于不终。今乃幸以天年，得复供养于高庙。朕之不明与嘉之，其奚哀悲之有！其今天下吏民，令出临三日，皆释服。毋禁取妇、嫁女、祠祀、饮酒食肉者。"[1]遗诏中还提出，丧礼从简，霸陵不要大兴土木，夫人以下至少使的后宫女子全部放回娘家生活。

这篇遗诏一定是汉文帝临终前的亲笔或亲口叙述，因为没有任何人敢擅自替皇帝起草如此谦卑的遗诏，它反复强调了自己的无德无才，对社会、百姓没什么贡献；生死是自然的规律，因此要求百姓不要为他服丧超过三天，嫁娶、吃喝玩乐都不要受他的丧礼影响；并将他的妾们全部放回娘家，实际是允许她们再嫁，这不但是一种非常人性化的安排，而且又减少了民众供养的负担；自己的陵墓不许大兴土木，是为了节省民力、财力，也反映了他对死亡达观、通透的认识。汉文帝的霸陵在其去世后仅动员了3.1万名民夫兴建，在今西安东郊的白鹿原北崖壁上穿凿而成，是西汉诸帝陵中最为简朴的一座。

---

1 《史记》卷10《孝文本纪》。

汉文帝将这篇遗诏公布于天下，是对继任皇帝的约束，担心他违背自己的心意，而为自己大办丧事，骚扰百姓，浪费人力、物力，其良苦用心可见一斑。终其一生，汉文帝始终坚持不扰民，与民方便，藏富于民，而他自己，却生前不增修宫殿，不添加个人用具，死后不营建豪华坟墓，不陪葬任何值钱的财物。在现代自恋流行、以炫耀财富、权势为荣的社会，即使一个普通人能做到这些也非常不容易，何况是一位拥有四海的皇帝，更何况是这样一位建立丰功伟绩、开创一代盛世的有道明君！

汉文帝安葬于霸陵后，群臣为他拟定谥号为"孝文皇帝"。按谥法，"慈惠爱民"曰"文"，这是对他一生最恰当不过的评价。在唐朝以前，只有那些有功有德的皇帝才有庙号，或称某祖，或称某宗。称祖者侧重于其有功，因此多为开国皇帝，称宗者则侧重于其有德。没有庙号的皇帝在过了几代后，其牌位将被撤除出宗庙，而有庙号者则可世代接受皇帝与民众的祭祀。汉文帝逝世后的第二年，丞相申屠嘉等上奏："功莫大于高皇帝，德莫盛于孝文皇帝。高皇帝庙，宜为帝者太祖之庙；孝文皇帝庙，宜为帝者太宗之庙。天子宜世世祭祀祖、宗之庙，郡国诸侯宜各为孝文皇帝立太宗之庙。"[1]汉景帝批准了这一建议，汉高帝刘邦

---

1 《史记》卷10《孝文本纪》。

的庙号称为太祖，汉文帝的庙号称为太宗。

具有卓然的独立人格、强烈的批判精神的司马迁对汉文帝非常景仰，他评论道："孔子言'必世然后仁。善人之治国百年，亦可以胜残去杀。'诚哉是言！汉兴，至孝文四十有余载，德至盛也。廪廪（渐近）乡（向）改正服、封禅矣，谦让未成于今。呜呼，岂不仁哉！"[1]司马迁的评论既是对汉文帝谦虚伟大的人格与德政的颂扬，也是对汉武帝的暗讽。汉朝继承秦朝的制度，历法以十月为岁首，即为一年的第一月，到了汉武帝时才改以正月为岁首；按五德学说，汉朝为水德，衣服尚黑，也于汉武帝时改为土德，服色尚黄；封禅也是汉武帝时进行的。这三个举措在当时都是极其重大的制度变革，显示天下太平，盛世来临，从理论上讲，是有大德大功的帝王才能做的事。正因为此，惜墨如金的《史记》全文记录了汉文帝的遗诏，而对其他皇帝的遗诏却无一字记录。

汉文帝宽厚仁慈，但这并不代表他软弱无能，与功臣集团、诸侯王之间的斗争已经充分证明了他的政治能力。仁者爱人，仁者要有对弱势群体博大的同情心与爱心。汉文帝轻徭薄赋，甚至史无前例地免除了当时政府主要的收入来源——农业税；不浪费民力，不主动发动战争，不

---

1 《史记》卷10《孝文本纪》。

兴土木，不为自己兴建宫殿，添置器具，生活简朴；开放国有资源，包括自己的苑囿给民众利用；废除肉刑，宽以待民，重视以德治国；担心自己的丧礼影响民众日常生活，甚至在遗诏中不厌其烦地规定丧礼的各种细节；他在位20余年，已经尽可能地克制自己的欲望，尽可能地做到为民众考虑；他不需要通过动辄杀伐决断，驱使民众如蝼蚁来显示自己的权力，满足自己的欲望和虚荣，而是尽可能地包容各种势力，缓和各种矛盾，潜心于国家、社会建设，发现并培育人才，虚心听取各方面的不同意见，这才是一位真正的有道仁君。虽然汉文帝也有宠幸邓通的劣迹，如日有食，他不是一位完人，但这无损于他人格、事业的伟大。

汉文帝如果不是一位皇帝，而是一位普通人，我们也会非常乐于与这样的人相识、相知，希望他成为自己的朋友、同事和上司。我们在现实生活中目睹了太多为富不仁、为权不仁的现象，难以想象这些普通人如果掌握了至高无上、生杀予夺的权力，会有何种不堪、暴虐的表现。这反过来更加说明汉文帝的伟大，在位20余年，仍然保持一贯的谦虚、谨慎，是多么难能可贵，几乎没有人能在这个位置上比他表现得更好了。非常幸运，也非常骄傲，我们中国的历史上有这样一位伟大的仁者之君。

非常巧合的是，唐太宗与汉文帝不仅庙号、谥号相同，在位的时间也相同，同为23年。唐太宗也曾下令放出宫女回到民间。这两位太宗文皇帝的事迹、言行如此相似，而他们肩负的历史使命也相同，都需要在天下战乱之后休养生息，恢复经济生产，恢复国力，为盛世顶峰的到来做好充分的准备。

第三章

勉强合格的继任者与文景之治

虽然汉景帝本人的能力与品格都比不上他的父亲，但他在母亲窦太后的制约下忠实地继承了汉文帝的政策，并平定了吴楚七国之乱，在最终解决诸侯国的问题上迈出了关键一步。长达40年的文景之治积累了雄厚的国力，为即将到来的盛世高峰做好了物质准备。

第一节 | 七国之乱：皇帝与本家诸侯的火拼

1. 缺乏互信的囚徒困境：削藩与造反

汉文帝逝世后，太子刘启继位，他的谥号为"孝景皇帝"，即史称的汉景帝，他即位时已经31岁。与汉文帝相同，他既非嫡子，也非长子，因为他的三个哥哥，汉文帝的三个嫡子先后去世，他才得以被立为太子。他的母亲窦氏出身平民，是汉文帝做代王时的妾，后被立为皇后，不久双目失明，汉景帝即位后，她被尊为皇太后，将在历史上扮演非常重要的角色。

汉景帝即位当年，汉朝唯一的异姓诸侯王长沙王吴著去世，因为他没有儿子，长沙国被废除，普天之下只有同姓诸侯国，这是汉景帝面临的最大政治问题。在强大的齐国被汉文帝一分为七，淮南国一分为三后，当时最强大的诸侯国是吴国和楚国。吴王刘濞的父亲刘仲是汉高帝刘邦的二哥，刘濞年轻时也曾追随汉高帝平定英布叛乱，立有战功。汉高帝担心吴地会稽（今江苏省、浙江省一带）民风剽悍、易冲动闹事，而当时他的儿子们都未成年，所以决定封这位作战勇敢的侄子为吴王，镇守吴地，下辖三郡五十三城。在刘濞接受了吴王的印信后，汉高帝将他叫来，看了他的面相后吃了一惊，对他说："你有反相。"虽然后悔，但已经分封了，只好拍着他的背说："五十年后东南地区会有叛乱，不会是你挑起的吧？天下同姓一家，你千万不要掺合！"刘濞叩首说："我不敢。"

汉景帝的即位无疑激化了中央政府与吴国的矛盾，因为他与吴王刘濞之间有着极深的个人恩怨。汉景帝还是皇太子的时候，与吴王刘濞的太子一起玩博弈的游戏。吴太子的师傅都是楚地人，因此他的性格也剽悍、冲动，再加上养尊处优惯了，为人倨傲。在博弈争道时，吴王太子对皇太子不恭敬，皇太子一怒之下，拿起棋盘失手打死了他。吴太子的尸体被送回吴国归葬后，刘濞愤怒地说："天下同宗，死长安即葬长安，何必来葬为！"[1]将吴太子尸体送回长安下葬。刘濞因此开始心生怨恨，逐渐不再遵守诸侯王的礼节，称病不去长安朝见皇帝。朝廷知道刘濞是因为儿子被打死才不来朝见，而且知道刘濞其实没有病，所以当吴国的使者到达长安后，就将他们扣押审问。刘濞害怕了，就开始考虑谋反，后来又派遣使者求情，汉文帝责问吴国使者，使者回答："'察见渊中鱼，不祥。'现在吴王称病被

---

1 《史记》卷106《吴王濞列传》。

朝廷发觉，屡遭责问，越发自闭，害怕皇帝杀他，他实在是无可奈何，无计可施了。现在唯有陛下才能解救他摆脱这个困境，不纠缠过去，一起向前看。"于是汉文帝将所有被扣押的吴国使者释放，还赐给吴王坐几、手杖，准许他因年老入朝。刘濞解困后，谋反的意图也就逐渐消除了。

人与人、团体与团体，甚至国与国之间的矛盾如果不及时得到排解、释放，就会不断激化，一旦陷入了囚徒困境，失去了基本互信，便再也难以挽回，最终只能走向冲突。只有双方开诚布公，互示善意，逐渐建立互信，才能化解矛盾，和平共处，汉文帝的做法正是遵循了这条路径，因而避免了一场内战。但是与刘濞有杀子之仇的汉景帝不仅没有其父的宽容、大度以及高超的政治技巧，反而在晁错的一意鼓动下，进一步激化了与吴国为首的各诸侯国间的矛盾。

吴国有铜矿，又出产盐，资源丰富，因此百姓不需要交田赋，如果轮到服徭役了，吴国就出钱免除他们的义务。此外，吴国每年还寻访、慰问有才能的人，给百姓发放福利，其他郡国的人逃亡到吴国，有官吏来追捕，吴国就予以收容，拒不交出。这些惠民的政策持续执行了40多年，民众自然非常拥戴刘濞。

以前晁错为太子家令时，就多次讲吴国有很多过错，要求削弱它的势力，并将这个意见上书给汉文帝，但是汉文帝宽厚仁慈，更不想多生事端，因此不采纳他的意见。等到汉景帝即位，因一直深受宠爱，晁错被提拔为三公之一的御史大夫，他又一次向汉景帝建议削弱吴国："当年汉高帝初定天下，因为他的兄弟人数少，儿子们的年龄又小，所以大封同姓诸侯。他的庶长子悼惠王刘肥封在齐国，有70余城，庶弟元王刘交封在楚国，有40余城，侄子刘濞封在吴国，有50余城，仅仅这三个人就占据了大半天下。现在吴王刘濞有之前太子被打死的嫌隙，后来又假装生病，不来朝见，按照以前的法律应当被诛杀，但汉文帝不忍心这样做，还赐给他坐几、手杖，对他真是仁至义尽，按理说刘濞应该改过自新。谁知道他却越发骄横，开采铜矿，铸造钱币，煮海水为盐，财富雄厚，又招揽天下逃犯，阴谋叛乱。现在削弱他，他会造反；不削弱他，他也会造反。削弱他，反得快，祸害小；不削弱他，反得迟，祸害大。"汉景帝听从了晁错的这个建议，决定对各诸侯王动手。1 000多年后，我们将在明朝初年、清朝初年看到两个相似的削藩场景，听到相似的人物发出相似的言论，这说明历史有时真的是在重演，可是故事与人物的结局却悲喜不同。

晁错一连上了30道奏疏要求削藩，汉景帝让大臣、宗室、列侯一起讨论，众人都不敢反对，只有窦太后的族侄窦婴不同意晁错的意见，两人因此闹翻。晁错的父亲听说儿子所为后，从家乡颍川赶来，责备晁错："上初即位，公为政用事，侵削诸侯，别疏人骨肉，人口议多怨公者，何也？"晁错回答："固也。不如此，天子不尊，宗庙不安。"晁父说："刘氏安矣，而晁氏危矣，吾去公归矣！"[1]晁父不忍看到晁家大祸临头，随后服毒自杀，后来的事实证明他确实很有预见力。

汉景帝与晁错二人主导的削藩行动按部就班地进行着。汉景帝即位的第三年冬天，楚王刘戊来长安朝见，晁错告发他前一年为薄太后服丧期间，在服丧居住的房里淫乱，要求诛杀他。汉景帝下诏赦免了刘戊的死罪，但将楚国的东海郡收归朝廷，作为惩罚；随后削减了吴国的豫章郡、会稽郡，收归朝廷直辖；因为赵王刘遂两年前犯下的罪行，削减了他的河间郡；因为胶西王刘卬违法售卖爵位，削减了他的六个县。这一系列的削藩举动使得诸侯王们人心浮动，惴惴不安，晁错和汉景帝完全是有意想逼反他们，再趁机将他们一网打尽。

在朝廷上下筹划削藩之时，吴王刘濞也担心朝廷步步紧逼，没有止境，与其坐以待毙，不如谋反。事态无可挽回地向着最坏的结果演化。晁错、汉景帝的削藩计划是建立在这样一个假设基础上的，即吴王肯定要造反，只是时

---

1 《史记》卷101《袁盎晁错列传》。

间早晚的问题，与其这样，不如逼他早反，可以尽早解决。这个假设有没有道理？我们不能用后来吴王确实造反的结果反推，因为这个假设本身就直接影响了历史的进程，直接导致了吴王刘濞的造反。如果晁错、汉景帝不是采取这种激烈的手段削藩，刘濞并无必然要造反的理由。更何况他当时已经有60多岁了，相当于现在的百岁老人，也没几年好活，不会想折腾。那么汉景帝为何不能再等到他死了以后，再采取更柔和的手段削藩呢？在帝制时代，一个人谋反与否的标准常常不是看其有无意图，而是看其有无能力，不过这只是缺乏自信的君主信奉的逻辑。对于汉景帝来讲，吴王及其他诸侯王无疑具备了谋反的能力，因此他们有无谋反的意图并不重要。古语有云："匹夫无罪，怀璧其罪"，历史上有很多人包括忠臣志士就是栽在了这个道理上。道理你明白，我也明白，既然如此，诸侯王当然要造反。皇帝与诸侯们陷入了一种缺乏互信的囚徒困境，最终只能通过兵戎相见来打破。

汉文帝早就进行过削藩，当年他将强大的齐国一分为七，分封给齐悼惠王刘肥的七个儿子，就是极其高明、柔和的手段，既达到了削弱齐国的目的，但又没有招致任何的反弹。但汉景帝不同，虽然已经30多岁了，但性格仍然很急躁，政治水平欠佳，远不及他的父亲成熟、稳重。当年汉文帝虽然极其欣赏晁错的才能与个性，但并不听从他的削藩建议。汉景帝、晁错君臣二人的性格、行为处事都很相似，他们共同导演了一场削藩的政治大戏，只是一君一臣，身份有别，因此他们在这场大戏中的结局很不相同。

2. 晁错的悲剧与吴楚的败亡

遭受了一系列的处罚后，诸侯王们感到非常恐惧，他们极为痛恨晁错。削减吴国会稽、豫章郡的命令下达后，吴王刘濞终于起兵造反，随即胶西、胶东、菑川、济南、楚、赵等六国均诛杀了朝廷派来的官吏，起兵向长安进发，赵王刘遂还暗中勾结了匈奴一道进攻。吴王刘濞动员了全国的士兵，并下令："我今年62岁，作为统帅，小儿子14岁，也身先士卒。全国所有在这个年龄段之间的，都要去当兵打仗。"吴国总共动员了20余万人，并且派遣使者去联络闽越、东越。最终，东越联合吴国起兵。

公元前154年正月，吴王刘濞向天下诸侯发布文告，宣称："朝廷之中有贼臣，虽无功于天下，却侵夺诸侯之地，还审问、侮辱诸侯王，不以礼对待刘氏骨肉。皇帝弃先帝的功臣不用，却任命奸臣小人，祸害天下，威胁汉朝社稷，可见多病丧志，昏头昏脑。现在我要举兵，诛灭奸贼。"吴国军队随即从国都广陵（今江苏省扬州市）出发，向西渡过了淮河，与楚国的军队会合，共同进攻梁国。吴楚联军士气高涨，攻占梁国的棘壁（今河南省永城县附近），消灭梁军数万人，乘胜前进，又击败了梁王刘武派遣来的两支军队，攻进了梁国的都城睢阳。

汉景帝得知吴楚七国反叛的消息，想起了父亲临终前的嘱咐，立即任命周亚夫为太尉，率领36位将军抗击吴楚联军，并派遣曲周侯郦寄抗击赵国军队，将军栾布抗击齐国（原齐国一分为七，此处代指由原齐国分封的造反诸国）军队；任命窦婴为大将军，屯驻荥阳监视齐国、赵国军队。

晁错与前吴国丞相袁盎关系极坏，两人见面就起身回避，从来不说话。晁错当上御史大夫后，以曾接受吴王刘濞财物为由，要将袁盎治罪，但汉景帝将袁盎赦免，只是将他贬为平民。七国造反后，晁错认为机会来了，想趁机以串通吴王谋反的罪名置袁盎于死地，袁盎获悉后，连夜求见老朋友窦婴，说他要求面见汉景帝，说明吴国造反的原因。袁盎被召见时，汉景帝正与晁错在谋划调度军粮之事。汉景帝问："现在吴、楚造反了，你觉得应该怎么办？"袁盎回答："不值得忧虑！"汉景帝感到惊讶，他认为吴王财力雄厚，招揽了天下豪杰，养精蓄锐几十年，年老了才造反，筹划一定很完备，怎么能说不值得忧虑呢？袁盎说："吴国确实有铜盐之利，财力雄厚，但是却没有天下豪杰，那些人只不过是亡命徒和铸钱的奸商而已。"这时连一旁的晁错也认为袁盎的意见很好。汉景帝又问袁盎平定叛乱的计策，袁盎要求左右随从回避，汉景帝照办，只有晁错还在。袁盎说他所说的话，人臣都不应该知道，汉景帝这才让晁错回避。袁盎告诉汉景帝："吴国、楚国的布告中说得很清楚，当年是高皇帝分封子弟为王，现在贼臣晁错擅自迫害诸侯，削夺封地，所以他们才造反，只要诛杀晁错、恢复故地，他们就会罢兵。既然如此，现在只有杀了晁错，赦免除吴、楚七国，恢复他们的故地，就可以兵不血刃地平息叛乱。"汉景帝沉默了很久才说："如果真的是这样，我是不吝惜为了天下安定而杀一个人的。"

过了十多天，遵照汉景帝的授意，丞相陶青等人弹劾晁错，说他企图离间皇帝与群臣、百姓间的关系，并要将城邑赠送给吴国，不遵守臣子的礼节，大逆不道，因此要求将晁错腰斩，且将他的全家不分老幼全部处斩。汉景帝批准了这一实际由自己谋划的建议，命人欺骗晁错，用车将他载到东市，身着朝服腰斩。

晁错之死是一个悲剧，他的所有罪名都纯属捏造。汉景帝听从了晁错的建议，冒失削藩，激起了诸侯王的叛乱，责任在于汉景帝自己，而不在于晁错。建议者不应该负责，决策者才需要负责，因为建议不好完全可以不采纳；反过来，既然采纳了建议，责任就应该由决策者承担。只有这样才能鼓励建议者积极进言，才能让决策者在不同的建议中分析、比较、做出最佳的选择。当年汉文帝回答晁错的上书时，对这一点说得非常明白、透彻。

汉景帝与晁错相识多年，且对晁错言听计从，十分宠信，却在面临七国叛乱、自己皇位可能不保时，就惊慌失措，原形毕露，立即将晁错处以腰斩，而且还处死了他的全家老小，以这种远超反叛者期望的行为来博得他们的欢心。这充分暴露了汉景帝极端自私、凶残、懦弱、推卸责任的一面，他用弱者的鲜血掩饰自己决策的失误，博取强者的欢心。对于汉景帝来说，晁错实际上只是一个随时可以被牺牲掉的小角色，一个甚至连宠物也不如的工具，时至今日，他的所作所为，仍让读史者心寒。如果作为普通人，汉景帝不会有机会如此淋漓尽致地表现人性的丑恶：如果有钱，他最多是一个平常的富二代；如果有权，他最多是一个公子哥或枉法的官员；如果没钱、没权，他就是一个普通的工薪族，最多性格不讨人喜欢，很可能还混得很不如意。这些也恰好说明，一个人在掌握了不受制约的权力后，会变得多么危险、可怕，而历史上的那些暴君、昏君如果没有皇帝的身份，可能也就是我们当中普通的一员。权力会放大人性的缺陷，因此掌握权力却能克服这些缺陷的人是非常了不起的。

此外，晁错本人也有一小部分的责任，主要是因为他的性格不随和，严厉刚直，做事不留余地，眼中只有皇帝而无其他人，与同事的关系极为恶劣。刚正不阿的丞相申屠嘉对他就极为厌恶，甚至想找个借口杀掉他，后来被他气得吐血而亡。晁错认为平叛的百万大军由臣下率领很危险，建议汉景帝御驾亲征，而自己留守长安，这是让汉景帝身居险地，莫说汉景帝听了未必高兴，朝中大臣，包括平叛前线总指挥周亚夫及其他将领听到了会开心吗？与袁盎关系不好也就罢了，但晁错却想利用七国之乱，罗织罪名杀掉袁盎，结果激起对方反弹，自己和全家反遭杀害。从这个意义上讲，晁错是咎由自取，因而众人也乐得他落得如此下场，没人替他抱不平，这也是汉文帝当年并不重用晁错的原因所在。晁错属于谋士、智囊一类，并不是能参与决策和承担实际事务的政治家，汉景帝却将他火箭一样地提拔为最高等级官员——三公之一的御史大夫，将力不足者提拔到一个重要岗位，下则沐猴而冠，徒惹人发笑；上则对个人、对国家都是一个悲剧，事实证明果不其然。

汉景帝过分倚重晁错，冒失削藩，却在诸侯叛乱后惊慌失措，推诿过失，杀了晁错，与其父汉文帝宽厚仁慈、从容镇定、谨慎小心、勇于负责、谋定而后动比起来，他在人品、才具、胸怀上真是差得一天一地；甚至和明初、清初同样削藩的建文帝、康熙帝比较，人品与胸怀也是远远不如。不怕不识货，就怕货比货，这是评价一个人物颠扑不破的真理。一比较，一个人物的优劣长短就会暴露无遗。前面说过，汉景帝和晁错气味相投，性格相似，他们是一对空想家，缺乏有效的规划和实际的执行力。既然要削藩，既然有意想逼反诸侯王，当然要想到各种可能的后果，其中最大也是最坏的可能性就是诸侯王造反，因此一定要预先采取防范措施，而不应该惊慌失措。汉景帝居然妄想通过杀了晁错，恢复诸侯故地而让诸侯罢兵，早知如此，何必当初？

这件事同样提醒我们，做事情，眼里不能只有上级，还要有同事、下属，否则当你被上级当成替罪羊抛弃时（这是经常发生的事），众人只会冷眼旁观，甚至落井下石。才华横溢的人经常会有和晁错一样的毛病，眼高于顶，瞧不起人，与他人处理不好关系，做事不留余地，经常伤人自尊，威胁别人的地位。如果有一个宽容的上司罩着还好说，但在更普遍的情况下，上司是类似汉景帝这样的人，功则归己，过则诿人，习惯牺牲下属来保全自己。后人读史，其实就是在读现实。岂能不慎哉？

此时吴楚联军屯兵于睢阳城下，梁王刘武死守，双方僵持不下。太尉周亚夫乘坐最快的"六乘传"（六匹马拉的传车）迅速到达荥阳，集合军队，又去洛阳见到了大侠剧孟，高兴地说："七国造反，我都没想到自己能坐传车安全到洛阳，并且以为剧孟已经投靠了叛军。我现在占据了荥阳，不必再担心荥阳以东地区了。"周亚夫到了淮阳，向他父亲周勃的老部下邓都尉问计，邓都尉建议说："吴楚二国士兵锋头正劲，难与争锋，但楚国兵轻慢浮躁，必不能持久。现在将军不如引兵向东北，坚守昌邑（今山东省昌邑市），用梁国对付吴国，吴国必定以全部精锐攻打梁国。将军应当坚守深沟高垒，派遣轻装部队断绝淮河、泗水交汇处，从而阻塞吴军的粮道。吴军、梁军因为相持已久，军队疲弊，再加上粮草耗尽，如果动用我们强盛锐气的军队攻打吴国疲弊已极的军队，肯定会胜利。"周亚夫接受了这条建议，按计行事，在昌邑南边坚守，派轻装部队断绝了吴军的粮道。

面对汉军的妙计，吴军却昏招迭出，自己的实力毕竟不及朝廷，造反兵贵神速，应该出其不意，而不能按部就班。在朝廷做出完全的反应、动员之前，就要攻占长安或至少控制要害之地，而不能屯兵于坚城之下。早在起兵之初，就有人向吴王刘濞建议，应该出奇兵顺长江、淮河而上，攻克武关（今陕西省丹凤县附近），与吴军主力会师，再攻打关中，但刘濞害怕这支奇兵会背叛自己，因此不敢采用这条妙计。另一位部下建议，吴军大多是步兵，而朝廷军队有很多的骑兵、战车兵，步兵适宜在险要之地作战，战车骑兵适宜在平地作战。因此吴军应该绕开途经的城池，不必围攻，迅速西进，占领洛阳的兵器库以及囤积大量粮食的敖仓，再依靠险要地形号令诸侯。这样即使不能入关攻克长安，起码也可以稳定大局，中分天下。如果吴军行动缓慢，停下来攻打城池，等到朝廷的战车兵、骑兵一到，在平原上展开冲击，吴军就会失败。但是这条妙计仍未被吴王刘濞采用。应该说这两条计策都是非常高明的，扬长避短，出敌不意，可惜也许刘濞年老，喜欢按部就班，不敢采用这些妙计，这就注定了他的失败命运。

吴军在击败梁军后继续进军，围攻梁国的国都睢阳，梁王刘武多次派遣使者要求周亚夫援救，但周亚夫全都置之不理；刘武派人去汉景帝面前告状，汉景帝命令周亚夫救援梁国，但周亚夫仍旧不理。幸有梁国的将军韩安国和张羽率领梁军多次击败吴军。此时吴军的处境极为尴尬，想挥兵西进，但因为还没攻下梁国，担心腹背受敌，不敢向西，于是只好转向周亚夫军挑战。汉、吴两军在下邑(今安徽省砀山县附近)相遇，但周亚夫却避而不战，坐等吴军缺粮崩溃。由于粮道已被断绝，吴军心急，多次挑战，趁夜在汉军的军营东南鼓噪，但周亚夫却命军队防备西北，果然吴军实际的攻击方向是西北，结果遇上汉军伏兵，大败溃散，很多士兵都饿死了。吴王刘濞及其麾下的数千壮士趁夜逃跑，渡过长江前往丹徒，企图寻求东越的庇护，结果东越迫于汉朝的压力，杀了刘濞并将他的头颅送给了朝廷。吴军彻底崩溃，士兵大多投降，楚王刘戊也兵败自杀。梁国在平定七国之乱中发挥了极其重要的作用，不仅牵制了吴楚联军的主力，使他们不敢向西进军，还消灭了其中的大半。汉军东进，消灭了正在内战、无暇西顾的诸齐国叛军，造反的诸侯王们纷纷自杀。郦寄率军北上，围攻赵国邯郸长达十个月，赵王刘遂最终自杀。至此，吴楚七国之乱全部平定，汉朝度过了建国50年来最大的一次危机。

汉朝之所以如此顺利地平定了吴楚七国之乱，根本原因在于汉文帝时期预先做好的战略布置：分封皇子刘武为梁王，使强大的梁国能够扼制了吴、楚这两个对朝廷威胁最大的国家，消耗了叛军的有生力量；将原来最强大的诸侯国齐国一分为七，不但消除了吴、楚、齐这三个强大诸侯国联手动摇天下的可能，同时引发了诸齐国的内战；汉文帝独具慧眼，提拔周亚夫作为未来国家动乱时的统帅，事实证明周亚夫是一位杰出的军事统帅，有个性，敢担当，敢于坚持"将在外，君命有所不受"的原则，坚持自己的战略方针，他高超的指挥颇有奇效，不战而屈人之兵。可以说，汉景帝在平定吴楚七国之乱中做的最正确的一件事，就是听取了父亲的临终遗言，任命周亚夫为汉军统帅。

平定七国之乱从根本上解除汉初诸侯坐大对中央政府的威胁，为了进一步巩固这一成果，形成制度上的保障，汉景帝遵循汉文帝时的诸侯王死而地分的政策，在其弟梁王刘武死后，将强大的梁国一分为五，分给刘武的五个儿子，杜绝了梁国成为未来吴、楚的可能性；并将诸侯国的内政大权归于朝廷直接任命的内使，取消了诸侯王管理封国及任命官吏的权力，仅许其收取租税。此时的王国与普通的汉郡实质上已没有太大的差别。

第二节｜盛世的奠基：文景之治

1. 道莫大于无为：黄老之术

经过汉文帝20余年的仁政，百姓没有了内、外徭役的负担，得以在田亩间休息；天下富饶殷实，每斗粟仅值十余文钱；处处鸡犬相闻，人家烟火连绵万里，可以称得上是和谐的盛世。司马迁感叹，那时天下刚从战乱中解脱出来，人民安居乐业，汉文帝的政策顺应了民众的需求，不多加扰乱，所以百姓才能平安地享受生活。汉文帝给他的儿子汉景帝留下的是一个经济繁荣，百姓安居乐业的太平盛世。

公元前155年，刚即位几个月的汉景帝下令将原来的田赋标准十五税一减免一半，定为三十税一，此后成为汉朝的定制。平定吴楚七国之乱后，汉景帝"复置津关，用传出入"[1]，即恢复了之前被汉文帝废除的关传制度，全国各地交通要道的收税关卡重新设立，与汉文帝制定的宽松经济政策相比，这意味着倒退，会妨碍国内商品的自由流通。

---

1 《史记》卷11《孝景本纪》。

此外，汉景帝还规定"天下男子年二十始傅"[1]，将男子服役的年龄由之前的17岁增长到了20岁，减轻了民众的负担。

虽然在各方面都远远不及他的父亲，并且在经济政策方面有所倒退，但汉景帝至少还能听从父亲的临终遗言，重用了周亚夫，顺利平定吴楚七国之乱，又重用了汉文帝推荐的忠厚长者卫绾，让他做了太子太傅，认真教育太子，也就是日后的汉武帝。汉景帝一即位就颁发诏书，高度评价了他的父亲："孝文皇帝君临天下，废除税关，打通津梁，使远近亲如一家；废除诽谤之罪和肉刑，赏赐老年人，抚恤孤儿，以利天下众生；克制个人欲望，不接受献礼；不株坐罪人的家属，不杀无罪的人，不以自己的利益为重；废除宫刑，放出后宫美人，让她们重新开始生活。我虽然没什么智慧，不能充分了解孝文皇帝的德行仁政，但知道这些都是以前的人所不能企及的，而孝文皇帝却亲自实行。孝文皇帝的德行厚比天地，恩泽施于四海，所有人都从中获得福利。"汉景帝对他父亲的德行认识还是比较全面的，这道诏书虽然谈不上深刻，但是他全面继承父亲国策的宣言。汉景帝也延续了与匈奴和亲的政策，极力避免与匈奴交战。

汉初一直实行"黄老之治"，即将黄帝、老子的道家

---

1 《汉书》卷6《景帝纪》。

学说作为治国的理念。汉高帝刘邦手下有个重要的谋士楚国人陆贾，他经常劝汉高帝读书，汉高帝骂他："你老子是在马上得天下的，读书有何用？"陆贾反驳他："你能在马上得天下，难道可以在马上治天下吗？秦朝沿用法家的那套学说，不做改变，结果自取灭亡。如果秦朝统一天下后，效法先圣，施行仁政，你还能取得天下吗？"这一通话说得汉高帝既生气又惭愧，立即要求陆贾为他写一部总结秦朝灭亡、汉朝成功以及历史上政权成败原因的书给他看。这部书总共12篇，每上奏一篇，汉高帝都称赞写得好。这部书就是《新语》，它宣扬"道莫大于无为，行莫大于谨敬"的道家思想，要求统治者无为而治，行为要谨慎敬畏，克制自己的欲望，节俭治国，奉行小政府、大社会的原则，政府轻徭薄赋，不要折腾民众，不要发动战争，不要大兴土木。这种治国理念不仅为汉高帝本人欣赏、采纳，也被他执政团队中最重要的成员，包括丞相萧何、曹参、张良、陈平等人所信奉。汉朝开国功臣中排名第二、担任汉惠帝时丞相的曹参甚至是黄老学派一脉相承的"学科带头人"，谨守前任相国萧何的执政理念，不变更，不折腾，与民休息，以恢复经济为主。曹参曾任齐国的丞相，采用了盖公的建议："治道贵清静而民自定"[1]。在齐国九年，齐国安

---

1 《史记》卷54《曹相国世家》。

定繁荣，曹参被称为贤相。听闻相国萧何去世后，按照汉高帝的遗嘱，曹参立即收拾行装回长安接班。当年曹参与萧何很要好，为将相时反而有了矛盾，但萧何临死前，仍旧极力推荐曹参接班。曹参成为相国后，也没有辜负萧何的期待，举事无所变更，全部遵照萧何生前的规矩。曹参喜欢任命拙朴木讷的人做地方官，不喜欢执法严厉、爱好名声的人。他日夜饮醇酒，看到前来参见的公卿大臣和宾客，也只是劝酒，不让他们讲话。汉惠帝对曹参整日饮酒、无所事事很不满，以为他瞧不起年少的自己，于是责问他。曹参取下帽子，向汉惠帝谢罪，他问："陛下自察圣武孰与高帝？"汉惠帝回答："朕乃安敢望先帝乎！"曹参又问："陛下观臣能孰与萧何贤？"汉惠帝回答："君似不及也。"曹参说："陛下言之是也。且高帝与萧何定天下，法令既明，今陛下垂拱，参等守职，遵而勿失，不亦可乎？"汉惠帝说："善。君休矣！"[1]这就是著名的成语故事：萧规曹随。

无为而治的道家思想成为的汉初治国理念有其现实的社会背景，汉初最高执政集团的成员都亲身经历过先秦诸侯争战、秦始皇帝十年统一战争、秦朝十几年的暴政、反秦三年战争、楚汉五年战争以及汉初平定异姓诸侯的内战，天下疲惫、困苦已极，作为一系列战争的幸存者，他们都

---

1 《史记》卷54《曹相国世家》。

认为，首先要恢复经济生产，让民众有喘息的机会，否则一味压榨，不仅捞不到什么油水，反而会逼得民众走投无路，再次造反，重蹈秦朝身死族灭国亡的惨剧，这是理性的执政团队绝对不愿意看到的。

汉文帝也是黄老学说的信徒，他在位23年，一直忠实地遵循这一治国理念，而且将其发挥到了极致。汉景帝虽才能平平，但全面继承了汉文帝的治国思想。他在位期间，黄老学说几乎成了官方的国策，这与他的母亲窦太后息息相关。

窦太后是清河郡人（今河北省清河县附近），出身寒微，父母早亡，与一兄一弟相依为命，直至被选入宫廷做了宫女。吕后选宫女赏赐给诸侯王，窦太后原本想要去往离家乡较近的赵王宫廷，但被阴差阳错地派遣到了代国。到了代国之后，她深得代王刘恒的宠爱，生下了女儿刘嫖，儿子汉景帝刘启和梁王刘武。刘恒即皇帝位后，窦太后被立为皇后，儿子刘启为皇太子，刘启即位后，她就成为了皇太后，史称窦太后。

双目失明的窦太后是一位有着坚定政治理念的人，她信仰老子的道家学说，且为人强势，她命令儿子汉景帝及窦氏家族的人都必须学习道家学说，甚至几乎将道家学说尊崇为官方意识形态，导致其他学派的博士都得不到提拔。她尤其不喜欢儒家学说及其信徒。窦太后的政治理念可能是受到了丈夫汉文帝的影响，因为她在遇到汉文帝之前不可能受过良好的教育，更没有机会形成自己的政治理念。终汉景帝之世，窦太后一直拥有极大的影响力，甚至可以说，她掌握着汉朝的最高权力，这就不仅从思想路线，还从组织路线上确保汉文帝的执政理念得到了自始至终的贯彻。

公元前156年春，汉景帝下诏，允许土地贫瘠地区的民众向地广人稀、水草丰茂的地区自由迁徙。汉景帝也非常重视农业，重本抑末，强调节俭，重视吏治，他认为："制造那些奢侈品，会损害农业生产；编织那些锦绣罗绮，会妨碍女性从事的家庭纺织业。农业被损害就会导致饥荒，家庭纺织业被妨碍就会导致寒冷。如果饥、寒一起发生，那么天下就要动乱了。我亲自耕种籍田，皇后亲自种桑养蚕，生产出来的粮食和衣服用作宗庙的祭祀品、祭服，是想作为天下的表率。我不接受各地的贡品，减少为我准备膳食的官吏人数，减轻民众的徭役、田赋，是希望天下重视农业、蚕桑业，平时能有积蓄，用以防备灾害。强者不要欺负弱者，人多势众不要侵犯孤寡；老人能寿终，幼儿、孤儿能成长。今年农业歉收，民众的食粮很少，这个责任应该由谁来负？有的官吏运用奸诈的手段，接受贿赂，鱼肉百姓。县丞是一个县最重要的官吏，如果他们作奸犯科，侵盗百姓的利益，那就太可怕了！我命令二千石的官员恪尽职守，否则由丞相将他们的罪行上报给我处理。此诏书布告天下，使官吏、民众都清楚我的意思。"在另一道著名的诏书中，汉景帝再一次强调农业的重要性："农业是天下之本。黄金、珠玉，饥不可食，寒不可衣，当作钱币用，也不知道它们能流通到哪里。有的年份农业歉收，就意味着从事商业的人多，从事农业者少。我命令各个郡国务必劝课农桑，多种树，如此可得衣服、食物。如果官吏向民众征发黄金、珠玉，按盗窃者论处；二千石的官员对这种行为如果听之任之，按同罪论处。"

汉景帝另一件值得称道的事是减轻刑罚。汉文帝废除肉刑，用笞刑替代，很多人却因此被打死。汉景帝则下令将笞五百下减为三百，笞三百下减为二百，并且规定刑具的尺寸、执行时的规范，以防止犯人被打死，这是汉景帝的一件德政。

但总的来说，汉景帝只算得上是一个合格的守成君主，只是继续了父亲汉文帝与民休息的国策，谈不上发扬光大，在制度上也没有什么创新。他是一个承上启下的历史人物，在位期间，很多精力花在了处理继承人的问题上，这个问题深刻地改变了中国的历史。

2. 此怏怏者非少主臣也：一代名将的悲剧

汉文帝有四个成年的儿子，长子汉景帝刘启，次子刘武，三子刘参，四子刘揖。汉文帝即位后，立刘启为太子，封刘武为代王，刘参为太原王，最宠爱的刘揖为梁王。后来，梁王刘揖因坠马早死，改封淮阳王刘武为梁王。刘武与汉景帝同为窦太后所生，深受窦太后的宠爱，因此窦太后非常希望汉景帝能够将帝位传给梁王刘武。汉景帝也非常喜爱胞弟刘武，一天在宴会中，他一时高兴，告诉刘武，等我死后皇位会传给你。刘武虽然当场表示辞谢，但是内心暗喜，窦太后当然也很高兴。

过后刘武又拥有平定七国之乱的大功，以为做继承人一事已成定局，但汉景帝却食言，将自己的大儿子，栗姬所生的刘荣立为太子，史称栗太子。这必然会引起刘武的不满，导致兄弟间出现矛盾。汉景帝也许是为了弥补刘武的失落，就给了他超越常规的待遇，赐给他天子的旌旗，千乘万骑的随从，允许他像皇帝一样出跸入警。梁王入朝，汉景帝会派遣使者持符节，乘坐皇帝的副车去迎接他，并且让他常住长安。梁王进出都和汉景帝乘坐同一辆车，梁王的随从可以像皇帝手下的宦官一样自由出入宫殿。梁王有两个亲信，羊胜和公孙诡，他们谋划运作，想将刘武立为汉景帝的接班人。

机会终于来了。窦太后的女儿、长公主刘嫖想将自己的女儿嫁给太子刘荣，但是太子的母亲栗姬却痛恨刘嫖，因为汉景帝后宫的女人都是刘嫖介绍来的，因此愤而拒绝。

于是刘嫖就将女儿许配给了汉景帝的另一个儿子胶东王刘彻，并经常在汉景帝面前说栗姬的坏话，想以刘彻取代刘荣的太子之位。在这个关键的时刻，刘彻的母亲王娡暗施阴谋，指使人向景帝奏请立栗姬为后，结果激起汉景帝的反感，导致太子刘荣被废。

趁此机会，窦太后想立梁王刘武为皇储，并在酒宴上直接要求汉景帝死后将皇位传给梁王，汉景帝当面郑重答应。但是过后汉景帝又开始征询大臣们的意见，袁盎等人反对："当年宋宣公不立子而立弟，结果导致了连续五世的祸乱。小不忍，害大义，所以《春秋》强调要尊崇父传子的礼法。"于是汉景帝反悔，不再提传位梁王一事。梁王又上书要求动员梁国的人力，建造一条直通长乐宫的甬道，以方便自己可以随时朝见窦太后，但也因袁盎等人的反对未果。最后，汉景帝立了自己的儿子胶东王刘彻为太子，彻底断绝了窦太后和梁王的念头。

梁王十分痛恨反对他继位的袁盎等十几位大臣，公元前148年，他与公孙诡、羊胜共同谋划，要将他们全部刺杀。汉景帝闻讯大怒，经过调查，认定是梁王指使人所为，派遣使者"冠盖相望于道"[1]，前往梁国追捕凶手公孙诡和羊胜。公孙诡和羊胜被梁王隐匿在后宫里，迫于皇帝使者的

---

1 《史记》卷57《绛侯周勃世家》。

压力，梁国的相（汉景帝已经改诸侯国的丞相为"相"）轩丘豹及内史韩安国劝说梁王，梁王这才命令两人自杀。

窦太后因为儿子的事不愿进食，日夜哭泣不止，汉景帝也很头痛。他派遣去梁国办案的田叔在返回长安的途中，将所有的案件供词全部烧毁，空手去见汉景帝。汉景帝问："梁王有罪吗？"田叔回答："有死罪，但我劝陛下不要再追究梁王的罪行，因为窦太后会为此无法吃饭、睡觉，你作为她的儿子要怎么办呢？"汉景帝非常赞同这个意见，然后田叔等谒见窦太后，骗她说："梁王并不知情，是他的手下人羊胜、公孙诡等人做的，他们已经伏法，梁王没事了。"窦太后听后才起身吃饭，情绪也变好了。等到汉景帝怒气渐消，梁王又来朝见，他坐着一辆布车，带着两个骑马的随从，悄悄进关，藏在姐姐长公主刘嫖的花园里。朝廷派去迎接的使者在关外只发现大批随从，却不知道梁王在哪里。窦太后一听这个消息就哭着说："皇帝杀了我的儿子！"汉景帝因此担忧害怕。随后梁王突然戏剧化地出现在宫门前，趴在斧头、铁砧上谢罪，窦太后、汉景帝见状大喜，母子三人相对哭泣，但是兄弟俩的关系已经不可能像以前那样亲密无间了。过了几年，梁王刘武最终因为失去继承皇位资格，郁郁而死。窦太后痛哭不已，认为是汉景帝害死了他，汉景帝为此感到惶恐，于是将梁王的五个儿子均封为诸侯王，所有的女儿也都赐有封地，窦太后这才罢休。

家天下的最核心、最严重的问题就是继承问题，这个问题解决不好，政权会因此颠覆。兄终弟及是一种不稳定的血亲继承方式，相较于幼子，一个成年、经验丰富的继承者更有利于应对危机，因此多见于游猎原始部落，但兄终弟及有违基本人伦，父子之情远过于兄弟，因而非常不稳定，从今日的沙特易储即可窥见。早在商朝，就因兄弟轮流上位，死光了之后传给下一代而出现了长达数百年、超过政权一半寿命的"九世之乱"，可见其统治水平极为低级。春秋时商的后代宋国复古，兄终弟及，结果导致了"五世之乱"。牧野之战前，周便已经确立了严格的嫡长继承制度，因此周太王想将王位传给季历、文王父子，还需要泰伯、仲雍出走这一前提；太王死后，周人还要找泰伯回去继位，但泰伯、仲雍已经"断发文身"，无法继承。周朝确立了中国传统的父子间嫡长继承制度，顺应人伦，有利于稳定。这一制度的集大成者周公，成为儒家的元圣（创始人）以及商王族后代孔子最大的崇拜对象："吾久不梦见周公矣"，"郁郁乎文哉，吾从周"。《尚书大传》称："周公摄政，一年救乱，二年克殷，三年践奄，四年建侯卫行书，五年营成周，六年制礼作乐，七年致政成王。"事实上，周公本人已经称王，而并非摄政，他亲自率师东征，消灭商朝主力与商纣王之子武庚，商非亡于牧野，而亡于周公东征。但等周成王长大后，周公却以身作则，交还王位，尊重嫡长继承制。周朝统治长达800余年，并不是因为幸运。窦太后想让汉景帝传位于弟弟梁王刘武，是取祸之道，幸而汉景帝坚决抵制，否则刘彻也不可能成为汉武帝。

纵观整个事件，汉景帝进退失据，处理全无章法，要负很大的责任：首先，他不应该打破父死子继的传统，主动宣称要将皇位传给梁王，并向太后许诺；其次，既然答应了要将皇位传给梁王，就不应该违背诺言，激起太后和梁王的不满；第三，梁王刺杀了十几位大臣，应该依法处理，汉景帝却因担心太后而枉法纵容。汉景帝处理梁王事件，于情于理都做得很糟糕，显示出他的政治水平幼稚低下。

梁王事件与汉景帝时期的另一件重大政治事件是紧密相关的。前面提到过，汉景帝立长子刘荣为太子，但因对刘荣母亲栗姬的不满又废了太子。太子谓之国本，动摇国本是非常重大的事件，要慎之又慎，因此激起了丞相周亚夫的反对，结果导致了皇帝与丞相关系的疏远。因为在平定七国之乱时，周亚夫没有出兵救援，后来梁王刘武每次朝见，都要在窦太后面前说周亚夫的坏话。周亚夫又反对汉景帝封王皇后的哥哥王信为侯，并搬出了汉高帝当年的盟约："非刘氏不得王，非有功不得侯"，认为王信虽然是皇后的哥哥，但没有立功便封侯，违背了汉高帝的盟约，对此汉景帝也只好同意。随后匈奴的几个首领投降汉朝，汉景帝想封他们为侯，周亚夫又一次反对，认为他们是匈奴的叛徒，封他们为侯是鼓励臣下不守节操，背叛君主。汉景帝这次再也忍不住了，直接当面驳回了周亚夫的意见，坚持要封这些投降的匈奴人为侯，周亚夫因此称病辞职。

几年后，汉景帝在宫中与周亚夫一起吃饭，却只给他摆放了一大块肉，既没有切开，也没有筷子。周亚夫心里不高兴，回头叫侍者拿双筷子，态度欠佳。汉景帝见状笑说："你还对待遇不满意吗？"于是周亚夫脱下帽子谢罪，汉景帝叫他起来，随即周亚夫离席而去。汉景帝目送他的背影说："此怏怏（不满、怨恨）者非少主臣也。"[1]过了不久，周亚夫的儿子买了皇家工厂制造的500副盔甲和盾牌，想要用做父亲死后的陪葬品。搬运的工人很辛苦，又被克扣了工钱，因为知道这是违法购买的皇家用品，于是怨恨之下前去告状，因而连累了周亚夫。汉景帝命人去责问周亚夫，周亚夫却根本不理会。汉景帝一听大怒道："我不会再任用你了！"命令廷尉逮捕周亚夫。周亚夫原想自杀，但被夫人劝阻，随即入狱。当周亚夫被指责要造反时，他反驳道："臣所买器，乃葬器也，何谓反邪？"狱吏说："君侯纵不反地上，即欲反地下耳。"[2]狱吏的审问越发严厉，周亚夫明白了皇帝必要置自己于死地的决心，绝食五天，吐血

1 《史记》卷57《绛侯周勃世家》。
2 同上。

而死。

周亚夫出身名门，是开国功臣、丞相周勃的儿子，虽然性格刚烈、桀骜不驯，但却因其过人的才华深得汉文帝的赏识与重用。随后他又担任最高的武官太尉，平定了吴楚七国之乱，父子俩都为巩固汉室江山立下了大功，也同为列侯。周亚夫后来也被任命为丞相，位极人臣，深受汉景帝倚重。周勃、周亚夫父子是汉朝开国功臣集团的杰出代表人物。以周亚夫的个性与经历，他肯定瞧不起仅因姻亲关系而封侯的外戚，也看不得仅因投降而封侯的匈奴人。他耻于与其为伍，耻于与其同列侯爵，极力反对，却因此触犯了皇帝的权威；再加上之前在平定七国之乱时，他就曾抗拒汉景帝的命令，拒不救援梁国，从而得罪了梁王。得罪梁王，也就意味着得罪了窦太后；反对汉景帝废除太子刘荣、立胶东王刘彻，这不仅得罪了汉景帝，也得罪了刘彻的母亲王皇后。周亚夫功高震主，汉景帝担心少年太子即位后无法掌控他、驾驭他，因此对他而言，被清洗是迟早的事，买盔甲、盾牌只不过是一个借口。

在人生最艰难的时候，周亚夫仍然不改其刚烈、高傲的本性，蔑视汉景帝的权威，宁折不弯，捍卫了自己的尊严。他看清了汉景帝的本意，因此拒不回答问题，更拒不认罪求情，而是选择了壮烈一死来做最后的抗议。汉景帝又一次淋漓尽致地展现了极端自私、刻薄寡恩的冷血本性。

周亚夫这样才华横溢、个性张扬的人能被汉文帝激赏且重用，却无法见容于心胸狭隘的汉景帝。

汉景帝的刻薄寡恩、心胸狭隘、纵情枉法是一以贯之的。他即位不久，为了报复当年在司马门因违反规定被扣留一事，便将刚正不阿的廷尉张释之贬为淮南国相，使张释之最后恐惧、抑郁而死。汉文帝的宠臣邓通因以前无意得罪过时为太子的汉景帝，汉景帝即位后，就被没收全部家产，贫困而死。晁错任内史（首都的长官）时，为了自己进出的方便，曾擅自凿开太上皇庙的外墙，丞相申屠嘉一向痛恨晁错的骄横跋扈，因此上奏汉景帝要求按律诛杀，却被汉景帝枉法包庇。刚直的丞相申屠嘉为此罢朝抗议，吐血而死。晁错由此更加骄矜，但同时也更被朝臣们所痛恨。而仅仅七年后，汉景帝的儿子，废太子、临江王刘荣却仅因占用了祖庙墙外的空地，就被下狱，被迫自杀。由此可见，汉景帝执法全凭个人喜爱，没有客观标准，与其父汉文帝相比，真是天差地别。当然，汉景帝的所作所为主要是为了确保自己的少年皇太子安全、稳定继位，保住刘姓江山，因此他运用"有罪推定"的原则，清除一切潜在的威胁力量，不管这些力量来自于自己的母亲、皇后、兄弟、儿子，还是功臣，在临终前，他为年仅15岁的皇太子提前加冠礼，表示太子已经成人，从而杜绝未来太后执掌朝政，成为吕后第二的可能性。

3. 太仓之粟陈陈相因：空前繁荣的经济

"文景之治"虽然将汉文帝、汉景帝两人并列，但事实上汉景帝只是汉文帝勉强合格的继承人。

汉景帝在位16年，只是守成，在政治、经济、军事各方面基本上全盘继承了汉文帝的政策，在母亲窦太后的约束下，继续信守清静无为的黄老之术，各方面都鲜有建树与创新。但无论如何，不作为的汉景帝，总好过能力高超却人格低下，在位期间喜欢瞎折腾，倒行逆施，祸害民众的皇帝。他起码还能延续汉文帝的政策，并且平定了七国之乱，实质性地清除了同姓诸侯国的威胁。最重要的是，废太子、周亚夫被迫害致死，付出了如此高昂的代价，终于换了一位杰出的继承人，这是他最大的贡献。

公元前141年，汉景帝驾崩，一个时代结束了。目睹当时情况的司马迁总结得很精辟：

汉文帝、汉景帝的时代，政策清净恭俭，安养天下的百姓。到汉武帝即位的头几年，汉朝已经建立了70余年，国家没有大的战乱，如果没有水旱灾害，民众就丰衣足食。地方的仓库里都堆满了粮食和物资；首都长安仓库里的钱数以亿万计，穿钱的绳子都朽烂了，钱币洒落以至没法计数；"太仓之粟陈陈相因，充溢露积于外，至腐败不可食"[1]；大街小巷、田野阡陌都是成群的马匹，如果骑一匹母马去聚会，都会遭到嫌弃，不被接待。普通人家都能吃肉，天下太平无事，小吏们不常调任，任期很长，因此官员以官号为自己的姓氏。生活水平高，因此人人自爱而不敢犯法，崇尚做好事而不敢做坏事。法网宽疏，民众富裕，有人开始炫耀自己财富，开始兼并财产，暴发户、土豪们则在地方上横行。达官显贵更是生活奢侈，互相攀比，房屋、服装都肆无忌惮地超过了自己应有的等级。

经济发展的一个重要标志就是人口的增长。从司马迁对功臣所封侯国户口增长的记录可见一斑。汉朝建立，有100多位功臣受封，当时天下人口稀少，大的侯国不过万户，小的只有五六百户。过了几代后，经济恢复，人口增加，有些大侯国的人口达到了四万户，小的侯国也增加了一倍。根据葛剑雄的研究，汉朝初年人口最多不超过1 800万，而到了汉武帝初年已经增长到了3 600万，翻了一番[2]，这与《史记》对侯国人口增长的记载相一致。

这是一个各级政府与民众共同富裕的时代，民众的富裕是政府富裕的前提和基础，因为当时农业税的税率并不高，仅为十五税一，后又降为三十税一，甚至一度完全废

1　《史记》卷30《平准书》。
2　葛剑雄：《中国人口史（第一卷）》，上海：复旦大学出版社，2002：375—384.

除，政府的收入主要来自于工商业和人头税。西汉末年，全国人均占有原粮993市斤，折合成品粮597市斤[1]，与之相比，2007年的中国人均粮食（原粮）占有量也不过381公斤[2]。汉平帝时的全国人口已经超过了6 000万人，是整个西汉时期人口的顶峰，直到一千多年后的宋朝才被超过，而文景时期的人口约在2 000万至3 600万人之间，即使考虑当时的耕地总面积、粮食总产量，人均粮食占有量仍然会超过西汉末年；由于人口少，土地面积广大，更适合发展畜牧业，因此肉类供给也相对丰富，普通人家也可以吃肉；粮食、肉类供应丰富，食品价格也相应较低，当时每斗粟仅值十余文钱；政府一直奉行轻徭薄赋的政策，民众负担小；同样由于人口较少，各项资源的人均占有量较高，这些综合性的因素有利于支撑较高的生活水准和政府收入。作为当事人，司马迁描写的生活水平是真实可靠的，并无夸张，再加上当时除了匈奴在北方边境的局部入侵，以及七国之乱的短暂的局部内战，天下几十年里没有战乱，因此文景时期是中国历史上罕见的国泰民安、民富国强的太平盛世时代，史称"文景之治"。

根据史料记载，800年后的唐朝贞观年间，"官吏多自

1　吴慧：《中国历代粮食亩产研究》，北京：农业出版社，1985：127、222.

2　国家统计局：《改革开放30年报告之八：农业与农村经济三十年辉煌成就》，国家统计局网站。

清谨，制驭王公、妃主之家。大姓豪猾之伍，皆畏威屏迹，无敢侵欺细人。商旅野次，无复盗贼，囹圄常空，马牛布野，外户不闭。又频致丰稔，米斗三四钱，行旅自京师至于岭表，自山东至于沧海，皆不粮，取给于路。"[1]当时吏治清明，强权集团的势力受到压制，阶级矛盾缓和，经济繁荣，治安良好，一副太平盛世的景象。但唐朝盛世的极盛期还要再过几十年才会到来，即唐玄宗李隆基的开元年间。

---

1 《贞观政要》卷1。

第四章

全面扩张：千古一帝的雄心

年轻的汉武帝通过独尊儒术，确立了大一统帝国的官方意识形态。他在雄厚国力的支持下，发动了一系列对匈奴的反击战，解除了匈奴的威胁；同时全面对外扩张，恢复且超越了秦朝的版图，建立了统一的国家认同。直到两千多年后的现代，中国人仍然在享用他的遗产，仍然一直自称"汉家"、"汉人"、"汉族"。

第一节 | 罢黜百家，独尊儒术：祖孙的权力斗争

1. 少年皇帝的雄心与挫败

汉景帝去世后，年仅15岁的太子刘彻继位，即为汉世宗孝武皇帝，史称汉武帝。刘彻原名刘彘，是汉景帝的第九个儿子，母亲王娡出身平民，离婚后入宫为汉景帝的姜（称为夫人）。栗太子刘荣被废后，王娡成为皇后，刘彘被立为皇太子，改名刘彻。汉景帝任命汉文帝临终前推荐的忠厚长者卫绾为太子太傅，承担教育太子的重任，后来卫绾又被提拔为御史大夫、丞相。

汉高帝暴力地解决了异姓诸侯王的问题，汉文帝和平地解决了开国功臣集团的问题，汉景帝暴力地解决了同姓诸侯王的问题，他们祖孙三代各自完成了自己的历史使命。经过近70年的努力，此时国内再也没有任何一股政治势力能威胁皇权。刚刚即位的少年皇帝皇权独大，雄心勃勃，又继承了祖父、父亲留下来的雄厚家业，那么他面临的历史使命又是什么呢？

一个政权最危险的就是前30年，30年为一世、一代人，因为那时绝大多数的成年人还是前政权的遗民，对新政权的认同感极弱，甚至反抗心很强，最典型的就是秦、隋两朝，都是其兴也勃，其亡也速，统一以后都没能维持30年，根本原因就在于此，关东六国的王族、贵族包括平民，不可能认同暴力统一的秦。因此在建政开国后的前30年，甚至60年，清静无为，休养生息是最佳的国策。从汉朝开国至此，已有60多年，30年为一世、一代人，此时已经过了两代人的时间，前朝的遗老遗少退出人生舞台，所有国民沐新朝的恩德成长，认同感强，人口、经济也恢复到了前朝的最高水平，体制的红利还未耗尽，此时正逢雄心勃勃、志向高远的少年天子即位。

经过60多年的休养生息，汉朝的经济、人口、国力都已经有了可观的增长，与暴秦有了鲜明的对比，广大国民也感念轻徭薄赋的仁政，对汉朝政权有了感情上的认同，内部诸侯国的威胁基本消除，政权空前稳定，因此汉武帝再不能容忍匈奴的欺凌，他要反击匈奴，一雪前耻，这就必须要集中全国的力量——不仅是物质力量，还有精神和国家意识的高度认同，因此他迫切需要一种完与清静无为的黄老之术完全不同的意识形态去凝聚人心。甫一即位，汉武帝就想改弦更张，他的两位师傅卫绾、王臧都是儒家学说的信徒，汉武帝也深受他们影响。先秦两汉的儒者信奉"天行健，君子以自强不息"，提倡刚健有为、大一统的中央集权，正好符合这位少年天子的禀性与志向，他不能再忍受黄老之术清静无为，尽量不折腾，建设和谐社会的统治方式。这就是司马迁在《平准书》中总结文景时代时所说的："物盛而衰，固其变也。"

即位的第二年，即建元元年（公元前140年），年仅16岁的汉武帝下诏，命令丞相、御史、列侯、中二千石、二千石、诸侯的相举荐贤良方正、直言极谏的人才。丞相卫绾上奏："所推举的贤良，有人学习申不害、商鞅、韩非的法家，苏秦、张仪的纵横家学说，他们会祸乱国政，请予全部罢免。"汉武帝批准了这一建议，取消了被举荐的人才中法家、纵横家等学派人物的资格，而儒家的董仲舒脱颖而出，深得汉武帝的赏识[1]。董仲舒在他的"天人三策"中提出："《春秋》提倡大一统，这是天地的基本规律，适用于古今。现在的理论杂乱无章，皇帝没有办法统一意见，法律制度经常变化，下面的人也不知道如何遵守。我认为那些不属于六艺和孔子学派的人，不应该被举荐。这样那些异端邪说就会消失，然后天下纲纪可以统一，法规制度也就明确了，民众就知道如何服从。"

虽然这件事因被后世解读为"罢黜百家，独尊儒术"

---

[1] 学术界对董仲舒的对策时间一直有争议，有建元元年（公元前140年）说，元光元年（公元前134年）说。本书此采用班固、司马光的建元元年说。

而闻名于世，但与流行说法不一致的是，汉武帝此时并未罢黜百家，独尊儒术，而只是听从了丞相卫绾的建议，关闭了法家、纵横家当官的渠道。因为百家中还包括黄老之术，这是汉武帝的祖母，太皇太后窦氏（以下称为太皇窦太后）尊崇、信奉的学说，汉武帝此时还没有胆量敢于罢黜。但即便如此，太皇窦太后仍然注意到了年轻孙子一系列不寻常的举动。

几个月后，丞相卫绾被免职，魏其侯窦婴接任丞相，皇太后王娡异父同母的弟弟、武安侯田蚡为太尉，赵绾为御史大夫，王臧为郎中令，他们四人均信奉儒家学说，这样汉武帝执政团队核心圈的最关键岗位全部为儒者，其目的已经一目了然。赵绾建议设立明堂，用做皇帝接见诸侯的正式场所，又推荐了他的儒家老师申公。汉武帝派遣使节将申公隆重接到长安，征询天下治乱的道理，已经80多岁的申公回答道："治理天下的人，不看他说了什么，而要看实际做了什么。"这时候的汉武帝还是个文学青年，听到这话只好沉默不语，任命申公为太中大夫，住在鲁国驻京的官邸中，并与他一起讨论设立明堂、皇帝巡狩、改换历法和服装颜色的事。

信奉黄老学说的太皇窦太后不喜欢儒家，汉景帝在位时，她曾召儒生辕固，询问他对《老子》的看法，辕固回答："这就是一般人的说法罢了。"当时的窦太后大怒，反问道:"它怎么能比得上管制犯人的儒家诗书呢?"随即命令辕固到野兽圈刺杀野猪。汉景帝知道太后发怒,而辕固只是直言,并没有错,于是给了他一把利刃。辕固身手还不错,一刀就将野猪刺死了,太后也无可奈何。

御史大夫赵绾建议汉武帝以后处理政事不要再向太皇窦太后报告,本来就痛恨儒家执政的太皇窦太后大怒:"这个人看来又要做新垣平了!"新垣平是方士,因欺骗汉文帝而被族诛。太皇窦太后派人暗中搜集了赵绾、王臧两个人不法谋利的证据,强迫汉武帝将其规划的设立明堂等事宜全部废止,赵绾、王臧也遭下狱自杀,丞相窦婴、太尉田蚡被罢免,申公也被送回了家乡。至此,汉武帝想通过尊儒达到权力一统于自己的谋划彻底失败,规划的事业全部被废,执政的核心团队不是自杀就是被免,"建元变法"彻底宣告失败。

这不仅是一场意识形态的斗争,更是一场太皇太后与皇帝祖孙之间权力的斗争,双方利益和目标的核心是太皇窦太后与汉武帝之间的权力转移。意识形态斗争和权力斗争往往互为表里,不可分割,到最后,当事双方可能也不完全清楚斗争的初衷究竟是意识形态还是权力。权力斗争需要意识形态这面旗帜来掩盖其本质,也需要意识形态这面旗帜来团结自己一方的队伍,制造舆论,号召参与者站队,从而才能更有效地打击对方;意识形态斗争也需要附着在权力斗争上，才能达到自己的目的，取得实际的权力才能有效推行自己的主张，否则只会沦为一场理论商榷和学术争论。

斗争的核心是人，是队伍，以及相应的人事安排，所以汉武帝才急于搭建自己的核心执政团队，太皇窦太后同样也需要集中打击汉武帝的核心团队，通过消灭他们的生命或罢免他们的职务来取得胜利。幸运的是，亲情的力量使得太皇窦太后没有废除孙子的皇位，否则汉武帝将永无机会一展自己的雄才大略，实现自己的宏图伟业。年轻的皇帝毕竟缺乏政治经验和人生历练，过高估计了自己的能力和权力上限，也低估了祖母的权威和决心，操之过急，欲速而不达，不过这是年轻人经常犯的错误，好在年轻人还有时间。

2. 新时代：大一统帝国的追求

汉武帝想独揽大权、变更国策的企图被祖母太皇窦太后阻止，但要向匈奴开战的决心已经下定，他派遣自己的郎卫张骞出使西域，寻求西方的潜在盟友，合击匈奴。做出这一改变中国甚至世界历史进程的决定时，他才18岁。

天子年少，精力无处发泄，时常集合一群少年侍从悄悄出宫打猎，号称自己是曹参的曾孙、姐夫平阳侯曹时，夜出夕归，几乎终日不回宫廷，行迹遍布长安郊外，曾在山中驰马追逐各类野兽，徒手与熊罴（棕熊）格斗，马匹践踏了庄稼，惹得百姓破口大骂"平阳侯"。他不想回到规矩众多的宫廷，打猎之余就去平阳侯家吃喝玩乐。汉武帝的姐姐平阳公主（又称长信公主）以姑姑长公主刘嫖为榜样，经常为弟弟物色美女，这才使得他偶遇了未来的皇后卫子夫，并因此结识、重用了一代名将卫青、霍去病，及后来著名的辅政大臣霍光，他们全是平阳（今山西省临汾市）人。

五年后，已是70岁高龄的太皇窦太后驾崩。她一生经历了秦末战乱、汉朝建立，辅佐了汉文帝、掌控了汉景帝、汉武帝，信奉黄老之术，确保了汉初清静无为、与民休息的国策在汉景帝时期和汉武帝初期得以执行，是汉代一位重要的政治家。太皇窦太后去世标志着一个旧时代的结束，汉朝的国策面临着重要转折，汉武帝的时代真正全面开始。随即，汉武帝任命舅舅田蚡为丞相，元光元年（公元前134年），田蚡"绌黄老、刑名百家之言，延文学儒者数百人"[1]。按照严格的字面意思，田蚡贬低、排斥了黄老、法家等诸家学说，黄老学说更是失去了原来的官方地位，并且延揽了几百名儒生。这才是真正的"罢黜百家，独尊儒

1 《史记》卷121《儒林列传》。

术"，实际上官方并未禁止其他诸家学说的流传，只是它们的地位要低于儒学。儒学从此逐渐成为官方的正统学说，成为各种思想学派中势力最强大的一派。这一事件对中国后世的历史影响重大，塑造了中国人的基本价值观。儒学的正面意义在于"敬鬼神而远之"，注重以人为本，它成为主流意识形态之后，让中国人免除了神权统治，考虑到仅仅几百年前，欧洲、北美还是神权统治，这一点尤其伟大。

西汉距离先秦并不遥远，秦朝的统一又非常短暂，而且汉初还实行分封制，因此当时的民众还没有形成对统一国家的认同，他们分别是秦人、楚人、齐人、吴人……但还不是"汉人"，在言词中，经常是将本诸侯国与汉并称，如"汉闻齐发兵而西"，"汉已平吴楚"，而儒家的大一统观念有益于统一国家认同意识的形成。从法统上讲，关东先秦诸国在汉朝一直存在，只是先秦的王族换成了汉朝的皇族，汉朝皇帝的直辖地也是秦国故地，汉是秦的直接继承者。汉初分封，立汉高帝的私生（长）子刘肥"为齐王，食七十城，诸民能齐言者皆予齐王"[1]，即以人建国，原先秦的齐国人皆属汉朝的齐国。甚至到了汉昭帝时期，燕王刘旦仍然宣称"且燕国虽小，成周之建国也，上自召公，下及昭、襄，于今千载，岂可谓无贤哉？"[2]虽然这是他想起

1 《史记》卷52《齐悼惠王世家》。
2 《汉书》卷63《武五子传》。

兵造反的妄言，但清楚表明，刘旦认为燕国的法统、历史可以追及西周初年的分封。这些关东先秦诸侯国的自我认同意识历经汉文、景、武诸帝的多次削藩、拆分，才逐渐被消除。到了汉武帝时，不仅实现了政治的大一统，而且也实现了意识形态认同的大一统，全体汉朝臣民成为"汉人"，其标志就是元封元年（公元前110年）的封禅泰山。

汉武帝独尊儒术当然不是单纯为了自己的学术爱好，而是儒学中的尊君、大一统的观念非常符合他的政治理念，他想成为一个大权独揽、君临天下、四夷臣服的天子，创造一个空前广大、强盛的大一统帝国，这是他一生不懈的追求，所有阻碍他实现这一伟大目标的人与物都会被他无情地清除。儒家强调尊王攘夷、华夷之别，如果汉朝仍然继续与匈奴屈辱和亲，是无法自称信奉的理论、道路、制度有任何的优越性，会被认为逻辑矛盾、没有说服力，因此，对匈奴的反击战是重建大一统帝国以及统一国家认同、凝聚人心、弘扬自信、塑造国家民族自豪感的必由之路。自此，这位年仅23岁的年轻皇帝开始了长达半个世纪、波澜壮阔的人生。

第二节 | 饮马翰海，封狼居山，西规大河，列郡祁连

1. 马邑之谋：战云初起

汉帝国最强大、最危险的敌人是北方蒙古高原的匈奴，虽然从汉高帝到汉景帝的60多年间一直奉行和亲政策，但匈奴仍然不时牧马南下，抢掠汉朝北方的诸个边郡。建元六年（公元前135年），匈奴又派遣使者要求和亲，汉武帝要求大臣们讨论如何处理。大行令（官名，掌管中央与四夷、诸侯、地方交流事务）王恢认为匈奴反复无常，应该拒绝和亲，准备开战。御史大夫韩安国却认为匈奴机动性强，与其交战，需要深入大漠数千里，人马困乏，代价太大，应该和亲，其他大臣也都赞同他的意见，于是汉武帝答应了和亲，并在双方贸易中给予匈奴优惠。

元光二年（公元前133年），雁门郡马邑（今山西省朔州市）的地方豪强聂壹建议王恢趁着和亲后匈奴没有防备，可以诱敌伏击。汉武帝为此召集诸位公卿大臣询问："我答应和亲，送了好多财物给匈奴，但是匈奴仍然没有停止侵

掠边境，我很同情边境的百姓，应该怎么办？"王恢认为匈奴之所以敢屡屡入侵，就是因为汉朝软弱，如果用武力教训它，它就不敢再入侵，所以应该选择开战。韩安国反对王恢的观点，当着汉武帝与诸位大臣的面，他们展开了激烈的辩论。韩安国认为，当年汉高帝在平城被匈奴包围，却"不以已私怒伤天下之功"[1]，奉送黄金千斤并与匈奴和亲，迄今已经五世从中得利。匈奴机动性很强，以畜牧为业，"弧弓射猎，逐兽随草，居处无常"[2]，很难制服。如果汉军深入大漠千里进攻，后勤供给困难，很难成功。王恢认为匈奴只认拳头，只能威服，无法感化。现在汉朝强盛，动用百分之一的力量就能攻打匈奴。现在只要将匈奴引诱进伏击圈，就可以一举擒获匈奴的单于。汉武帝被王恢的见解打动，决定与匈奴开战，调集30余万大军，分别由卫尉（武官名，掌管驻守长安、保卫皇宫的南军）李广为骁骑将军，太仆（九卿之一，掌管皇帝的舆马和马政）公孙贺为轻车将军，大行令王恢为将屯将军，太中大夫李息为材官将军率领，隐藏在马邑的山谷里，而御史大夫韩安国为护军将军，作为全军的统帅。

聂壹逃入匈奴，实行反间计，告诉单于他将杀掉马邑的县令、县丞，开城投降，全城所有的财物都归单于。回

---

1 《汉书》卷52《窦田灌韩传》。
2 同上。

到马邑后，聂壹将死囚的头颅悬挂在城下，伪称自己已经杀了马邑的县令，于是单于率领10万骑兵由武州塞（今山西省大同市附近）向马邑进发。匈奴军行进了百余里，见满地牛羊却无人放牧，便有所怀疑，于是攻打了一个亭，俘虏了雁门的尉史（低级军官），在从尉史口中获悉了事实真相后，立即撤退，汉军追之不及。王恢的任务是负责袭击匈奴的后勤辎重，但他听到匈奴撤军后，竟然因害怕对方人多不敢出击。

汉武帝很痛恨王恢的怯战，王恢却为自己辩解，他只率领3万军队，寡不敌众，因此虽然知道自己会被处死，但是如此一来却保全了3万人马。廷尉判决王恢死罪当斩，王恢用千金贿赂丞相田蚡，田蚡不敢直接在汉武帝面前求情，而是通过他的姐姐王太后转告汉武帝。汉武帝认为是王恢首先倡导、策划的马邑之谋，所以他才动员了天下几十万的军队。即使不能擒获单于，如果王恢所部能够成功袭击匈奴的辎重，也会有些战绩，至少可以宽慰天下人。现在不诛杀他，无以谢天下。王恢知道汉武帝的态度后，就在狱中自杀了。

举朝大臣均反对与匈奴开战，只有王恢一人竭力主战，且得到了汉武帝的支持，然而精心策划了伏击匈奴单于的马邑之谋，劳师动众，调用了举国的军队，原想毕其功于一役，没想到却以失败告终。开局不利，汉武帝心中的懊恼可想而知，他本人的威信受损，所以即使从主观上，他也要杀王恢以泄自己内心的愤怒。作为诸位大臣中唯一的主战派，自己却因胆怯坐失战机，真是一个莫大的讽刺，所以王恢并不值得同情。以后的事实将证明，想一战解决匈奴问题太过天真，汉武帝轻信了王恢只要动用极小的力量，巧妙运用，就能战胜匈奴的狂言，严重低估了与匈奴作战的长期性、艰巨性。但既然大幕已经拉开，年轻气盛、不可一世的汉武帝就会让汉匈对决这幕波澜壮阔的大戏一直上演，他慧眼识英才，亲自挑选了两位出色的男主角。

在姐姐平阳公主家，汉武帝宠幸了在酒席间演唱的歌女卫子夫。建元二年（公元前139年），卫子夫入宫后怀孕得宠，她异父同母的弟弟，原平阳公主家的骑奴卫青（生父是郑季，因是私生子，从母姓）也被汉武帝召入宫中当上了侍中（皇帝的贴身侍从），随后又提拔为太中大夫。朝夕相处、骑马打猎，汉武帝非常赏识卫青的军事指挥才能。元光五年（公元前130年），他任命卫青为车骑将军、太仆公孙贺为轻车将军、大中大夫公孙敖为骑将军、卫尉李广为骁骑将军，四人各率领一万骑兵，分别从上谷（今河北省张家口市宣化区）、云中（今内蒙古自治区呼和浩特市附近）、代郡（今河北省蔚县附近）、雁门（今山西省右玉县附近）出击匈奴。卫青率军直抵匈奴祭祀天神的茏城（一作"龙城"，今内蒙古自治区锡林郭勒盟境内），斩首数百级。公孙敖损失了7 000骑兵，卫尉李广也战败被俘，随后逃脱。这两人按均律当斩，在交付了赎金后，被双双贬为庶人，公孙贺也没有立功。第一次主动出击匈奴，汉朝可以说基本以失败告终，四路军中唯有卫青获得了一场小胜利。这也许是汉武帝对此次出击唯一能感到欣慰的地方——他将一个奴隶在短短的几年内提拔为将军，让他承担首次主动出击匈奴的重任，并有最优异的表现，超过了资格、经验比他丰富得多的名将，这证明了自己具有卓越的眼光和胆识。

此次出击中，兵败被俘、后又逃脱的李广早在汉文帝时期就崭露头角，从军抗击匈奴入侵萧关，射杀了很多敌人，后担任过汉文帝的郎卫。汉文帝很欣赏李广的英勇，曾叹惜李广生不逢时，如果在汉高帝时期，他可以轻易受封万户侯。汉高帝所规定的"非有功不得侯"在汉朝初期执行得相当严格，窦太后一直对哥哥窦长君未能封侯一事耿耿于怀，这也是丞相周亚夫反对汉景帝封王皇后的哥哥以及匈奴降人为侯的依据。虽然从汉景帝起，无功的外戚开始封侯，但普通人封侯主要还是依据其功劳，此次取得小胜利的卫青被封为关内侯，低于列侯一等。

元朔元年（公元前128年）秋天，匈奴2万骑兵攻汉，杀辽西郡（治所在今辽宁省义县西）太守，包围并击败了韩安国；又攻入了渔阳（今北京市密云附近）、雁门，来势凶猛，战况紧急。汉武帝起用李广，拜为右北平（治所在今内蒙古自治区宁城县附近）太守，匈奴人称他为"汉之飞将军"[1]，几年内不敢再入侵此地。与此同时，汉武帝命令车骑将军卫青率领3万骑兵从雁门出击，将军李息则从代郡出击，卫青此次斩首数千级。

第二年，匈奴入侵上谷（治所在今河北省怀来县附近）、渔阳，汉武帝派遣卫青、李息从云中出击，攻打河南（黄河河套地区），斩首数千级，俘获牛羊数十万头，收复了自秦末起被匈奴占领的河南地。汉武帝因功封卫青为长平侯（列侯），卫青的属下校尉（中级军官）苏建、张次公为平陵侯、岸头侯。

中大夫主父偃认为河南地肥饶，外围还有黄河天险，秦朝大将蒙恬曾在此修筑长城，驱逐匈奴。如果以河南地为基地屯垦戍边，可以节省从内地转运后勤物资的消耗，不仅扩张了版图，还拥有了攻灭匈奴的根据地。但其余所有的大臣认为，秦朝动员了30万人防守此地，劳民伤财，最终也没有守住，因此都反对这个建议。但是汉武帝力排众议，采纳了主父偃的建议，下令在河南地设置朔方郡，命令苏建（他的儿子就是著名的苏武）动员十几万人筑朔方城，修复蒙恬所建的长城，力图凭借黄河固守。河南地距离首都长安只有数百里，骑兵仅两三日便可抵达，是匈

---

1 《史记》卷109《李将军列传》。

奴南下的重要前进基地，也是经济基地。收复了河南地，并设立郡县，纳入版图，是汉朝反击匈奴的一个非常重大的胜利，大大改变了对匈奴作战的不利态势，新设置的朔方郡成为了汉军出击匈奴的重要基地。为了修筑河南地以防备匈奴的城池、要塞，汉朝也付出了沉重的代价，耗费钱财上亿，包括山东（西汉时泛指太行山以东的地区）地区在内的全国各地都负担了这个巨大的工程，政府仓库储存的物资也全部用尽。

元朔五年（公元前124年），匈奴右贤王几次侵扰朔方郡，汉武帝又一次命令车骑将军卫青亲自率领三万骑兵自高阙（要塞，在今内蒙古自治区乌拉特后旗境内）反击匈奴，卫尉苏建、左内史李沮、太仆公孙贺、代国相李蔡所部也受卫青节制，一起从朔方出兵；另外大行令李息、岸头侯张次公则从右北平出击，汉军此次共动员了10余万人。右贤王以为汉兵距离还很远，不会立即到达，于是放松警惕，喝醉了酒，没想到卫青率部出塞六·七百里，夜里突然抵达匈奴军营，包围了右贤王所部。右贤王大惊，仅与数百骑趁夜突围，向北逃跑。汉军俘虏了匈奴男女1.5万余人，牲畜数百万头。这是一次漂亮的突袭战，汉军第一次取得了对匈奴歼灭性的重大胜利。汉武帝得到消息之后非常高兴，派遣使者持大将军印在塞上迎接凯旋的汉军，在军中拜车骑将军卫青为大将军，所有将军均归大将军节制，并增加卫青六千户的食邑，卫青的三个尚在襁褓中的儿子竟也全部封侯。卫青的部下护军都尉公孙敖、都尉韩说、骑将军公孙贺、轻车将军李蔡、校尉李朔，校尉赵不虞、校尉公孙戎奴均封列侯；将军李沮、将军李息、校尉豆如意有功，均封关内侯。

元朔六年（公元前123年）的春天和夏天，大将军卫青两次率领公孙敖、公孙贺、翕侯赵信、卫尉苏建、郎中令李广、左内史李沮共六位将军从定襄（治所在今内蒙古自治区和林格乐县附近）出发攻击匈奴，第一次斩首数千级，第二次斩首一万余级。但汉军的损失也很大，右将军苏建、赵信所部的3 000余骑阵亡，赵信本来就是匈奴的降将，兵败后遂率领余部800骑兵投降匈奴。但在第二次出征中，军中涌现出了一个更加灿烂的将星——霍去病。

平阳县吏霍仲孺曾在平阳侯家做事，后与卫青的姐姐卫少儿私通，生下了霍去病。17年后，擅长骑射的霍去病被汉武帝宠爱，当上了侍中。元朔六年（公元前123年），霍去病以票姚校尉的身份，率领麾下轻骑800人，跟随大将军卫青出击匈奴，他们一行离开大部队，长途奔袭数百里，斩首2 000余级，其中包括单于的祖父、叔父。汉武帝认为霍去病勇冠全军，于是封他为冠军侯。上谷太守郝贤四次跟随大将军卫青出征，斩首、俘虏匈奴2 000余人，被封为众利侯。

元朔五年、六年，卫青三次率领十几万将士出征，总共斩首3.4万级，战果辉煌，但为此付出的代价也极其高昂，仅赏赐给立功将士的黄金就达20余万斤，俘虏的数万匈奴人除厚赏外，衣食也都由汉朝政府承担；汉军士兵、马匹死亡高达10余万，这还未将武器、盔甲、物资及其转运的费用计算在内。但汉武帝仍然要维持对匈奴的高压，继续进攻。元狩二年（公元前121年）春天，以冠军侯霍去病为骠骑将军，率领一万骑兵从陇西（治所在今甘肃省临洮县附近）出发进攻匈奴，接连击破匈奴五个属国；又转战六日，越过焉支山千余里，杀折兰王，斩卢侯王，俘虏浑邪王子及相国、都尉，斩首8 900余级，并俘获休屠王的祭天金人。汉武帝因此加封霍去病二千户食邑。

同年夏天，在汉匈边境的西端，霍去病再次与合骑侯公孙敖率领数万骑兵从北地郡出发，分道进军，但最后公孙敖军没有能及时与霍去病军会合。霍去病孤军深入2 000余里，越过居延海、小月氏，到达祁连山，俘获单桓王、酋涂王及其相国、都尉以及投降者2 500人，斩首3万余级，俘获匈奴的小王70余人，又一次取得了辉煌的战绩。汉武帝加封霍去病五千户食邑，封其立功的部将鹰击司马赵破奴为从票侯，校尉高不识为宜冠侯，校尉仆多为辉渠侯。同时在汉匈边境的东端，博望侯张骞、郎中令李广率军从右北平出发，李广率领四千骑兵为前锋，张骞率领将一万骑兵随后。匈奴左贤王率领数万骑兵包围了李广，激战两天，汉军虽有一半战死，但消灭了更多的敌人。在张骞率军到达后，匈奴撤军。

此次汉朝的四路大军全面向匈奴进攻，却只有霍去病一路取得了辉煌的胜利，公孙敖、张骞均因行军迟缓，按律当斩，赎为庶人，李广与匈奴死伤相当，不罚不赏。诚然，其他将领所率领的军队从士兵到马匹都不如霍去病所部精锐，但霍去病率领的精兵强将敢于深入敌后，甚至经常亲自率领少数精骑充当先锋，也非他人所能企及。霍去病很幸运，从来没有被包围过，而其他诸将却经常因行动迟缓而失去战机。因此汉武帝越来越重视、宠信骠骑将军霍去病，他的地位与大将军卫青已经相同。

2. 匈奴未灭，无以家为也：横绝大漠的决战

元狩二年（公元前121年）秋天，因被汉军杀伤、俘获数万人，害怕单于责杀，匈奴的浑邪王、休屠王决定投降汉朝。汉武帝担心他们诈降，命令霍去病率军迎击。果然休屠王反悔，被浑邪王所杀，部下也被吞并。匈奴人中的大多数并不想投降，于是霍去病骑马闯入匈奴军营与浑邪王相见，并斩杀了想逃跑的8 000人，胁迫浑邪王所部4万余人号称10万，渡河降汉。汉武帝大喜，赏赐了有功

将士和匈奴降众数十亿钱，并封浑邪王为漯阴侯，食邑万户，封其部下等四人为列侯，并加封霍去病食邑一千七百户；由于这两部的投降，汉武帝同时减少陇西、北地、上郡（今陕西省榆林市附近）一半的戍卒，以减轻天下人民的负担。

霍去病的两次征伐与匈奴浑邪王的投降使得汉朝占领了原属匈奴的整个河西走廊。匈奴人失去了这块水草丰美、冬温夏凉、适宜畜牧的土地，为此悲歌："亡我祁连山，使我六畜不蕃息；失我燕（焉）支山，使我嫁妇无颜色。"[1] 后来汉武帝在河西走廊先后设置了武威、酒泉、张掖、敦煌四郡，史称"河西四郡"；在与西域交界处设置了玉门关、阳关，号称"列四郡，据两关"[2]。河西走廊是连接中原与西域的最重要通道，具有极其重要的战略意义，张掖即"张国臂掖（腋），以通西域"之意。只有控制了河西四郡，才能从匈奴手中夺得并控制西域，汉朝帝国的版图才能借此一直扩张到时称"葱岭"的帕米尔高原以西，中国与中亚、西亚、欧洲间的丝绸之路才能得以开辟。河西走廊从游牧区变成了农业区，大量的中原移民居住此地，隔绝了蒙古高原与青藏高原两大游牧区，改变了中原王朝不利的战略态势，同时这一地区的经济文化也得到了极大的发展。在

---

1 《史记》卷110《匈奴列传》注文中唐代司马贞《索隐》引佚名《西河旧事》。
2 《汉书》卷96《西域传》。

此后1 000多年里，这块土地将在中国历史上扮演重要的角色。

元狩二年（公元前121年）是汉朝取得重大战果的一年，斩杀、俘获近10万匈奴部众，占领了整个河西走廊，但付出的代价也极其高昂，仅这一年内就花费了100多亿钱。虽然代价如此高昂，但斗志昂扬的汉武帝却决定要发动对匈奴的总攻击。匈奴骑兵机动性强，他们可以主动选择入侵的地点，很难应对，因此，如果不进行主动的打击，汉军只能在长达数千公里的边境线上设置重兵，处处设防，处处挨打，疲于奔命，非常被动，而且效果很差。汉武帝想要主动进攻，消灭匈奴的有生力量，从而消灭他们入侵的能力，而只有建立一支强大的骑兵部队才有可能达成这一目标。

元狩四年（公元前119年），汉武帝决定出其不意，集结几十万大军与14万匹马横越大漠，直扑匈奴单于主力。汉军兵分两路，分别由大将军卫青、骠骑将军霍去病各率领5万骑兵先行，其余几十万步兵、后勤部队跟随其后。汉武帝将所有精锐全部调拨给了霍去病，想让他立下歼灭单于主力的大功。汉武帝原本想让霍去病从定襄出兵攻击单于，后又听说单于在东面，于是又将他调往代郡出兵，变为卫青从定襄出兵。这件事充分证明汉武帝是一个爱之欲狂的人，他宠爱霍去病已经到了丝毫不加掩饰的地步，不仅将年仅21岁的霍去病提拔到与他的舅舅大将军卫青一样的级别，而且将所有的精锐调拨给他，甚至不惜改变战前部署，就是想让他立下歼灭单于主力的这一最大功劳，丝毫不顾忌卫青的感受。非常幸运的是，霍去病从17岁第一次从军征伐匈奴起，每一次都用战绩证明了他从未辜负汉武帝异常出格的偏爱，这也是汉武帝宠爱他的根本原因所在，否则以汉武帝的脾气，一定会翻脸不认人。

此时郎中令李广请求从军，汉武帝认为他年老，而且多次战败，没有答应他，过了很久，禁不住李广的多次请求，才勉强应允，任命他为前将军，与左将军公孙贺、右将军赵食其、后将军平阳侯曹襄所部均隶属于大将军卫青。赵信为单于谋划："汉兵渡过大漠，人马疲乏，我们就坐等收容俘虏了。"匈奴将辎重囤放在北边后方，集结精兵，在漠北以逸待劳，等待汉军。人算不如天算，卫青率军出塞千余里，穿越大漠，正好遇见单于的主力，汉武帝刻意的安排落空。卫青见匈奴列阵以待，于是命令用武刚车（一种战车）环绕为营，派出5 000骑兵与匈奴的1万骑兵作战。此时太阳落山，刮起了大风，沙砾击面，两军都看不见对方，汉军从左、右两翼包围了单于。单于见汉军人马众多、兵强马壮，于是在傍晚时乘着骡车，与数百精骑突围，向西北逃跑。汉匈两军在昏暗中继续混战，双方死伤相当。当汉军知道单于已经逃跑，随即派遣轻骑在夜里追击，卫青率大军跟随其后。天亮后，已经追击了200余里，仍然不见单于踪影。汉军一路追杀，抵达了赵信城（今蒙古国杭爱山南麓），获得匈奴在此囤积的粮食，大军停留了一天后撤军，并将剩余的粮食全部焚毁。卫青所部一共俘获、斩首达1.9万级。卫青回到大漠以南后，才遇到了迷路的前将军李广、右将军赵食其。为了向皇帝汇报情况，卫青命令长史（掌管有关官署日常事务的官员）按法律所列的罪状逐条审问李广，李广以自己"年六十余矣，终不能复对刀笔之吏"[1]而自杀，赵食其则下狱，论罪当死，赎为庶人。如果李广、赵食其的军队能及时赶到战场，汉军的战绩将会更大，匈奴单于也很可能没有逃跑的机会。没有俘获、斩杀匈奴单于是汉武帝一生最大的遗憾。

并非汉武帝、卫青有意想迫害李广，相反，汉武帝对李广还是非常信任、赏识和宽容的，他刚即位，就提拔李广任未央宫的卫尉，保卫皇宫；李广曾因兵败判处死罪，赎为庶人，饮酒后夜行到霸陵亭（今陕西省西安市东郊），霸陵尉喝醉了，呵斥李广。李广骑在马上说："我是前李将军。"霸陵尉回道："现任将军都不能夜行，不要说前将军了！"命令李广在亭下停留一夜，等天明再走。不久匈奴入侵，汉武帝重新起用李广为右北平太守，李广要求霸陵尉去参军，到军前就斩杀了他，然后再上书谢罪。汉武帝宽

---

1 《史记》卷109《李将军列传》。

恕了李广，并告诉他："将军者，国之爪牙，应该用自己的名声震慑四夷，用自己的威风恐吓邻国。我希望将军为国除去祸害，并放弃残暴屠杀的行为。你像现在这样脱帽光脚，屈膝下拜，以额头触地向我请罪，难道是我所希望的吗？"汉武帝这段谴责李广的话不见于《史记》，而保留在对李广没有个人感情的班固所著的《汉书》中，这是《史记》《汉书》取材、价值观的不同。

残杀霸陵尉的行为说明李广为人心胸狭隘，报复心极强，将私人恩怨置于国家大事之上，在匈奴入侵、自己承担抵抗重任之际，竟然还残暴、自私地利用机会滥杀无辜。汉武帝对此的回应可以说是有情、有理、有节，指出李广身为将军，职责是抵御外侮，肩负重任，而不应借机以私怨残杀无辜，事后却又来向他求情宽恕。这番话显示了他的宽容大度。汉武帝之后仍然任命李广为郎中令，位列公卿，地位仅在三公之下，全面负责皇宫及他本人的安全保卫，这充分表明他对李广是绝对信任并且非常器重的。不仅如此，李广的三个儿子李当户、李椒、李敢均担任过汉武帝的侍卫，李椒也曾被提拔为代郡太守，而李敢继父亲后也担任了郎中令，这在汉朝是绝无前例的，由此可以证明，与人们通常的认识相反，汉武帝绝没有迫害过李广，否则怎么敢将自己的性命托付给他的儿子？李广的长子李当户的性格也类似于他的父亲，非常刚直、忠勇。倍受宠爱的佞臣韩嫣与汉武帝调笑，作为警卫侍立在旁的李当户一厢情愿地认为韩嫣过分放肆，竟然当场将他打得抱头鼠窜，但却因此深得汉武帝赏识，可惜因他早死而未能得到重用。后来李当户的遗腹子李陵也担任了汉武帝的警卫，可以说李广一家祖孙三代都深受汉武帝的赏识、信任。

汉武帝为人慷慨大方，甚至大方得有点过分，赏赐有功将士从不吝惜，卫青收复河南地，他一次就封卫青部下十人为侯，如果李广有功，他又怎么会不封呢？李广曾宣称，名声远不及自己的堂弟李蔡也能以军功封侯，而地位不高的诸部校尉以下，才能均不及中人，当然更不及自己，却也有数十人能以军功封侯。这些事实虽然让李广很不服气，但恰好证明汉武帝的封侯只凭军功，而不以名声、地位。在卫青出兵前，因为李广的年龄太大，并且在与匈奴作战中的运气太差，战绩不佳，汉武帝担心会影响此次决战，于是暗中命令卫青不要让李广当前锋，对付匈奴单于的主力；另外，卫青也想让自己的老部下，新失去侯位的公孙敖打败匈奴主力立功，所以也想将李广调离，但主要还是服从汉武帝的命令，从而导致了李广迷路不能按期到达的悲剧。

司马迁对李广抱着深切的同情心，先秦时期，他们两家都在秦国世代为将，司马迁的祖先是率军灭亡蜀国、巴国的司马错，李广的祖先是率军追杀燕太子丹的李信。《史记》中的《李将军列传》是千古传诵的名篇，因此李广的形象深入人心，大家似乎都认为李广没有受到汉武帝重用，"李广功高，封侯无份"，甚至最后因被卫青排挤、迫害而死，但历史的事实并非如此。前面讲过，汉高帝规定"非有功不得侯"，这一规定在当时还是得到较为严格的遵守的。李广与匈奴的几次主要作战，不仅没有立功，甚至还打了败仗，最后也因迷路自杀，按照汉朝法律，当是死罪。司马迁因受李广的孙子李陵的牵连，遭受了残酷的刑罚，与命运坎坷的李广同病相怜，产生了共鸣。汉朝人普遍喜欢刚烈、质朴、耿直、忠勇的品质，因此世代为将的李广及其一家的遭遇博得了很多同情，他的事迹，如被俘后奇迹般逃脱，射箭入石，对部下关怀备至等在当时已经成为了传奇，他也因此享有了很高的声誉。

显然汉武帝对卫青所部的表现并不满意，没有加封卫青本人，部下更无一人封侯。与之形成鲜明对比，霍去病及其所部却大获封赏：加封五千八百户食邑给霍去病本人，其部下共有五人封侯，其中就包括了李广的儿子李敢，他因作战勇敢，夺得左贤王旗鼓，斩首众多，被封为关内侯，并担任了郎中令，负责保卫皇帝人身安全的重任。这些事实均证明了汉武帝从没有贬抑、排挤过李广，更不用说迫害、陷害了。

虽然霍去病没有遇到单于的主力，但是他的战功却远远超过了卫青。他从代国、右北平北上2 000余里，轻装横绝大漠，取食于敌，俘虏匈奴的屯头王、韩王等3人，将军、相国、当户、都尉83人，封狼居胥山（今蒙古国肯特山，在山上祭天）、禅姑衍山（今蒙古国肯特山之北，在山上祭地），一直到达了翰海（今俄罗斯境内的贝加尔湖），斩首7万余级，这是自汉朝建立以来对匈奴取得的空前辉煌的胜利。

这场胜利的代价也是非常高昂的，出塞时两路汉军共有马14万匹，入塞时只剩下了3万匹，霍去病所部也损失了十分之三。汉武帝特地设立了大司马一职，大将军卫青、骠骑将军霍去病均担任大司马，相当于以前的太尉，并规定骠骑将军的等级、待遇与大将军相同。从此之后，大将军卫青越来越谦退，骠骑将军霍去病越来越显贵，卫青的门客大多去向霍去病寻求官爵，只有司马迁的好友任安不肯这样做。

至此，从元光五年（公元前130年）到元狩四年（公元前119年）的11年间，汉朝几次发兵主动征讨匈奴，共俘虏、斩首约24万人，其中霍去病的战绩就占了近一半；元狩四年的两路北伐，俘虏、斩首匈奴9万余人，使得匈奴遭受了重大损失，从此向北方远遁，而不敢在大漠以南设立王庭（匈奴的统治中心）。此后，汉军越过黄河，从朔方郡向西至今居（今甘肃省永登县）构筑防线，开凿水渠，灌溉屯田，戍守士兵达五六万人，并向北蚕食了少量匈奴土地。据最新的考古发现，汉长城已经修筑到了今蒙古国境内，比起1 000多年后修筑在河北、山西、陕西、宁夏境内的明长城，明显呈现出更强的攻击性姿态。因此现在的历史地图关于汉朝北部边境画法都是错误的。

然而因为马匹数量少，同时汉军又在向南征伐闽越、南越，向东征伐朝鲜，向西征伐羌、西南夷，因此很久没有再大规模征伐匈奴，汉与匈奴之间的关系暂时进入了一个相对和缓的时期。西汉扬雄盛赞汉武帝反击匈奴的伟大功业："其后深惟社稷之计，规恢万载之策，乃大兴师数十万，使卫青、霍去病操兵，前后十余年。于是浮西河，绝大幕，破寘颜，袭王庭，穷极其地，追奔逐北，封狼居胥山，禅于姑衍，以临翰海，虏名王、贵人以百数。"[1]

似乎就是为了征伐匈奴而生，在封狼居胥、到达人生顶点后仅两年，年仅23岁的大司马、骠骑将军霍去病去世，其短暂的一生犹如一颗灿烂夺目的流星。汉武帝深感哀痛，将他安葬在自己的陵墓茂陵（位于今陕西省西安市西北兴平市境内）旁边，霍去病的墓被修筑成祁连山的形状，以彰显他的军功，并动员了霍去病招降的原匈奴浑邪王、休屠王所部，让他们穿戴铁甲，从长安列队直至茂陵

---

1 《汉书》卷64《匈奴传》。

为他送葬，队列长近40公里。这可能是中国史上最宏大、最动人心魄的葬礼。

霍去病是汉武帝一生中最钟爱的臣子，他为人为沉默慎言、任性使气、敢作敢为。汉武帝曾想亲自教他《孙子兵法》与《吴起兵法》，但他却认为作战要灵活机变，没必要学这些古代的兵法；汉武帝曾经为他置办住宅，命他前去查看，他回答了一句至今仍让人热血沸腾的话："匈奴未灭，无以家为也。"[1]汉武帝因此越发宠爱他。由于霍去病少年得志，年仅17岁就贵为侍中，因此不懂得体察下情。他率军出征，汉武帝派专人给他送去数十车的酒肉，直到班师还没有吃完，但同时士兵们却饿着肚子。在塞外时，士兵因缺粮而士气不振，可他却命令士兵为他修建球场踢球。郎中令李敢曾因怨恨卫青逼死父亲李广而打伤了卫青，卫青隐匿不报，不多久，李敢随从汉武帝去甘泉宫打猎，听闻此事的霍去病，当即射杀了贵为郎中令的李敢，但汉武帝竟然宣称李敢是被鹿角撞死的，包庇了霍去病的胆大妄为。

在日常生活中，霍去病这样的人就是一个典型的贵公子，年轻气盛，极度以自我为中心，恃才傲物，甚至品行不端，但他却是一个不世出的军事天才。这样的人只有在

1 《史记》卷111《卫将军骠骑列传》。

185

一个壮怀激烈的大时代中才有其用武之地，也只有一个像汉武帝这样雄才大略的帝王才能赏识他、包容他。从本性上讲，霍去病与汉武帝是同一类人，为人处事非常相似。或许比霍去病大16岁的汉武帝正是在他身上看到了自己年轻时的影子，因此才对他极度宠爱，毫无顾忌地破格重用。中国历史上只有一个汉武帝，只有他才能发现并敢于放手任用一个年轻的军事天才，所以，中国历史上也只有一个霍去病，能够率领几万精骑横绝大漠，封狼居胥。

霍去病的舅舅卫青虽贵为大将军，位极人臣，为人却仁善退让，以温和、柔软的身段讨得汉武帝的喜欢，但天下却没人称赞他，这可能是因为当时的人普遍质朴、刚烈，看不得卫青老于世故，对汉武帝曲意承欢的样子，也瞧不起他出身奴隶，因裙带关系而发迹。卫青的行事风格或许是天生，但更多可能是后天的惨痛经历所致。他的奴隶出身决定了他必须时时小心谨慎、察言观色。汉武帝拥有至高无上权力，可以爱之欲其生，恨之欲其死，予夺生死、决断杀伐，更何况汉武帝的爱恨转换极为迅速，最后两次出征后，卫青没有被加封，年轻的霍去病却后来居上。这些都是明显的信号，表明汉武帝对卫青的宠爱已经急剧衰减。从这个意义上讲，霍去病的早逝未必是件坏事，在之后的很多年中，汉匈之间并无大规模的战事，他失去了用武之地，一旦汉武帝对他的宠爱衰减，以他的桀骜不驯，下场会很危险。

元光、元狩年间，汉朝对匈奴的战争波澜壮阔，场面极为宏大，战场从东到西，直线距离超过了 2 000 公里，从南到北则超过了 1 000 公里。匈奴全部是骑兵，机动性强，很难捕捉，战斗力强劲，而汉朝的旧时名将如韩安国、李广、程不识等人均无法适应这种大规模、高强度的机动作战，汉武帝发现了自己身边这两位出身卑贱的年轻人具有军事才能，便让他们有机会在实际的战争中锻炼，证明自身的能力，然后再破格提拔，让他们超越了所有将领，授予他们北伐匈奴的最高指挥权。卫青、霍去病也以其超人的指挥能力、惊人的战功证明了自己是最优秀的军事家。汉武帝识人、用人的能力之强，魄力之大，都是中国历史上绝无仅有的。一位领导人最重要的素质之一就是知人善任，凭这一点，汉武帝就不愧为中国历史上最伟大的帝王之一。

《史记》《汉书》对立有大功的卫青、霍去病的评价明显不同。与对李广抱有深切同情相反，司马迁对卫青、霍去病的感情相对微妙，因为他们二人都是汉武帝的亲戚、亲信，司马迁竟然在《佞幸列传》这样的篇章中提到了他们："卫青、霍去病亦以外戚贵幸，然颇用材能自进"[1]，而在

---

1 《史记》卷125《佞幸列传》。

他们本传结尾的评价中只字不提他们的战功。与之相反，班固在《汉书》中盛赞卫青、霍去病的战功："长平桓桓，上将之元，薄伐猃狁，恢我朔边，戎车七征，冲輣闲闲，合围单于，北登阗颜。票骑冠军，猋勇纷纭，长驱六举，电击雷震，饮马翰海，封狼居山，西规大河，列郡祁连。"[1] 两千年后，这段话仍然是对卫青、霍去病最好的颂扬。毕竟班固有一个镇守西域30多年的弟弟——孤胆英雄班超，他本人也随大将军窦宪横绝大漠、勒石燕然，是中国众多历史学家中的独一位。在出征漠北的时候，他一定想起了200年前率大军纵横大漠的卫青、霍去病，英雄相惜，更能理解他们的伟大不凡。从来不存在完全客观的历史，记录者的经历、阅历、见识、史德、价值取向都会在文字中留下深刻的烙印。

---

1 《汉书》卷100《叙传》。

第三节 | 开疆拓土：一定要超越秦始皇

1. 攻灭南越、闽越：版图直达北纬十三度

攻伐匈奴取得的伟大战绩洗雪了汉朝70多年的耻辱，基本上解决了北方的边患，但汉武帝的眼中不只是遥远、危险的北方，他雄心万丈，想要恢复秦朝疆域，甚至要超越秦始皇的功业，他的目光转向了秦朝的岭南三郡，即此时属于南越国版图的南海、桂林、象郡。

南越国的开国君主赵陀已于建元四年（公元前137年）以百岁高龄去世，这是一位与秦始皇、汉高帝同一时代的风云人物，在其长达70年的统治时间内，南越国向南扩张到了今越南中部的长山山脉以东及大岭一线以北的地区，大约为北纬13度左右。随着秦朝时南下的北方人逐渐老去，南越国的本土意识越来越强烈，也爆发了"本省人""外省人"间的矛盾。

南越王赵胡（又名赵眜）在位期间，派遣太子赵婴齐为汉武帝的宿卫，但他本人却一直称病不去长安朝见。赵胡去世后，太子赵婴齐继承王位。赵婴齐在长安时曾娶邯

郸樛氏的女儿为妻，并生下了儿子赵兴，他即位后，上书请求汉武帝批准立樛氏为王后，赵兴为太子。赵婴齐喜欢吃喝玩乐，胡作非为，杀人取乐，他害怕采用汉朝的法规，成为直属朝廷的内诸侯国，因此称病不朝见，只是派遣儿子赵次公充当汉武帝的宿卫。

赵婴齐死后，太子赵兴继位，他的母亲樛氏为太后。樛太后婚前曾经有一位情人——霸陵人安国少季（安国为复姓），元鼎四年（公元前113年），了解这一内情的汉武帝派遣安国少季出使南越，要求南越王赵兴、樛太后入朝归附为内诸侯。此时樛太后与安国少季旧情复燃，结果举国皆知，引起众怒。樛太后害怕发生动乱，于是劝南越王与群臣上书汉武帝，取消独立，归附汉朝，撤除边境上的关卡。汉武帝答应了南越国的内附请求，赐南越国丞相吕嘉银印，内史、中尉、太傅印也全部由朝廷颁发，并废除南越的肉刑，采用汉朝的法律。汉朝使者留在南越镇抚，南越王与王太后整理行装，准备去长安朝见。

南越丞相吕嘉是三朝丞相，是本地越人，宗族中有70余人当官，儿子娶的都是国王的女儿，女儿全部嫁给王子和宗室，他在南越国享有崇高的威望，甚至超过了南越王。吕嘉多次劝阻南越王归附汉朝，但国王不听，于是吕嘉有了反叛的念头，几次称病不接见汉朝的使者。汉朝使者注意到了吕嘉的异常，但没有机会诛杀他，南越王赵兴和王太后密谋杀害吕嘉，但又未果。汉武帝得知这一情况后，想派庄参率领两千人出使南越解决吕嘉的问题，但庄参认为，如果是和平出使，只要几个人就行了，如果想用武力解决，两千人又太少，因此推辞不去，被汉武帝罢官。前济北相韩千秋自告奋勇，认为小小的南越国，又有国王、王太后做内应，他只需要带勇士200人就可以斩杀吕嘉。汉武帝对此非常欣赏，于是派遣他与王太后的弟弟樛乐率领两千人抵达南越，吕嘉闻讯后便造反，公告全国："国王年少，太后是中国人（汉朝人），又与使者淫乱，就一心想要归附，将先王的宝器献给汉家天子，并将随从带到长安卖为奴仆。为了一时的利益，而出卖赵氏的万世社稷。"吕嘉杀了南越王赵兴、王太后以及汉朝的使者，并立赵婴齐与越人妻子所生的儿子术阳侯赵建德为王。

此时韩千秋率领的两千人攻破了南越的几个小城，攻打到离南越首都番禺（今广东省广州市市区）20公里的地方，被南越军队消灭，韩千秋、樛乐战死。汉武帝认为韩千秋虽然没有成功，但十分英勇，因此封其子韩延年为成安侯，樛乐的儿子樛广德为龙亢侯。汉武帝下令动员罪犯与江淮以南的楼船水师10万人大举征讨南越。元鼎五年（公元前112年）秋，汉武帝任命卫尉路博德为伏波将军，率军从桂阳郡（治所在今湖南省郴州市）沿湟水（今湟川）南下；主爵都尉杨仆为楼船将军，率军从豫章（治所在今江西省南昌市市区）沿浈水（今浈江）南下；归义越侯严为戈船将军，率军从零陵郡(治所在今广西自治区兴安县北)沿离水（今漓江）南下出发，甲为下濑将军，率军自苍梧郡（治所在今广西自治区梧州市）出发；驰义侯遗率领由巴蜀的罪犯以及夜郎国（在今贵州、云南、四川等地）士兵组成的军队沿牂柯江（今北盘江）东下，四路大军直指番禺。

元鼎六年（公元前111年）冬，楼船将军杨仆率军攻陷南越的两个要塞后，与伏波将军路博德会师，进抵番禺，杨仆所部攻打东南面，路博德攻打西北面。到了傍晚，杨仆击败南越军，纵火烧城，守城的南越军向路博德投降，吕嘉与南越王赵建德趁夜率领数百人乘船逃入大海。路博德派遣下属追击，校尉司马苏弘俘虏了赵建德，后被封为海常侯，南越人都稽俘虏了吕嘉，被封为临蔡侯。伏波将军路博德因功加封食邑（他已是侯位），楼船将军杨仆则被封为将梁侯。

苍梧王赵光、揭阳令定（无姓氏记录）投降了汉军，南越的将军毕取率领军队归降，桂林监居翁也率领30多万瓯骆人归降，他们四人均被封侯。戈船将军、下濑将军、驰义侯三路军队还没有到达，立国93年的南越国已经被平定。后汉朝在其故地设立了儋耳（治所在今海南省儋县附近）、珠崖（治所在今海南省海口市附近）、南海（治所在今广东省广州市市区）、苍梧（治所在今广西自治区梧州市附近）、九真（治所在今越南清化市附近）、郁林（治所在今广西自治区桂平市附近）、日南（治所在今越南广治市附近）、合浦（治所在今广西自治区合浦县附近）、交阯（治所在今越南河内市附近）九郡，汉帝国的版图已经扩张到了今越南中部，约北纬13度线一带，远远超出了秦朝。此时汉武帝正在巡游天下，"行东，将幸缑氏，至左邑桐乡，闻南越破，以为闻喜县。春，至汲新中乡，得吕嘉首，以为获嘉县。"[1]汉武帝为纪念灭亡南越亲自赐名，这就是今日山西省闻喜县、河南省获嘉县的得名由来。

在汉军平定南越国时，东越王驺余善曾经要求发兵八千水师协助进攻，他是汉朝所封的闽越王驺无诸的后代，闽越王驺无诸与东海王驺摇，又都是春秋时越王勾践的后代，被秦灭国后，其地被设置为闽中郡。秦末时他们起兵反秦，随后又站在刘邦一边与项羽作战，因此在汉朝建立后，驺无诸被封在故地，复立为闽越王，都城在东冶（今福建省，地点不详）。汉惠帝时，又封驺摇为东海王，俗称为东瓯王，都城在东瓯（今浙江省永嘉县附近）。闽越国、东瓯国仅在名义属于汉朝，实际上是独立的两个王国。

建元三年（公元前138年），闽越举兵围攻东瓯，东瓯向汉朝求援。当时汉武帝年仅18岁，便向太尉田蚡询问解

---

1 《汉书》卷6《武帝纪》。

决之法。田蚡认为越人相互攻击是常有的事，不必理会，而且当年秦朝也弃守了闽中郡。中大夫庄助[1]驳斥田蚡："当年秦朝连首都咸阳也弃守了，怎么可以拿它当榜样？现在小国有危难，来向天子救援，如果置之不理，如何治理天下万国呢？"年轻的汉武帝当即表示田蚡的话没有道理，但他刚即位，不想用虎符发动郡国兵，于是派遣庄助持节调动会稽郡兵。会稽太守不见虎符不肯发兵，于是庄助斩杀了一个郡司马（郡的军事长官），传达了汉武帝的谕旨，会稽太守才发兵从海上救援东瓯，闽越随即撤兵。东瓯王请求举国内徙，得到允许后，便率领全体国民迁移到江淮之间居住。

三年后，闽越再次兴兵攻打南越，南越不敢擅自发兵，而是向汉武帝告状。汉武帝派遣韩安国、王恢两位将军率兵准备诛灭闽越。汉军还没有到达闽越，驺余善就已经杀了哥哥闽越王，请求投降，汉武帝封驺丑为越繇王，后又封驺余善为东越王。南越王赵胡感激汉朝救援，于是派遣太子赵婴齐去做汉武帝的宿卫，以表达自己的忠心。元鼎六年（公元前111年），驺余善反汉，任命将军驺力等为"吞汉将军"，杀了汉军的三个校尉，汉将大司农张成、故山州侯刘齿却不敢进攻，被汉武帝以畏缩、懦弱罪诛杀。

1　班固为了避汉明帝刘庄的名讳，在《汉书》中将"庄助"改为"严助"，见《汉书》卷64《严朱吾丘主父徐严终王贾传》。

驺余善还刻了"武帝"玺，自立为帝。汉武帝闻讯。派遣横海将军韩说、楼船将军杨仆等兵分四路，水陆并进，而越繇王驺居股等人密谋杀了驺余善，举国投降。汉武帝认为东越道路险阻，越人剽悍，反复无常，于是命令举国军民全部迁移到江淮之间，东越地遂变成了无人区，属会稽郡，直到此时，汉朝终于恢复了秦朝的闽中郡故地。

2. 汉孰与我大：征服西南夷

为了进攻南越国，驰义侯征发南夷兵，南夷且兰国国君害怕本国民众被征发远行，起兵杀掉了汉朝的使者及犍为郡（治所在今四川省宜宾市附近）太守。汉朝调动由原来巴、蜀罪人组成用以进攻南越国的八校尉军队，由中郎将（皇帝的侍卫官）郭昌、卫广率领，进攻且兰国，诛杀且兰国国君及邛君、筰侯，平定了南夷，设立了牂柯郡（治所在今贵州省贵阳市以东）。

在汉帝国西南边境地区，有数十个少数民族的部落政权，其中以夜郎国最大。此前夜郎王曾问过汉使者："汉孰与我大？"[1]留下了著名的成语——夜郎自大。夜郎国的西面是靡莫等数十个部落政权，其中以滇国最大。战国时，楚

---

1 《史记》卷116《西南夷列传》。

威王派遣楚庄王的后代、将军庄蹻率兵攻略楚国的巴郡（治所在今重庆市）、黔中郡（治所在今湖南省沅陵县以西）地区，一直打到了滇池，发现周围是平原，有数千里肥饶之地，因此想使之归属楚国。后来因秦国攻击楚国的巴郡、黔中郡，庄蹻与楚国断绝了联系，自立为滇王，为了便于统治，他改变了服饰，遵从当地人的习惯。滇国的北面也有数十个的部落政权，其中以邛都最大，他们的头发扎成椎形，能够耕田，并形成了城市聚落。由此向西为嶲、昆明，人们的头发都是编起来的，他们是游牧社会，常常迁徙，居无定所，也没有政权君长。在嶲的东北面，有数十个部落政权，其中最大的是徙和笮都；在笮的东北面，有数十个部落政权，其中最大的是冉駹，他们有的人定居，也有人仍在游牧迁移，是在蜀郡（治所在今四川省成都市）的西面。在冉駹的东北面，有数十个部落政权，其中最大的是白马，人民都是氐族。以上这些都是巴郡（治所在今重庆市）、蜀两郡西南外面的蛮夷。

夜郎国曾经归附过南越国，南越国灭亡后，夜郎王到长安朝见，被汉武帝任命为夜郎王。冉駹是游牧于今四川西部、北部的羌人部落，冉駹听闻夜郎归附后，大为振恐，也要求归附汉朝，于是汉朝以邛都为越嶲郡（治所在今四川省西昌市），笮都为沈黎郡（治所在今四川省汉源县东北），冉駹为汶山郡（治所在今四川省茂县北），广汉西白马为武都郡（今甘肃省成县西）[1]。

早在夜郎归附前的20多年，即建元六年（公元前135年），汉军攻打闽越胜利后，王恢就曾派遣番阳（今江西省鄱阳县）令唐蒙出使南越国。唐蒙在南越吃到了蜀郡特产的枸酱，感到很惊奇，便问是如何运过来的，南越人回答是利用牂柯江水运而来。唐蒙回到长安后，问蜀郡的商人同样的问题，才知道蜀郡的枸酱需要先偷偷运到夜郎。夜郎国临着牂柯江，江宽达百余步，足以行船。随后唐蒙上书建议汉武帝，如果从长沙、豫章攻打南越，走水道会很困难，因此可以动员夜郎兵顺牂柯江而下，并建议在夜郎设置汉朝的官吏。汉武帝任命唐蒙为郎中将，率领1 000人，带着1万多人用的辎重，经过巴蜀的筰关，见到了夜郎王多同。唐蒙馈赠了大量物资给夜郎国，威逼利诱，将多同的儿子任命为汉朝的夜郎县令。夜郎附近的小部落都贪图汉朝的纺织品，同时以为道路险阻，汉朝不可能真正占领它们，于是都暂时答应唐蒙归附，汉朝在此设立了犍为郡。

唐蒙征用巴蜀的士卒修筑了自僰道（今四川省宜宾市）通向牂柯江的道路。在此期间，唐蒙动员了巴、蜀两郡共计数万人开通道路、转运物资，并施以严刑峻法，结果激起了当地民众的暴乱。汉武帝闻讯后，决定派遣自己身边

---

1 邛都、筰都、广汉西白马均为当地部落名、国名。

的郎官、著名的文学家、蜀郡成都人司马相如回到家乡，安抚处理善后事宜，并宣称，唐蒙的扰民之举并非自己的本意。司马相如回京汇报时，唐蒙已经差不多完成了夜郎的道路，又开始修筑通往西南夷的道路，前后征发了数万人，修筑了两年也没有成功，不但人员大多死亡，也耗费了数以亿万计的钱财。

元光五年（公元前130年），邛、筰的部族首领听说南夷归附汉朝后，得到了很多赏赐，因此也想模仿南夷要求归附。汉武帝为此征求司马相如的意见，司马相如认为邛、筰、厓、駹这些西夷离蜀郡更近，道路也更容易修通，秦朝曾为郡县，如今重新归附，好处比南夷还要大。汉武帝认为有理，于是提拔司马相如为中郎将，持符节出使西夷，又派遣副使王然于、壶充国、吕越人坐着四匹马拉的传车赏赐西夷。西夷诸部的首领全部请求归附汉朝，撤除边境上的关卡，纳入了汉朝帝国的版图，并在此设置了一个都尉和十余个县，隶属于蜀郡。司马相如评价了自己招抚西夷的功绩："盖世必有非常之人，然后有非常之事；有非常之事，然后有非常之功。"[1]作为一个文学家，司马相如承担了招抚西夷、建立郡县的任务，诚然是一位非常之人所立的非常之功，但这段话其实也是对当时包括汉武帝在内的

---

1 《史记》卷117《司马相如列传》。

许多人物与事件很好的概括。

汉武帝为经营西南夷付出了沉重的代价，修筑的道路长时间无法完成，士卒因为恶劣的气候与饥饿死伤枕藉，西南夷又几次造反，发兵平叛，却师老无功。汉武帝于是派遣御史大夫公孙弘去实地考察，回来后公孙弘根据所见，建议汉朝放弃经营西南夷。此时正逢征讨匈奴，收复河南地设置了朔方郡，同样耗费了极其巨大的人力、物力，元朔三年（公元前126年），汉武帝决定放弃经营西夷，只在南夷夜郎设置两县一都尉。汉朝在西夷的转机出现在15年后，借着灭亡了南越、闽越的余威，元鼎六年（公元前111年）汉军又平定了反叛的南夷，设立了牂柯郡，夜郎王、西夷诸部族随后决定归附汉朝，经营西南夷的事业开始走向全盛。

汉武帝并不满足眼前取得的成果，他还要再接再厉，征服滇国，打通沿身毒（印度）道通向大夏（巴克特里亚，今阿富汗北部）的道路。他派遣王然于以攻灭南越、闽越，征服南夷的事例威吓滇王入朝归附，但是滇国的东北还有与滇王同一家族的劳浸、靡莫两个政权，它们不仅阻止滇王归附，还几次袭击汉朝的使者和士兵。元封二年（公元前109年），汉武帝征发巴、蜀二郡的军队消灭了劳浸、靡莫，并兵临滇国城下，滇王举国投降，汉朝在滇国故地设置了益州郡（治所在今云南省晋宁县东）。至此，经过几十年的不懈努力，汉武帝经营西南夷的事业取得了最终的成功，不仅在西南方向恢复了秦朝的故土，更进一步将版图扩张到了今天的云南、缅甸一带。

几乎与经营西南夷达到顶峰同时，元鼎五年（公元前112年），居住在今甘肃临夏以西、青海东北部的西羌部落10万人造反，并与匈奴互通使节，攻打令居县（治所在今甘肃省永登县西北）、故安县（今甘肃省临洮县西南）、包围枹罕（今甘肃省临夏东北）；与此同时匈奴也侵入五原郡（治所在今内蒙古自治区包头市）攻杀太守。第二年，汉武帝征发十万大军，由将军李息、郎中令徐自为率领，征讨西羌，"西逐诸羌"，"河西地空"[1]，于是迁移内地民众前往居住，并在湟水流域设置护羌校尉，持节统领该地，汉朝的版图又向西扩张到了今青海东部一带。

3. 向东：设置朝鲜四郡

汉武帝的扩张是全方位的，东南为闽越，南方为南越，西南为西南夷，西方为诸羌，北方为匈奴，东北则为朝鲜。汉朝建立时，与统治朝鲜半岛的箕氏政权以浿水（今朝鲜清川江）为界。后来燕王卢绾叛逃匈奴，他的部属卫满率

---

1 《后汉书》卷87《西羌传》。

领千余名部下渡过浿水，将头发扎成椎形，身着蛮夷服装，定居下来。后来他受当地的真番、朝鲜蛮夷及以前燕国、齐国亡命者拥戴，灭亡了箕氏朝鲜，自立为朝鲜王，都城在王险（今朝鲜平壤市），史称"卫满朝鲜"。汉惠帝、高后时，卫满成为汉朝的藩属外臣，承担了阻止塞外蛮夷侵犯汉帝国边境的职务，同时不能阻止诸蛮夷君长朝见汉朝天子。卫满的地位获得汉朝认可后，趁机征服了周边的东夷小国，版图幅员数千里，统治了大半个朝鲜半岛。等到卫满的孙子卫右渠即位后，从不朝见皇帝，且诱使汉人逃亡至朝鲜，并且阻止周边蛮夷去汉朝朝见，汉与朝鲜的关系开始紧张。元封二年（公元前109年），汉朝的使者涉何代表汉武帝去责问朝鲜王卫右渠，但他还是不肯奉诏。于是涉何启程回国，到了汉朝边界河浿水之畔，涉何刺杀了护送他的朝鲜裨王长，随即迅速渡河入塞，谎称自己杀了朝鲜的将军。汉武帝对他的行为非常欣赏，不仅不追究，还提拔他为辽东郡的东部都尉。朝鲜因此痛恨涉何，随后发兵袭杀了他，从而拉开了战争的帷幕。

汉武帝下令募集罪犯攻打朝鲜。这一年的秋天，楼船将军杨仆率兵五万人，从齐国渡渤海，左将军荀彘从辽东郡（治所在今辽宁省辽阳市）出发，分水陆两路征讨，朝鲜王卫右渠也调集兵力，距险抵抗，汉军陆路率先失利，左将军属下的卒正（中级军官）率辽东兵逃跑，被按军法斩首。楼船将军杨仆率先头部队7 000人抵达朝鲜的都城王险，朝鲜兵见汉军人数少，即出城攻打，这一路的汉军也溃败了，后杨仆独自逃入山中躲藏了10余天，并招集溃散的士卒重新成军。

汉武帝见两路军都失利，于是派遣卫山前去劝降。卫右渠见到使者，顿首谢罪，说明他原本想投降，但害怕被两位将军诈杀，现在见到了皇帝的使者，因此决定投降，并派遣太子入朝谢罪，献上5 000匹马，并赠送粮食给汉军。在朝鲜太子率领全副武装的一万多人正要渡过浿水之际，使者卫山及左将军荀彘担心其中有诈，要求他们不要携带兵器，朝鲜太子也怀疑会被诈杀，随即调头不去朝见。因双方的互不信任，此次招降失败，汉武帝为此诛杀了卫山，战事再一次爆发。

左将军荀彘突破朝鲜的浿水防线，包围朝鲜都城的西北部，楼船将军杨仆包围了城南，但是在朝鲜的顽强抵抗下，历经数月不能攻克。荀彘是侍中，一向被汉武帝宠幸，所部又是燕代一带的骄兵悍将，而杨仆率领的齐国将士在渡海时已经损失不小，之前又被击败，因此士气低迷，想与朝鲜休战，双方约定和谈。荀彘几次与杨仆约定进攻，但杨仆均爽约，因此怀疑他要造反。汉武帝听到前方统帅不和，久攻不下后，派遣济南太守公孙遂去朝鲜军前，让他便宜行事。荀彘向公孙遂告状，说杨仆数次爽约合兵进攻，而且他会反叛，与朝鲜军一同消灭汉军。公孙遂同意了荀彘的看法，用皇帝赐予的符节传召杨仆到左将军营中议事，随即将其逮捕，并且接管了他的军队。

左将军荀彘合并两军后，加紧攻打朝鲜都城，元封三年（公元前108年）夏，朝鲜官员杀朝鲜王卫右渠投降，但汉军还未来得及进入王险城，朝鲜大臣成已又造反，后被汉军诛杀。至此朝鲜终于被平定，被汉朝设为真番（治所在今韩国首尔市）、临屯（治所在今韩国江陵市）、乐浪（治所在今朝鲜平壤市）、玄菟（治所在今朝鲜咸兴市）四郡，史称"大汉朝鲜四郡"。

朝鲜杀国王、成已投降的官员中有五人被封侯，而汉军的统帅左将军荀彘却因与杨仆争功相嫉，又违背战争计划而被弃市；济南太守公孙遂也因协助荀彘逮捕杨仆，吞并其军队而被诛杀。楼船将军杨仆因为没有等待左将军部，擅自发兵导致损失惨重，依法当诛，赎为庶人。

这场朝鲜战争对于参与其中的汉军将领来说是一场大悲剧，擅自挑起事端的涉何被朝鲜袭杀；招降朝鲜国王的使者卫山本来已经大功告成，结果功亏一篑，被汉武帝诛杀；济南太守公孙遂偏听偏信，逮捕杨仆，破坏了正在进行和谈，因而被杀；左将军荀彘与杨仆争功，擅自逮捕对方，违背战争计划，因而被杀；楼船将军杨仆也因争功冒进导致军队损失，论罪当诛，赎为庶人。与此形成鲜明对比的是，这场战争因功封侯的五人却均是朝鲜的投降者。由此可见汉武帝对军事行动的赏罚完全只看其功过，而不管其地位、名声、背景、关系，左将军荀彘虽然是他的宠臣，最终也平定了朝鲜，但依然因功不抵过而被弃市。

4. 万里凿空：丝绸之路的开辟与中亚的扩张

此时汉朝的版图在各个方向上已经全面超越了秦朝，但汉武帝仍然不满足，他的目光投向了万里之外的西域。按汉人的理解，西域东起玉门关、阳关，西止于葱岭（帕米尔高原），东西长6 000余里，南北宽千余里，起初共有36个国家，后来分裂至50余国，它们都位于匈奴的西面，乌孙的南面。自玉门、阳关出西域有两条道路：从鄯善（今新疆自治区若羌县一带）沿着昆仑山的北麓、塔里木河西行至莎车（今新疆自治区莎车县一带），为南道，南道再向西越过葱岭则到达大月氏（今阿姆河流域）、安息（古国名，在今伊朗高原、两河流域）。自车师国的都城交河城（今新疆自治区交河故城遗址）沿着天山西行至疏勒国（今新疆自治区喀什、疏勒一带），为北道，北道向西越过葱岭则达到大宛（古国名，在今费尔干纳盆地）、康居（古国名，在今锡尔河、阿姆河流域）、奄蔡（古国名，在今咸海西北、里海之北）。西域诸国大多数是定居国，有城郭田地，蓄养牲畜，与匈奴、乌孙随畜移徙的风俗不一样，但它们都臣服于匈奴。匈奴的日逐王设置僮仆都尉管理西域，他常居住在焉耆（古国名，在今新疆自治区焉耆县一带）、危须（古国名，在今新疆自治区和硕县一带）、尉黎（古国名，在今新疆自治区尉犁县一带）之间，向诸国收取赋税，征发物资。

汉武帝刚即位不久，有投降汉朝的匈奴人称，几十年前匈奴攻打在祁连山、敦煌一带放牧的月氏部落，杀了月氏王，并以他的头骨作为饮器，致使月氏人大部分西逃，号称"大月氏"，仍然留在原地号称"小月氏"。大月氏痛恨匈奴，但却找不到共同攻打匈奴的合作者。汉武帝听说之后，便想与大月氏联合攻打匈奴，但此时道路已被匈奴隔绝，风险很大，因此需要招募出使大月氏的使者。

建元三年（公元前138年），时任皇帝郎卫的张骞应募，率领一行100人的代表团从位于汉帝国最西部的陇西郡出发。途经已被匈奴占领的河西走廊时，张骞被匈奴俘获，扣留了10年，并且娶了匈奴女子为妻，与其生子，但仍然持汉节不失。汉节"以竹为主，柄长八尺，以牦牛尾其眊三重"，长约1.8米，代表皇帝与国家，是身份与忠诚的象征，因此使者又称"使节"。终于一天有了逃跑的机会，张骞抛妻别子，但却没有返回汉朝，而是率领部属继续西行，寻找大月氏，完成使命。

张骞一行向西翻越时称"葱岭"的帕米尔高原，到达位于今中亚费尔干纳盆地的大宛国首都贵山城（今乌兹别克斯坦苦盏），据张骞观察："其俗土著，耕田，田稻麦。有蒲陶（葡萄）酒。多善马，马汗血，其先天马子也。有城郭屋室，其属邑大小七十余城，众可数十万。其兵弓矛骑射。"[1]"宛"（yuān）是巴利语"耶婆那"（Yavana）的转译，即古代印度对希腊人的主要一支"爱奥尼亚人"的称呼，"大宛"在字义上就是"大爱奥尼亚"，与其南方的"大夏"即"巴克特里亚"（Greco-Bactrian Kingdom）是200年前亚历山大大帝远征的结果。亚历山大帝国分裂后在中亚形成了两个希腊人国家，而贵山城很可能就是"最遥远的亚历山大城"（Alexandria Eschate）。这是中国文明与希腊地中海文明第一次直接接触，是两大文明跨越帕米尔高原的握手。

大宛王听说汉朝富裕，却无从交往，所以见到张骞很高兴，问他要去哪里，张骞告诉了他此行的目的。之后大宛王为张骞配备了向导和翻译，他们一行经过康居（中心区在今乌兹别克斯坦撒马尔罕一带），渡过妫水（阿姆河，希腊人称为Oxus），到达了大月氏。张骞向大月氏女王表达了汉武帝十年前的意愿：汉朝与月氏两家联合夹攻匈奴。当时的大月氏刚刚征服了希腊人的大夏，攻克了大夏

---

1 《史记》卷123《大宛列传》。

的首都蓝氏城（今阿富汗巴尔赫附近）。这是一座高度发达的希腊城市，有宽敞的居所、剧场、浴室、神庙，土地富饶，文明昌盛，大月氏人安居乐业，乐于偏安，女王已经失去了为丈夫复仇的心思——能否打败匈奴另讲，即使打胜了，也不过重回故乡河西走廊的草原牧马放羊，有如今日从一线城市回到牧区，毫无吸引力。张骞"竟不能得月氏要领"[1]，没有达成联合大月氏攻打匈奴的目的。

阿富汗位于四战之地，早在张骞到达前的400多年，便已被居鲁士大帝建立的波斯帝国吞并为巴克特里亚省（Bactria）。在张骞到达前的200多年，亚历山大大帝率领希腊联军灭亡了波斯帝国，阿富汗又成为了亚历山大帝国以及帝国分裂后的塞琉古帝国（Seleucid Empire）的巴克特里亚省。在张骞到达阿富汗的100多年前，中亚兴起的帕提亚部族南下占领了伊朗高原，建立了安息帝国（Arsacid），又称帕提亚帝国（Parthian），将塞琉古帝国与其东部分割，巴克特里亚的希腊人独立建国，即希腊—巴克特里亚王国（Greco-Bactrian Kingdom），当时中国人称之为"大夏"。

1961年，阿富汗国王默罕默德·萨米尔汗（Mohammed Zahir Shah）打猎时在阿姆河左岸的阿伊—哈努姆（Ai-khanoum）发现了一些希腊的科林斯柱头（Corinthian

---

1 《史记》卷123《大宛列传》。

Order），后经法国DAFA考古队发掘，找到了一座古希腊城市，张骞回国时可能就由此城经过。

留在大夏一年多，"不得要领"的张骞决定回国复命，此时他已经离开长安12年了。早在元光二年（公元前133年），汉武帝已经与匈奴开战，到此时已经涌现了一颗光彩夺目的将星——卫青，他的胜仗一个接一个，汉朝正逐渐获得对匈奴作战的优势。张骞启程回国的这一年，卫青因军功封为长平侯，当然，远在万里之外、异乡绝域的张骞是不可能知道这些的。

充满好奇心的张骞再次翻越葱岭，他从蓝氏城一路向东，沿着阿富汗巴达赫尚省的科克恰河谷，走到了妫水上游的喷赤河谷，就进入了俗称的"瓦罕走廊"[1]。这条路线是葱岭东西两侧交流的常规路线，它将是"丝绸之路"的主要干道。700多年后，一位名叫玄奘的僧人从印度东归长安时，也将从这条道路走过。

翻越葱岭以后到达莎车绿洲，张骞决定取道昆仑山北麓归国。为了避免再次被匈奴人俘获，他想绕开河西走廊，取道青藏高原上自然条件恶劣的羌人占领地区（羌中）返回长安，结果再次被已经占领了西域的匈奴俘获。张骞

---

1 "瓦罕走廊"在阿富汗，并不在中国境内，虽然很多人，甚至当地政府也这样误认为。

"为人强力，宽大信人，蛮夷爱之"[1]，因此即使再次被俘获，也没有因逃跑而受到匈奴人的处罚，且被送回家中，夫妻团聚。这次张骞被扣留了一年多，后趁着单于身死，匈奴内乱，携带妻儿和他的随从堂邑父一道逃回了长安。堂邑父是胡人，善射，他们一路捕猎返回长安。张骞出发时有100人，13年后的元朔三年（公元前126年），原使团仅有这两人得以生返长安。从未想到过竟然还能重逢的汉武帝提拔他为太中大夫。梁启超称赞张骞："坚忍磊落奇男子，世界史开幕第一人"。

梁启超的这句话并不是夸张，正是张骞此次的"凿空"之旅，使得当时的中国人第一次获得了临洮以西的河西走廊，河西走廊以西的西域，西域最西部的葱岭，葱岭以西的大宛、康居、大月氏、大夏的第一手信息。如同15世纪末的哥伦布发现"新大陆"，当时正处于文明青春期、奋发进取的中国人也发现了自己的"新大陆"：这是一片充满别样风情的异域，那里很多人是金发碧眼白肤，有各种各样当时中国闻所未闻的物产，尤其是汉武帝最心仪的"汗血宝马"。

张骞不仅是历史记录的从中国到达中亚的第一人，也是从中亚到达中国的第一人，而且是将中国文明圈和波

---

1 《史记》卷123《大宛列传》。

斯—希腊—地中海文明圈直接联通的第一人，他的路线被《汉书·西域传》记录："自玉门、阳关出西域有两道。从鄯善傍南山北，波河西行至莎车，为南道；南道西踰葱岭则出大月氏、安息。自车师前王廷随北山，波河西行至疏勒，为北道；北道西踰葱岭则出大宛、康居、奄蔡焉。"他所行走的路线被记录在《汉书·西域传》中，后来被19世纪的德国地理学家李希霍芬命名为"丝绸之路"。丝绸之路的南、北两道都位于天山以南时称"西域"的塔里木盆地，且经过了玉门、阳关、葱岭，它们是丝绸之路上的三个最重要的地理坐标。张骞是通西域、"凿空"第一人，司马迁将他的13年经历记录于《史记·大宛列传》，因此汉武帝是丝绸之路的开创者，张骞是丝绸之路的"凿空"执行者，司马迁是丝绸之路的记录者。

"及秦始皇攘却戎狄，筑长城，界中国，然西不过临洮"[1]，秦统一后至汉武帝前期，秦汉版图的最西界仅到临洮（今甘肃省岷县）一线，张骞给当时的中国人带来了第一手的西部世界信息。汉武帝了解到东西长达1 000余公里，地处祁连山、北山间狭窄的河西走廊是通往西域的最主要通道，可以隔绝蒙古高原的匈奴人与青藏高原的羌人，而且水草丰茂，可兼农牧，是匈奴人的主要经济基地。单纯的

---

1 《汉书》卷96《西域传》。

游牧经济非常脆弱，受自然气候影响很大，缺乏稳定的经济来源。匈奴趁着秦末战乱，南下占领了河南地，又于汉初驱逐了大月氏，占领了河西走廊，并进一步占领了西域（南疆塔里木盆地），这三地成为了维系匈奴物资来源的重要经济基地，而且河南地与河西走廊从北、西北对汉朝形成了包围之势。汉武帝对匈奴的战略就是在不断北征漠北蒙古高原，杀伤匈奴有生力量的同时，逐步夺取这三块经济、军事战略要地，以解除匈奴对汉朝的包围，同时扼杀匈奴的生存空间，因此汉军要不断西进。

早在张骞被俘获、羁留于匈奴的元光二年（公元前133年），汉朝已向匈奴开战，并于元朔二年（公元前127年），他回国的前一年，取得了对匈奴的第一次大胜利——卫青率军收复了秦末丧失的河南地，夺取了匈奴重要的经济基地与南侵的前沿阵地。回国后，张骞也跟随卫青大军北征匈奴，因军功而获封"博望侯"。在张骞回国五年后，霍去病的两次征伐与匈奴浑邪王的投降使得汉朝占领了原属匈奴的整个河西走廊，并随后设立河西四郡：武威、张掖、酒泉、敦煌，并于敦煌郡的西边设立了玉门关、阳关，这就是著名的"列郡祁连"，"列四郡，据两关"。不占领河西走廊，丝绸之路不可能开通。

张骞不仅直接影响了汉朝向西北开辟丝绸之路，还间接影响了汉朝向西南的扩张。第一次出使，他亲身到过大宛、大月氏、大夏、康居四国，并听说了其他五、六个邻国的情况，他将这些国家的地形物产全部告诉了汉武帝，并提供了一个信息：可以另辟蹊径，绕开匈奴，从蜀郡经过身毒（今印度）到达大夏；大宛、大夏、安息都是大国，多奇珍异物，也是定居生活，和汉朝风俗相差不大，但军力薄弱，看重汉朝的财物；他们北边的大月氏、康居军力强劲，可以用赠送财物的方式诱使他们来朝见，"且诚得而以义属之，则广地万里，重九译，致殊俗，威德遍于四海"[1]，如此一来可以开拓万里疆域，将皇帝的威德遍于四海。不愧是曾经朝夕相处的警卫员，张骞的这些话非常对汉武帝的胃口，激发了汉武帝的雄心，他决定从蜀郡、犍为郡派出四路使者，分别从冉駹、莋都、徙邛、僰向身毒进发，但各路都走了一二千里就被周边部族阻拦。后汉武帝又听说昆明以西1 000余里、人民以大象为坐骑的滇越国（今云南省腾冲市一带）与蜀郡有商业往来，于是为了寻找通往大夏的道路，汉朝开始与滇国交往，并最终将其征服。原本汉朝经营西南夷的事业因为耗费人力、物力太大已经中止，张骞回来提及可以从西南寻找通往大夏的道路，从而使得这一事业获得了新生。

张骞通西域与经营西南夷的事业可以称得上是2 000多

---

1 《史记》卷123《大宛列传》。

年前的中国地理大发现，汉武帝欲将"威德遍于四海"的雄心是这一地理大发现的原动力。虽然联合大月氏对付匈奴的计划并没有实现，但在地理大发现后，汉武帝开始对西域产生了浓厚的兴趣。

元朔六年（公元前123年），张骞以校尉身份跟随大将军卫青攻打匈奴，他因在匈奴生活长达十数年，有着丰富的经验，能在大漠中找到水草居处，军队得以不困乏，因功被封为博望侯。但两年后，升为卫尉的张骞因贻误战机当斩，后赎为庶人。

"列郡祁连"后，金城（今甘肃省兰州市）、河西并南山（祁连山）至盐泽（罗布泊），"空无匈奴"[1]；漠北决战后，"幕（漠）南无王庭"[2]，匈奴主力远遁漠北，再难威胁戒备森严、重兵戍守的河西走廊，通往西域的通道自此敞开。好奇心极强的汉武帝仍然不时询问罢为庶人的张骞西域、大夏等国的情况，汉朝男人的最高理想就是立功封侯，已经失去侯爵之位的张骞立功心切，告诉汉武帝，他当年在匈奴时，听闻乌孙王名叫昆莫，昆莫的父亲难兜靡本来与大月氏均在祁连、敦煌间游牧，大月氏攻杀了难兜靡，夺取其地，乌孙民众逃亡到匈奴。在难兜靡的儿子昆莫刚出生时，就被匈奴的老上单于抚养。长大后，昆莫率领父亲

---

1 《史记》卷123《大宛列传》。
2 《史记》卷110《匈奴列传》。

的部众为匈奴打仗，几次立功。此时，大月氏被匈奴击败，西迁攻打西域的塞王（游牧于欧亚草原的塞种人，印欧人种），塞王南迁，大月氏占领其地。昆莫为报父仇，向西进攻，打败了大月氏，大月氏被迫再次西迁，占领了大夏地盘。

这是2 000多年前发生在亚洲内陆的多米诺骨牌式的民族大迁徙，大月氏人后来建立了贵霜帝国，成为葱岭以西、伊朗高原以东的霸主。汉朝、贵霜、安息、罗马是丝绸之路上的四个主要帝国。贵霜继承了大夏的希腊文明，后来又信仰了佛教，形成了犍陀罗艺术，犍陀罗艺术沿着丝绸之路，翻越葱岭，东传至中国，成为中国汉传佛教造像艺术的来源，深刻影响了中国历史。

张骞向汉武帝分析中亚草原的形势，认为乌孙昆莫势力大增，且正逢养父老上单于去世，故不再臣服于匈奴，匈奴攻打乌孙，没能取胜，现在匈奴单于远逃漠北，乌孙故地空无人居。乌孙怀念故地，又贪图汉朝财物，如果送财物贿赂乌孙，招他们回故地居住，再将公主嫁给他们做夫人，结为同盟，就可"断匈奴右臂（面南，西为右）也"[1]。与乌孙结盟，再向西可以招大夏等国为外臣。

汉武帝认可了张骞的建议，于是任命他为中郎将，率

---

[1] 《史记》卷123《大宛列传》。

领300人与600匹马，数万头牛、羊，带着价值亿万的金币、帛出使乌孙及其附近各国。这次他到达了位于匈奴以西、伊犁河谷与中亚草原的乌孙，但是乌孙王对汉朝了解不多，没有答应张骞联合攻打匈奴的建议，只是派人送张骞回国，顺便访问汉朝。张骞的出访并没有达到目的，一直到几十年后的汉宣帝时期，汉朝才与乌孙结成政治军事同盟，终于实现了合围匈奴的战略目标，合击摧毁了匈奴，匈奴被迫向汉朝投降，只有小部分远遁中亚，汉元帝时也被汉军追击歼灭。

第二次出使回来后，汉武帝提拔张骞为大行令，一年多后，张骞去世。张骞"凿空"（开辟孔道）西域及其中亚、西亚直至地中海诸国，因此享有崇高的声誉，以后汉朝使者往往自称为"博望侯"，以取信这些国家。张骞在乌孙时又派遣多位副使继续西行，一直到达了位于伊朗高原与两河流域的安息，安息两万骑兵在东界迎接。其余副使到达了大宛、康居、大月氏、大夏、身毒等中亚、西亚、南亚诸国，以后的汉使更进一步，最远到达了条支（地中海东岸的塞琉古帝国）、黎轩（地中海南岸的托勒密帝国），中国从此与地中海地区有了直接的政治、经济联系。张骞第一次出使只是单向的交往，第二次出使后，西域诸国也派遣使者前往长安，由此汉朝与西域诸国开始了常态化的官方、民间双向交往。商人沿着西域南道、北道进行贸易往来，西域的特产石榴、黄瓜、葡萄、葡萄酒、苜蓿、乐器、良马以及佛教向东传入，中国以特产丝绸为代表的商品向西输出，终于形成了由长安至地中海的"丝绸之路"。

此后汉朝派往大宛诸国的使者相望于道，一年中多达十几批，但一定会经过楼兰、姑师（车师）两国。这两国曾经攻击、劫持使者王恢等人，又充当匈奴的耳目，会通知匈奴兵前来拦截汉使。使者们认为这两国虽有城邑，但是兵力很弱，于是在元封三年（公元前108年），汉武帝派遣从票侯赵破奴率领数万人攻打这两国。赵破奴仅率领轻骑700人就俘虏了楼兰王，并攻破姑师，汉朝的军威震动了乌孙、大宛等国。后赵破奴被封为浞野侯，副手王恢被封为浩侯。这次胜利后，汉朝的军队和势力开始进入西域，并将各种军事、民用设施一直修筑到了玉门关（今甘肃省敦煌市西北玉门关遗址）。

自"列郡祁连"控制河西走廊之后，汉朝最西的边界由临洮（今甘肃省岷县）向西扩张到了玉门关、阳关，关外就是西域。当时的西域诸国是由当地土著形成的绿洲国家，"有城郭田畜"，不同于匈奴、乌孙的游牧生活。在汉文帝时期，至少26个西域国家被匈奴征服，匈奴日逐王在焉耆、危须、尉犁间设置了僮仆都尉以统治西域，向诸国收取赋税。因此汉军进入西域，就是抢夺匈奴的地盘、给养，扼杀匈奴的生存空间。

第一次出使回国后，张骞曾告诉汉武帝，离长安有
12 550里（长安至大宛直线距离为3 300公里）的大宛国产
好马，以"汗血马"著称。骑兵是汉武帝最重视的军事力
量，是对付匈奴的主力，再兼汉武帝一向酷爱好马，因此
他派遣使者持千金、金马去大宛国买马。但大宛王认为汉
帝国遥不可及，因此没有答应。汉朝的使者辱骂了大宛王，
破坏了金马，因而被杀，财物也被大宛夺走。汉武帝为此
大怒，太初元年（公元前104年）征发属国的6 000骑兵及
郡国的"恶少年"（流氓无赖的青少年）数万人，由李广利
率领征伐大宛。因为此次征伐的目标是宝马产地——大宛
的贰师城（今吉尔吉斯斯坦奥什），所以任命李广利为"贰
师将军"。李广利是汉武帝宠爱的李夫人的哥哥，汉武帝任
命他出征大宛也有私心，即想让他借此机会立功封侯，复
制卫青、霍去病的成功案例。由于路途遥远，需要途经无
边无际的大沙漠，翻越高耸入云的雪山，而沿途诸国都闭
门坚守，不提供给养，因此一路前行一路攻打，等到了大
宛东部的郁成城（今乌兹别克斯坦安集延以东），全军只剩
下数千疲兵，攻城又死伤惨重，无法攻克。李广利因此率
军东返敦煌，全军幸存者不过十之一二，他上书汉武帝，
认为路途太过遥远，没有食物，兵力又不足，无法攻克大
宛，请求罢兵，等以后准备充分了再去远征。汉武帝大怒，
派遣使者拦在玉门关外，宣他的旨意："军中如有敢入玉门

关者，就地斩首！"李广利害怕，只好留在敦煌郡等待援兵。第一次远征大宛失败。

此时与匈奴的战争再次爆发，汉军在漠北大败，因此大臣们全部认为应该放弃征讨大宛，专心对付匈奴。汉武帝独排众议，认为如果连大宛这样的小国都不能征服，大夏等国肯定会轻视汉朝，乌孙、轮台（古国名，今新疆自治区轮台县东南）也会刁难汉使，更不要想能得到好马了。于是汉武帝处罚了极力要求停止征伐大宛的邓光等人，赦免囚犯，征发恶少年及边防骑兵共6万人组成远征军（志愿从军者还不计算在内），携带了粮食、兵器，并配备牛10万头，马3万匹，数以万计的驴、骆驼，天下为之骚动。因为沿途后勤的限制，大军兵分数路，分别沿着西域南道、西域北道向西进军。罪犯当义务兵，冒险家当志愿者，这是非常巧妙的搭配，汉武帝充分利用了罪犯们急于立功免罪，冒险家们热衷建功立业的心理。当然远征军的中坚力量还是职业的军人、边防骑兵，这样的组合才有战斗力。

沿途诸国见到此次汉军人多势众，莫不出迎提供食物，但轮台却不理会汉军，因此被围攻数日，在被汉军攻克后遭到了屠城。自此而西，汉军顺利到达了大宛的首都贵山城（今塔吉克斯坦苦盏），此时这支征伐大军只剩下3万人。为了防备匈奴攻打远征军的后方基地，以致切断远征军后路，汉武帝另外征发18万戍卒驻守酒泉、张掖以北，并在居延、休屠两地设置屯兵以保卫酒泉，又征发了天下罪犯运载粮食供给大宛远征军。

远征军到达大宛首都贵山城后，大宛兵出城迎击，被汉军用强弓劲弩击败，之后汉军围城，断绝城中水源，围攻达40余天，大宛贵族决定杀掉国王求。此时外城已经被攻破，大宛贵族出示国王的头颅，并答应提供好马。李广利考虑到内城中已经凿井，害怕久攻不下，康居救兵将至，因此答应了求和的条件。在大宛献上的马匹中，汉军挑选了宝马数十匹，中马以下3 000余匹，并立大宛亲汉的贵族昧蔡为王，然后撤军回国。之前李广利已经派遣搜粟都尉上官桀攻克了郁成，郁成王逃往康居国，汉军便一路追击。到了康居国后，康居王听说大宛已被征服，于是将郁成王交给汉军斩首。一年多后，大宛贵族发动政变，杀了汉军所立的国王昧蔡，立前国王的弟弟蝉封为国王，蝉封派遣儿子做了汉朝的人质，并决定每年向汉朝贡献天马二匹。汉朝的使者在大宛采集了葡萄和苜蓿的种子，将葡萄、苜蓿引进汉地。之后又有十几批使者前往大宛西面的诸国，以大宛为例，向诸国威胁索要奇物。

远征军东返，沿途诸国听说大宛已被征服，全部将国王的子弟送去汉朝当人质，表示臣服。远征军进入玉门关后，只剩下一万余人，马千余匹。此次远征不缺食物，战死者也不多，损失主要是将领们贪财，不爱惜士卒，反而侵吞他们的财物所致。汉武帝认为此次远征万里,十分辛苦,所以不追究将领们的过错,并封李广利为海西侯,食邑八千户;封斩杀郁成王的赵弟为新畤侯;提拔功劳最大的军正赵始为光禄大夫(由中大夫改称);任命敢于深入康居的上官桀为少府;任命出谋划策的李哆为上党郡(治所在今山西省长治市北)太守。远征军中被任命为九卿者三人,任命为诸侯相、郡守、二千石百余人,千石以下千余人。自愿从军远征者得到的官职都超过预期,罪犯从军者均免除罪行,士兵们得到了价值4万金的赏赐。两次远征大宛,前后总共花费了4年时间,此后汉朝在敦煌郡设置酒泉都尉,西至盐泽,并设有亭障,在轮台、渠犁(今新疆自治区尉犁县以北)驻扎数百士兵屯田,并设置使者护保护田地,储存粮食,供应汉使。此时汉朝的版图已经向西扩张到了今新疆轮台一带,比起秦朝时的西部边境临洮(今甘肃省岷县),向西扩张的直线距离达两千公里,汉长城也从河西四郡、玉门关延伸到了罗布泊,整个西域纳入了汉帝国的势力范围。汉武帝为了庆祝远征大宛的胜利,赋诗《西极天马之歌》:"天马来兮从西极,经万里兮归有德。承灵威兮降外国,涉流沙兮四夷服。"[1]

　　汉朝远征大宛,是中国文明与地中海—希腊文明的第

---

1 《史记》卷24《乐书》。

一次军事冲突。在中亚的费尔干纳盆地,汉军面对的是曾从地中海一路远征到帕米尔高原、印度河,战无不胜的希腊—马其顿方阵,但最终他们却被汉军的强弓劲弩击败。这是超过6万大军的万里远征,是中国军队第一次翻越帕米尔高原,堪称世界军事史上的一大奇迹。但这个奇迹却因为主将李广利后来投降匈奴而被有意忽视。

至此汉朝有效控制了西域南道、北道的第三个重要地标——葱岭,汉朝的官吏、军队、使节、商人可以由长安出发,沿着丝绸之路,经过河西走廊、玉门关、阳关,到达西域,然后翻越葱岭,安全到达中亚的地中海文明圈,而中亚诸国的国王、人质(各国太子充当)、贵族、官吏、商人则东行到达长安朝觐。从地理上讲,丝绸之路是从长安出发,经河西走廊向西经过中亚,直至地中海地区的道路系统;从政治、军事上讲,丝绸之路是汉朝为了反击、扼杀匈奴生存空间的西进路线;从经济、文化上讲,丝绸之路是中国与中亚、西亚、南亚直至地中海贸易往来和文化交流的纽带,因此丝绸之路并不单纯是地理上的道路概念。

近来有一种观点很流行,即早在张骞出使之前,中国与中亚甚至更远的西方就有交通往来,因此"丝绸之路"早就存在。凡有人类甚至动物,则必有道路相通,道路是随着人类的迁徙形成的,早在几万年前,人类就由非洲迁徙到亚洲；早在3 000多年前，新疆和田的玉石就到了殷墟；2 500年前的波斯帝国，也建立了完善的御道系统，其后的丝绸之路必然会利用这些早就存在的道路，但这并不代表这些道路就是"丝绸之路"，否则丝绸之路至少已经有几万年历史了。

"丝绸之路"，顾名思义运输的是当时中国产的丝绸，它们是从张骞通西域后才开始大规模、稳定地向西方出口，因此在此之前肯定不会存在。当时世界上只有中国能生产丝绸，价格昂贵，在西方世界是奢侈品，甚至与等重的黄金同价，且便于陆路运输。当时陆路运输的成本很高，高到如果不运送昂贵的丝绸就会无利可图，因此中国销往西方的主要大宗商品只能是丝绸。交通的首要条件是安全，如果河西走廊、西域仍然被匈奴控制，丝绸之路不可能形成。只有在汉朝夺取了河西走廊，"列四郡、据两关"，并进一步控制西域及其最西端的交通枢纽葱岭之后，丝绸之路才能最终形成并畅通，这是《汉书》重点强调玉门关、阳关、葱岭的原因所在，所以对于"丝绸之路"这个概念，我们可以反向定义：凡是不经过玉门关、阳关和葱岭（三者之一）的路线都不是丝绸之路。葱岭是隔绝中国文明和波斯—希腊—地中海文明的天然险阻，匈奴是隔绝两大文明直接交流的人为障碍，因此，只有张骞凿空，汉军控制河西走廊与西域，丝绸之路才会诞生。

后世史家指责汉武帝好大喜功，为了区区的马匹，竟然劳师动众，远征万里之外的小国大宛。表面上看，远征大宛是为了引进良马，汉军远征的战果似乎也仅仅是1 000余匹大宛马。但是为了对付匈奴，汉军必须装备大量的马匹，因此引进优秀的马种，改良马匹是非常重要的，这1 000多匹大宛马就是为了培育更多优良的马匹。更重要的是，远征大宛是为了树立并维护汉朝在西域诸国中的威望。西域诸国是汉朝与匈奴争夺的对象，如果远征大宛失败，西域诸国就会彻底倒向匈奴，刚刚开辟的丝绸之路也会因此断绝，"断匈奴右臂"的目标就会失败。汉武帝正是看到了这点，才不惜代价，动员全国力量，发动万里远征，自此汉朝开始威震西域诸国，版图扩张到了今天的新疆中部，势力更是越过了帕米尔高原。远征大宛是汉武帝表示的决心，即汉朝绝不会放弃对西域诸国的控制，从而有效对抗匈奴，并维护牵涉欧亚政治、军事、贸易交通等诸多问题的丝绸之路，而并非只是为了引进良马。远征大宛就是与匈奴争夺对西域诸国的控制权，"以断匈奴右臂"。汉武帝在此次远征中再一次体现了他不达目的绝不罢休的强悍个性，远征的胜利是他强大意志力的体现。如果没有汉武帝，此次远征不可能成功，丝绸之路不可能畅通，汉朝的势力更不可能深入西域。李广利或许并非卫青、霍去病那样的军事天才，但这次万里远征仍旧是军事史上的奇迹。在当时的交通条件下，超过6万的汉军从全国各地集中到玉门关出发，横穿沙漠，翻越帕米尔高原，往返行程达5 000余公里，其中一部甚至追击敌人直到中亚的康居，其艰苦卓绝是今天难以想象的。如果没有坚强的意志、高效的动员、严明的纪律、强大的后勤保障以及旺盛的进取冒险精神，此次远征是不可能成功的。这场胜利充分证明了汉朝综合国力的强大，这是当时西域诸国畏服汉朝的根本原因所在。

汉武帝四面主动出击，开疆拓土，新纳入汉朝版图的计有：东南征闽越，今天的浙江南部、福建等地；南方征南越，今天的福建南部、广东、广西以及越南北纬13度线以北地区；西南征西南夷，今天的云南、贵州、四川、甘肃、缅甸等部分地区；西征诸羌，今天的青海东部；东征朝鲜，今天的朝鲜半岛大部地区；北征匈奴，今天的陕西北部、内蒙古中部地区；远征大宛，今天的新疆东部地区。以上地区中的绝大部分都成为了今天中国版图的一部分，这是汉武帝对中国历史的最大贡献。秦末汉初，中国分裂，汉朝丢掉了秦朝岭南、闽中、河套地区，统治的疆域已经远小于秦朝，再加上汉初分封，中央政府控制的地区更是仅有15个郡，实际处于分裂状态。即使平定了七国之乱，汉朝内部基本统一，但仍然没有恢复秦朝的版图。继秦始皇短暂统一之后，汉武帝再一次统一了中国，他不仅恢复了秦朝的所有疆域，而且更进一步，远远超过了秦朝的版图。汉武帝的这些功绩是西汉盛世最辉煌的标志，他不仅根除了匈奴大规模入侵、威胁中原的可能，而且为子孙后代占据了资源，开拓了生存空间，此时的中国才真正成为一个长期统一稳定的帝国。西汉末年的扬雄用华丽的语言总结了汉武帝的大扩张："往时尝屠大宛之城，蹈乌桓之垒，探姑缯（西南夷）之壁，藉荡姐（西羌）之场，艾朝鲜之旃，拔两越之旗，近不过旬月之役，远不离二时之劳，固已犁其庭，扫其闾，郡县而置之，云彻席卷，后无余灾。"[1]

汉武帝的全面扩张也付出了惨重的代价，有大量的人力、物力损失，民众的生活水平比起文景之治也大幅度下降。从普通民众的角度看，生活在文景时代是幸福的，而生活在汉武帝时代是不幸的，但更往后甚至今天的中国人，仍然还在享用汉武帝留下来的遗产。每一代人都有每一代人的命运，诚哉斯言。

虽然唐太宗与汉文帝有些类似，但不同的是，唐朝的对外征伐早在唐太宗时期已经开始。唐初，北方蒙古草原的东突厥是重大威胁，唐朝一度向东突厥称臣。东突厥在唐太宗继位之初，曾一度兵逼首都长安以北的渭水，唐朝许诺进贡财物，签订了"渭水之盟"方才退兵。但唐朝的反击要比西汉快得多，仅仅3年后，东突厥发生内

---

1 《汉书》卷64《匈奴传》。

乱，又逢暴雪，牲畜大多冻饿而死，唐军趁机联合蒙古高原其他部落一起进攻东突厥。贞观三年（629年）十一月，10余万唐军在李靖的统率下兵分六路进攻东突厥。李靖在定襄（今内蒙古自治区和林格尔县西北土城子）、白道（今内蒙古自治区呼和浩特市）两次击败东突厥。第二年二月，又利用与东突厥和谈之际突袭，俘获了颉利可汗，东突厥汗国灭亡。唐朝在东突厥的领地上设置了六个都督府，势力范围到达漠北，唐太宗被四夷尊为"天可汗"，重建了西汉华夷一统的大帝国，这是唐朝盛世的第一个高峰。唐高宗显庆二年（657年）闰正月，唐军在苏定方的率领下在曳咥河（今新疆自治区额尔齐斯河）、金牙山（今乌兹别克斯坦塔什干）两次大败了西突厥，俘获了沙钵罗可汗，西突厥汗国灭亡，唐朝在此建立了昆陵、蒙池两个都护府，统辖西突厥故地，版图又扩大到了中亚。唐高宗永淳元年（682年），颉利可汗族人阿史那骨咄禄反唐，重建汗国，史称后突厥汗国，恢复了东突厥故地，与唐朝和战不定。唐玄宗天宝四年（745年），后突厥汗国被漠北兴起的回纥汗国与唐军联合进攻灭亡。虽然唐朝的扩张从表面上看与汉朝非常类似，但不同的是，汉朝长期稳定有效地统治扩张的地区，而唐朝只是维持了很短的时间，安史之乱之后，唐朝扩张的版图几乎完全丧失。

第五章

雄才大略：不拘一格用人才

汉武帝时代最突出的特点是人才辈出，他们出身底层，极具冒险意识、进取精神，其中最杰出的代表就是卫青、霍去病。这些平民精英建功立业，迅速崛起，"盖世必有非常之人，然后有非常之事；有非常之事，然后有非常之功。"这是一个由众多"非常之人"建立"非常之功"的伟大时代。

第一节 | 生不五鼎食，死即五鼎烹：
平民精英的崛起

1. 盖世必有非常之人，然后有非常之事

从前章的叙述中，我们可以清晰地看出汉武帝的扩张模式，都是由某个"小人物"提出方案或制造事端，比如马邑之谋的王恢，攻打闽越的庄助，出使南越的韩千秋，经营西南夷的唐蒙、司马相如，挑起朝鲜战争的涉何，凿空西域的张骞，痛骂大宛王的无名使者等等。这些人都具有强烈的冒险、进取精神，他们热衷于建功立业、食邑封侯。因此他们能够用言辞或既成事实打动同样具有强烈冒险、进取精神的汉武帝，虽然这些方案常常会遭到全体大臣的极力反对，但汉武帝会独排众议，执意推动，并最终获得成功。

一批批有名、无名的使者，被汉武帝派遣到西域、西南夷等未知的地区，率领少则几十、上百人，多则一二千人的队伍到处探险，寻找通往更遥远之地的道路——行迹与 1 000 多年后西方地理大发现时代的探险家们非常相

似——他们发现一块有价值的土地，即要求汉武帝出兵占领，设为郡县。

即使是卫青、霍去病，也遵循同样的模式。他们出身低贱，具有极强的冒险、进取精神，全凭个人能力与军功不断获得封赏，越级提拔，直至位极人臣，他们二人是这些"小人物"的最杰出代表。"小人物"没有家世背景，只能凭借个人能力与功劳获得升迁，因此积极进取，勇于开拓，极富创造力，这些正好符合汉武帝改弦更张、创立不世之功的要求。但这都要有一个前提条件，就是汉武帝赏罚严明，有功必赏，有过必罚，即使贵如大将军卫青，汉武帝也因他最后远征时没有消灭匈奴单于的主力而不予封赏。汉武帝的赏罚行为给了这些一心建功立业的"小人物"一个强烈、可信的预期，只要他们主动、积极、甚至超额完成任务，一定会得到重用，反之则一定会受到严厉的惩罚。

与汉武帝得心应手任用的这些"小人物"不同，以巩固自己地位作为人生主要目标的"大人物"高官显爵，当然不敢以身家性命做赌注，投入到这些冒险的事业中，这就是古人常说的"暮气已重"，失去了锐意进取的动力。司马相如所说的"盖世必有非常之人，然后有非常之事；有非常之事，然后有非常之功"，就是这个朝气蓬勃、积极进取、全面扩张时代的真实写照，汉武帝本人就是这个时代最杰出的代表，他是立意要做"非常之事"的"非常之人"，也是这群"非常之人"的最高领袖。汉武帝选拔人才的眼光非常卓越，这不仅体现在对外扩张，也体现在汉朝内政。

伟大的政治家不仅要有伟大的政治理念、目标，还要有实现这些理念、目标的手段，人才是其中最重要的要素，用人能力也是政治家个人能力的集中体现。汉武帝非常善于发现、提拔、运用人才，甚至与他有个人恩怨的司马迁也给予充分肯定："至今上即位，博开艺能之路，悉延百端之学，通一伎之士咸得自效，绝伦超奇者为右，无所阿私。"[1]即汉武帝广开识拔人才之路，不拘一格，只要有一技之长，就有机会报效国家，如果才能出众，就会被提拔，整个过程公平公正，没有偏私。

汉武帝的"内朝智囊团"就是由他提拔的平民精英组成的，他们足智多谋，当以丞相为首的外朝提出某项决策方案，汉武帝就让内朝扮演"反对党"的角色诘难辩论，这些人中包括了庄助、朱买臣、主父偃、吾丘寿王等。

朱买臣与庄助都是会稽郡吴县（今江苏省苏州市）人，虽然家中贫穷，但爱好读书，不治产业，以砍柴为生，常常一边担着柴薪走路，一边读书朗诵。他的妻子跟在他身

---

1 《史记》卷128《龟策列传》。

后，好几次阻止他，但朱买臣越来越大声，妻子觉得羞耻，要求离婚。朱买臣笑着说："我50岁时就要富贵，如今已经40岁多了。你受苦太久，等待我富贵了会报答你。"妻子愤怒地回答道："像你这种人，只会在沟渠中饿死，哪里能富贵！"朱买臣眼看无法挽留妻子，就答应了离婚。后来朱买臣像往常一样，背着柴薪在路上独行朗诵，走到墓地时，正好遇见前妻与她的丈夫家在上坟。前妻见他饥寒，就叫住了他，给了他一些食物。过了几年，朱买臣去长安诣阙上书，但很久得不到答复，连饭都没有吃，幸亏同乡庄助引荐，得以见到汉武帝，为他解说《春秋》和《楚辞》，深受汉武帝赏识，拜为中大夫，并成为内朝侍中。此时，御史大夫公孙弘反对建筑朔方城，汉武帝就让朱买臣驳倒了公孙弘。之后朱买臣攻打东越的良策被采纳，汉武帝了解他的想法，特地说："富贵不归故乡，如衣绣夜行，今子何如？"[1]于是任命朱买臣为家乡会稽的太守，让他回到家乡炫耀。朱买臣当然不会放弃天赐良机，他曾在失意时寄居在会稽太守的看门人家中，这次回到家乡，朱买臣穿着旧衣，怀揣印绶，步行到会稽郡邸（驻京办事处）。正逢上计[2]之时，会稽郡吏正在一起喝酒，没有人理会他。朱买臣走进房间内，与看门人一起吃饭，快吃完的时候将印绶稍稍露

---

1 《汉书》卷64《严朱吾丘主父徐严终王贾传》。
2 下一级政府将自己辖区内的年度工作汇报呈交上一级政府。

出，看门人取出来一看，发现是会稽太守印，不由大惊，报告给上计的掾吏，但他们都醉了，大呼"妄诞"。看门人说："请过来一看便知。"一位从前轻视朱买臣的掾吏入内察看，吓得逃跑，大声疾呼："果真！"举座皆惊，很快报告了守丞，所有人在庭中列队等待拜谒朱买臣，朱买臣却故意缓缓走出，接受了众人的拜见。过了一会儿，长安厩吏乘坐驷马车来迎接朱买臣，朱买臣就乘坐传车离开了。会稽郡的官员听闻太守要到了，就征发民众修路，让所有官吏一起送迎，共有百余乘车。进入吴县地界，朱买臣看到前妻和丈夫也在修路，就下令停车，让后面的车载这对夫妻一起到太守府邸，将他们安置在花园中，日日供应饭食，一个月后，前妻自杀，朱买臣还给了她丈夫安葬的费用。他又召见了所有当年给他饭吃、有恩于他的故人，一一报答。张汤曾力主杀害朱买臣的同乡庄助，时为丞相长史的朱买臣借机诬陷，导致张汤下狱自杀，后来事发，他也被汉武帝诛杀。

丞相公孙弘曾上奏，要求禁止民众挟带弓弩，因为10个盗贼持弩，100名吏也不敢向前围捕，盗贼不能伏罪，逃脱者众多，因此对于盗贼而言，持弩害寡利多，这就是盗贼众多的原因。如果能够禁弓弩，那么盗贼只能使用短兵器，如此一来官吏一方人多势众，就会取胜。盗贼有害无利，就不会犯法。汉武帝要求属下讨论，吾丘寿王反对这个建议，他认为古代圣王"合射以明教矣（射箭为六艺之一)"[1]，从来没听说禁过弓弩，而且禁止的理由竟然是盗贼持弓弩抢劫杀人。抢劫杀人是死罪，无法禁止，因为穷凶极恶的盗贼本来就不怕死刑。因此官府禁止不了盗贼使用弓弩，而良民持弓弩自卫却被处罚，这是助长了盗贼气焰而剥夺了良民的自卫权利。因此禁止弓弩不仅无益于制止犯罪，更是废弃了先王之典，使学者无法习行其礼，因此不能实行。汉武帝以这个意见驳斥公孙弘，公孙弘认输。后来吾丘寿王也因犯法被诛。一切历史都是当代史，也说明人的见识、智力没有本质的变化、提高，当今美国禁枪的正反双方的论点、论据，早在2 000多年前的中国长安未央宫就已经讨论过了，"合射以明教"就是宪法第二修正案，了无新意。人类的技术、物质文明在增长，但人的见识与智慧仍然原地踏步。

2. 第一位拜相封侯的布衣

汉朝选拔人才，一开始是任用开国功臣集团，即司马迁所说的"自汉兴至孝文二十余年，会天下初定，将相公卿皆军吏"[2]，代表人物是汉初前后任丞相（相国）的萧何、

1 《汉书》卷64《严朱吾丘主父徐严终王贾传》。
2 《史记》卷96《张丞相列传》。

曹参、王陵、周勃、陈平等。随着时间的推移，汉景帝时开国功臣凋零殆尽，逐渐退出历史舞台。汉景帝开始任用开国功臣的儿子们，他们承袭了父辈的侯爵，如先后任丞相的开封侯陶青、桃侯刘舍，而其中的杰出人物就是曾任太尉、丞相的条侯周亚夫。汉景帝执政后期，开始任用汉文帝的旧臣、因平定七国之乱而封侯的新一代军功贵族建陵侯卫绾为丞相，直至汉武帝继位后才被罢免。接任丞相的是同样因平定七国之乱而封侯的魏其侯窦婴，之后是开国功臣的第三代柏至侯许昌、平棘侯薛泽，两人之间是新兴的外戚贵族，汉武帝的舅舅、武安侯田蚡。汉朝开国后的80余年里，除一位外戚贵族外，担任丞相的都是军功贵族或其世袭侯爵的子孙，直至平民丞相公孙弘的出现。

公孙弘是一位儒生，大器晚成，早年在海边放猪为生。建元元年（公元前140年），汉武帝刚刚即位，招纳天下贤良、文学之士，年已花甲的公孙弘被招为博士，但后因出使匈奴不称职被免。十年后的元光五年（公元前130年），已是古稀之年仍旧"状貌甚丽"的公孙弘被家乡菑川国推举，应征文学之士，因对策被汉武帝赏识，以第一名再次成为博士，后来被提拔为御史大夫，直至元朔五年（公元前124年），以高龄被任命为丞相，并被封为平津侯。自汉朝建国，历代均以列侯为丞相，公孙弘是第一位先任丞相而后封侯的人，这又一次体现了汉武帝破格提拔、重用

"小人物"的人才方针。汉景帝首先打破了汉高帝"无功不侯"的规定，开始封外戚为侯，汉武帝则第一次任命一介儒生为丞相，并封侯以显示尊崇，这一方面显示了此时汉武帝皇权独大，操控功名利禄于股掌之间；另一方面也是以此作为不拘一格重用人才的表率。这件事象征着军功贵族垄断政权的时代已经过去，平民精英与外戚共治的时代来临。

另一位深受汉武帝赏识的平民精英是主父偃，他是齐国临菑人，属于纵横家学派，后来还学习过儒家的《易》《春秋》及百家言论，属于综合性人才。他生活一直不如意，穷困潦倒。元光元年（公元前134年），他到达长安，投在了卫青门下，仍然不得志，钱财早已用尽，但久居不去，因此其他门客都很讨厌他。主父偃感到山穷水尽，便直接去宫门给汉武帝上书，不想早晨上书，当天傍晚时分就被汉武帝召见，他所奏的九件事中，八件都被采纳，制定为法规。汉武帝一见到主父偃及同时上书的徐乐、严安就说："公等皆安在？何相见之晚也！"[1] 随后任命主父偃、徐乐、严安为郎中。主父偃更是一年中被四次提拔，最后被任命为中大夫。

主父偃最重要的建议是"推恩令"，他认为各诸侯国仍

---

1 《史记》卷112《平津侯主父列传》。

然势力很大，会威胁中央政府，但如果削藩又会激起他们造反。当时有些诸侯王有十几个儿子，但其中只能有一个继承王位，其他的没有尺寸封地，这不符合仁孝之道。汉武帝不如下令，让诸侯王"推恩"给他们的全部儿子，即除了继承王位的一个外，其他儿子都可以封侯，从原来的诸侯国获得封地。这样一来每个人都会高兴，感念皇帝的恩德，实际上又可将诸侯国分裂，不用削藩就能达到削弱他们的目的。汉武帝听从了他的建议，于元朔二年（公元前127年）开始实行推恩令，命令诸侯王分封诸子，各王子侯国脱离了原来的诸侯国，隶属于邻近的中央政府直辖的郡，这样一来大大削弱了各诸侯国的实力。主父偃的另一大功绩是建议汉武帝不要放弃卫青收复的秦朝故土河南地，认为此地是"灭胡之本"。以公孙弘为代表的所有大臣都反对这个建议，独有汉武帝支持，前文提到的朱买臣就是用主父偃的理由驳倒了公孙弘，后来汉朝在河南地设置了朔方郡，朔方郡成为汉朝进攻匈奴的重要基地。

汉武帝一即位就开始建设自己的陵墓茂陵，并于建元二年（公元前139年）设置茂陵邑，"赐徙茂陵者户钱二十万、田二顷"，鼓励民众迁移、定居。主父偃提出，可以将天下的豪强、兼并之家、乱众之民全部迁徙到茂陵邑，如此不仅可以增强首都的经济实力，又可以将地方的奸猾豪强连根拔除。汉武帝采纳这个建议，元朔二年（公元前

127年），"又徙郡国豪杰及訾（财）三百万以上于茂陵"[1]。

在立卫子夫为皇后、揭发燕王刘定国乱伦之事上，主父偃都立了功。大臣们都害怕他揭发、告状，因此纷纷贿赂他。有人劝主父偃不要太骄横，他回答："我在社会上混了四十多年，爹不亲，娘不爱，兄弟不认，也没什么朋友，不如意的时间太久了。何况丈夫生不五鼎食，死即五鼎烹。我年龄已经老了，要做的事还很多，所以才要倒行逆施，不管不顾。"

主父偃是一位出身社会底层、有经天纬地之才的平民精英，深受汉武帝器重，但因其个性乖戾张扬，过分恃才傲物，蔑视社会规则，又急功近利，急于建功立业，结果不久之后，便因为逼死了齐王，又向诸侯索取贿赂，而被担心遭他陷害的赵王告发，以致最终被族诛。汉武帝起初因为惜才，不想处死主父偃，结果被另一位平民精英、时任御史大夫的公孙弘劝阻，他以一顶"齐王自杀无后，国除为郡，入汉，主父偃本首恶，陛下不诛主父偃，无以谢天下"[2]的大帽子让汉武帝别无选择——齐王只有生活作风问题，如果不杀主父偃，天下人就会认为是皇帝贪图诸侯王的钱财，利用主父偃当白手套整人，虽然可能实质就是如此。这也许是平民精英难以避免的缺陷，他们在底层穷

1 《汉书》卷6《武帝纪》。
2 《史记》卷112《平津侯主父列传》。

困太久，心理失衡，忌恨上层，一旦上位，出于补偿心理，得志便猖狂，个性张扬，难免吃相难看，不管不顾，没有原则。一度被汉武帝器重的庄助、朱买臣、吾丘寿王最终都被诛杀，绝非偶然。

公孙弘为人表面宽容，实则嫉妒心极强，与人发生矛盾后，他总是表面与人为善，但暗中却要报复。他对主父偃这颗冉冉升起的政治新星非常恐惧，因为后者的政治主张比他高明太多，一定要落井下石，除之而后快；对同样是儒生出身、但学问远高于自己的董仲舒也心存猜忌，怕他被重用，因此劝说汉武帝任命他为胶西相。既无主父偃之才，又无董仲舒之学的公孙弘能深得汉武帝宠信，以丞相封侯而善终于相位，必有常人不可及之处。公孙弘政治手腕高超，每次朝会时，总是拿出几种不同的方案让汉武帝自行选择，从不和汉武帝争辩，甚至为此背弃与汲黯等人的约定，以致汲黯当庭指责他："齐人多诈而无情，始为与臣等建此议，今皆背之，不忠。"汉武帝询问公孙弘，他却说："夫知臣者以臣为忠，不知臣者以臣为不忠。"[1]他精通行政、司法业务，却又用儒生的身份装扮自己，类似于现代所谓的"儒商"，古今伎俩同理。

第二节 | 世家大族与平民精英的冲突

1. 十世公卿的社稷之臣

公孙弘位列三公，生活却非常艰苦朴素，而且乐善好施，因此名声非常好。公孙弘常常与公卿大臣商量好了意见，但到了汉武帝面前，如果发现形势不对，就会立即背弃与群臣的约定，顺从汉武帝。刚烈、正直的汲黯一向看不惯公孙弘的翻云覆雨，在汉武帝面前告他的状，认为他身为三公，俸禄很多，却盖着布被，显然是沽名钓誉。公孙弘非常聪明，他知道汉武帝英明过人，瞒是瞒不住的，所以不如直接承认："我身为御史大夫，盖着布被，确实如汲黯所讲的，这样九卿以下直到小吏，就都没有等级差别了。如果没有汲黯的忠诚，陛下如何能听得到这样坦诚直率的言论呢？"汉武帝听了之后，不仅不认为他虚伪，反而认为他很谦让，更加重视他，不久就升任丞相。

建元元年（公元前140年）征诏贤良时，曾经因直言得罪太皇窦太后，而被罚与野猪搏斗的辕固也在其列，当时他已经90多岁了。公孙弘对辕固侧目而视，辕固回应道："公孙子，务正学以言，无曲学以阿世！"[1] 他一眼洞穿了公孙弘仅将儒学当作求取功名工具的本质。辕固这样坦诚、正直的人才是真正表里如一的儒家。

公孙弘明明是个虚伪、奸诈、圆滑的小人，却伪装成艰苦朴素、宽厚待人、忍辱负重的君子；明明是个精通行政、司法业务，没什么大才干的公务员，却装扮成一位儒生；他对国事一无建树，却建议放弃战略要地河南地。公孙弘对国家的贡献根本无法与主父偃相比，但享有很高的社会声誉，而主父偃却身败名裂。当然，公孙弘并非一无是处，他曾竭力主张放弃经营西南夷，放弃设置朔方郡、沧海郡（治所在今朝鲜）而未果，于是劝汉武帝至少放弃西南夷、沧海郡（治所在今朝鲜）而集中力量经营朔方郡。此事足证其手段之柔软、灵活，能劝说一生只会奋勇向前的汉武帝做出了极少有的让步，这是汉武帝从政期间做的一件节省民力的善事。汉武帝并不指望公孙弘这个丞相真的能做什么经天纬地的大事，真正的军国大事实际全由他自己乾纲独断，公孙弘只是一个摆饰，丞相也只是备位而已。元狩二年（公元前121年），公孙弘以80岁高龄病逝，他竟然能在丞相位上善终，令时人司马迁也不禁感慨，我们以后就会明白他感慨的原因。

---

1 《史记》卷121《儒林列传》。

汉武帝虽然宠信公孙弘这样圆滑、逢迎、阴柔的人，但他敬重的却是汲黯这样刚正不阿的人。汲黯的家族历经了周、秦、汉三朝，创造了一个惊人的纪录——"十世为公卿"。他为人傲慢，不讲究礼数，会当场让人下不了台，因此人缘不好，但他爱憎分明，行侠仗义，注重节操，正大光明，直言敢谏；他信奉黄老学说，为官清静无为，但注重民生，在太守任上，将东海郡治理得井井有条。一次河内郡（治所在今河南省武陟县）失火，烧毁了1 000余户人家，汉武帝派遣汲黯前去视察，他回来报告说："火灾不足忧，但是现在河内一万余家百姓被水旱灾害波及，发生了父子相食的情况，我就见机行事，手持天子符节，将河内郡仓库中的粮食发放给了灾民。现在请陛下治我矫诏之罪。"汉武帝认为汲黯做得正确，没有治他的罪。汉朝法治严厉，矫诏是重罪，汲黯这样做，是将百姓疾苦放在了个人生死之上，与那些以损害民众利益来取悦上级的官员真是天差地别。

汲黯有十世公卿的显赫家世，信奉黄老学说，因此对汉武帝的舅舅、提倡儒学的丞相田蚡很瞧不起，认为他不过是因裙带关系上位。当时二千石的高官对田蚡都要行跪拜礼，田蚡却不还礼，而时为主爵都尉（二千石，主管封爵事务）的汲黯对田蚡只是拱手作揖。群臣见了大将军卫青也都要跪拜，唯有汲黯拒绝，有人说他这样做不妥，他反问："难道大将军会因为有人只是作揖，就不重视此人了吗？"卫青听说后反而格外看重汲黯，并多次向他请教国家大事。当时汉武帝招揽天下儒生，宣扬要施行仁政，汲黯对此直言不讳："陛下内多欲而外施仁义，奈何欲效唐虞之治乎！"[1]汉武帝听了之后气得说不出话来，脸色陡变，随即罢朝，公卿都为汲黯感到担忧。汉武帝退朝后对左右的人说："汲黯太戆（愚鲁）了！"有大臣抱怨汲黯不应该这样让汉武帝下不了台，汲黯却回答："天子设置了辅弼的公卿大臣，怎么可以阿谀奉承，置皇帝于不义呢？况且已在其位，即使爱惜自己的生命，但也不能损害朝廷！"

2. 陛下用群臣如积薪耳，后来者居上

汉武帝杀伐决断，视臣民性命如草芥，在他执政的54年里，除了汲黯，几乎没有其他人敢这样顶撞他。他毕竟是个英明之主，很了解汲黯的为人。一次他问庄助对汲黯的看法，庄助回答说："汲黯的行政能力一般，但却非常有原则性，不为利益、威吓所动，适合辅佐少年君主，维护社稷。"汉武帝点头称是："古有社稷之臣，至如黯，近之矣。"[2]虽然大将军卫青位极人臣，但汉武帝可以随意坐在床

---

1 《史记》卷120《汲郑列传》。
2 同上。

边接待他；接见丞相公孙弘时，汉武帝也可以不戴帽子；但对汲黯，汉武帝却"不冠不见"。有一次汲黯前来汇报政事，汉武帝没戴帽子，就躲在武帐中，派人接待了他。淮南王刘安策划谋反时，很忌惮汲黯，说他好犯颜直谏，守节死义，没法拉拢，至于丞相公孙弘，则是个投机分子，很容易拉拢。以前汲黯位列九卿时，公孙弘、张汤还只是小吏；等到这两人上升到与汲黯同级别时，汲黯便开始攻击这两人；随后公孙弘升任丞相、封侯，张汤为御史大夫，地位高于汲黯，而丞相府的官员都与他同一级别，有的人甚至超过了他，汲黯的心理开始失衡、他对汉武帝抱怨："陛下用群臣如积薪耳，后来者居上。"[1]汉武帝无言而对。汲黯也曾当众痛骂酷吏张汤："天下谓刀笔吏不可以为公卿，果然，必汤也。今天下重足而立，侧目而视矣！"[2]有人向汉武帝提议罢免汲黯，汉武帝说："人果真不可以不学无术，汲黯的话越来越没谱了。"

从先秦到西汉初期，中国的政治是世袭制，公卿大臣父子相传，西汉初年基本上是开国功臣及其子孙垄断公卿，到了汉武帝时期有了一个重大转变，汉武帝开始提拔、重用平民精英。丞相公孙弘、御史大夫张汤都出身于社会底层，短时期内就成为三公，在"十世公卿"的汲黯看来，

1　《史记》卷120《汲郑列传》。
2　同上。

他们都是政治上的暴发户。汉武帝对汲黯的评价是公允的，他并没有出色的治国才能，且个性太过刚直，不能容人，虽然坚守原则，却不能意识到新形势的变化。

为了征伐四夷，恢复秦朝版图并开疆拓土，就必须要实行中央集权，以便能更有效地集中各种资源，汉武帝提拔、重用有一技之长的平民精英就是为此。选拔平民精英既可以扩大人才的来源基数，还有利于皇帝大权独揽，实行独裁政治。平民精英没有家世背景，没有自己的势力，只能依附于皇权，皇帝使用起来得心应手，阻力小、效率高，其中最杰出的代表是卫青、霍去病，只不过他们多了一层外戚的身份；而功臣世家人数本来就少，随着开国一代的凋零，第二、三代中的人才更是稀少，青黄不接，又是既得利益集团，失去了进取心，希望"不折腾"，政治上不希望有太多的变动，即使有少数干才，也会自恃世袭贵族的背景，坚持贵族本有的原则，皇帝使用起来，远不如平民精英那样顺畅，甚至他们还会与皇权抗争，其中最典型的就是周亚夫。一个朝气蓬勃的进取时代，人才流动与上升的渠道必须畅通无阻，而一旦社会阶层开始固化，就意味着社会走向了僵化、停滞，社会矛盾必然会激化，这是衡量盛世与衰世的重要指标。

汲黯与公孙弘、张汤间的矛盾不仅是个人之间的矛盾，也是世家贵族与平民精英之间的矛盾，是这一时代大背景的生动反映。在这一大转型的时代，世家贵族开始没落，平民精英快速崛起，两者发生了激烈的矛盾，平民精英动摇了世家贵族对政治资源的垄断，两者间的矛盾是难以调和的。由于平民精英崛起于底层，凭借自己的聪明才智被君主的赏识、提拔，因此行为处事常常机智巧滑、见风使舵、溜须拍马，没有原则，也容易得志便猖狂；而世家贵族出身的子弟可以单纯凭借其背景得到升迁，人生一帆风顺，因此行事往往直率、坦然，坚守原则，他们难以理解平民精英奋斗的艰辛、曲折，平民精英的行为作风因此不可避免地会招致一些正直的世家贵族的反感与鄙夷。提拔平民精英早在汉文帝重用贾谊、汉景帝重用晁错时已经发端，但由于当时开国功臣集团的势力强大，贾谊终身未得重用成为公卿，而晁错虽位列三公却惨死于东市。世家贵族的势力是皇权最大的威胁，因此他们与平民精英之间的权力消长实质上反映了皇权的消长。平民精英的崛起、世家贵族的没落意味着皇权开始不断增长。在这个时代大背景下，汲黯的失落是必然的。

元狩二年（公元前121年），匈奴浑邪王率众来降，汉武帝下令动员两万辆马车前去迎接，长安县政府没钱，要从民间借马，但民间藏匿马匹不借。汉武帝大怒，要斩杀长安县令。汲黯反对，说道："长安令无罪，你只要斩了我，民间就会借马了。况且浑邪王背叛单于降汉，只要让沿途各县接送就可以了，何至今天下骚动，让汉朝民众疲于奔命来接待夷狄呢？"汉武帝无言以对。浑邪部到了长安后，商人与他们做生意，触犯了汉朝"不得与匈奴贸易"的法律，有500余人被判死刑。汲黯又一次反对道："为了攻打匈奴，汉军死伤无数，耗费亿万。我认为应该将这些投降的匈奴人和俘获的财产赐给战死者的家庭，这样才能安慰天下百姓。即便今天不这样做，也不能将数万投降的匈奴人当成贵宾招待！普通老百姓怎么会知道和匈奴人在长安市场做生意，就会被那些死守法律条文的官吏当成是走私出关呢？陛下现在不将匈奴的人与财物赐给百姓，却要拘泥于法律，斩杀500余名无知的子民，这就是为了树叶却伤了枝干，真是不该！"汉武帝沉默不许，认为汲黯又在胡言乱语。几个月后，汲黯因犯了小错误被免官，退隐田园。

此事反映了汉武帝非常爱面子，尤其是在对外宣传上。他一方面对归顺的匈奴人盛情招待，一方面却对汉朝子民极为苛刻，这几乎是所有好大喜功独裁者的通病，700多年后的隋炀帝杨广——一位山寨版的汉武帝，也做过类似的事情。匈奴本是游牧民族，汉武帝为了宣扬自己的慷慨、仁义，炫耀汉朝的强大、富庶，竟然要征用民众的马匹拉着两万辆马车去将这些归顺的匈奴人接到长安，结果民众因不能理解他的"深谋远虑"，拒不借马，他怎能不大光其火？所以他才需要杀长安令泄恨。汉武帝也不想想，匈奴人在草原上四处放牧、南下中原抢掠之时需要过汉朝的马车吗？

过了几年，因民间盗铸五铢钱的现象严重，汉武帝强行任命汲黯就任淮阳郡太守。汲黯行前去拜访大行令李息，让他提醒汉武帝："御史大夫张汤非常机智、奸诈，能言善辩，可以隐藏别人对他的批评意见。他只会一门心思讨好皇帝，却不肯说正确的意见，皇帝喜欢什么，他就称赞什么，皇帝不喜欢什么，他就诋毁什么。张汤还喜欢无事生非，玩弄法律条文，内心奸诈，逢迎皇帝，并且依靠贼吏加强自己的权威。你是九卿，如果不早点揭发，迟早要被他害了。"但因为害怕张汤，李息始终不敢向汉武帝揭发他的罪行。后来张汤暴露，汉武帝听说此事，便治了李息的罪，并将汲黯的待遇提高到了诸侯相的级别。此后直至去世，汲黯一直担任淮阳太守，始终用清静无为的黄老理念治理淮阳，颇有成效。

汉武帝总认为招揽人才不够，因此一即位就延续了汉文帝时期天下举荐贤良方正的政策，并听从了董仲舒的建议，兴办国家的最高学府——太学，讲授儒家经典。元光元年（公元前134年），又听从董仲舒的建议，命令各郡国举孝、廉（孝敬长辈，道德高尚的人才）各一人。元朔元年（公元前128年），因各地举孝廉不力，他曾下诏给各地方长官："不举孝，不奉诏，当以不敬论；不察廉，不胜任也，当免。"[1]

汉武帝的性格严厉、暴虐，即使是宠信的大臣犯了小错，或者有所欺瞒，也会被他诛杀。汲黯虽然很鄙视汉武帝提拔的这些底层出身的人才，但他对此却非常愤怒，于是进谏："陛下非常渴求贤才，但未尽其用，就杀了他们。你不断杀害有限的人才，我担心天下贤才都被你杀尽了。那样的话，陛下和谁共治天下呢？"汉武帝却笑着回答："世上怎么可能没有人才呢？我只是不能发现罢了。如果能发现人才，哪里需要担心没有人才？人才就像有用的工具，有才而不肯尽力施展，这就和没有才能一样，为何不杀？"汲黯回答："我虽不能用言辞说服陛下，但心里还是认为你不对。希望陛下自今天起能够改变，不要以为臣愚蠢，不懂道理。"汉武帝看着群臣说："如果汲黯说自己阿谀奉承，肯定不对，但他说自己愚蠢，却是没错的。"

虽然汉武帝的人才观非常残酷，但也有他内在的道理。世上确实有许多人才需要被发现，不能发现人才当然谈不上使用人才，因此发现是第一位的。汉武帝发现人才的能力是旷古罕见的，但另一方面，人才被发现并发挥自己的作用后，功成名就，就容易失去锐气和进取心，开始想要保全自己的地位和名声，这对于一意进取开拓、至死方休

---

1 《汉书》卷6《武帝纪》。

的汉武帝来说是不能接受的，他不能容忍臣下享受功名利禄、高官显爵，却躺在功劳簿上吃老本，成为新进人才上升道路上的障碍。由于他性格的零容忍度，以及汉朝法律的残酷、苛刻，他经常会对这些失去进取心并且犯有过错的老人才采用简单粗暴的手段，进行直接的人身消灭。因此汉武帝时期朝臣们新陈代谢是非常快的，这是由积极进取、扩张的时代特征或汉武帝的个性决定的——每个人才在汉武帝看来就是使用的工具，如果使用起来得心应手，他会就破格提拔、重用、封赏，一旦失去了作用，或成为事业的障碍，他就会毫不犹豫地予以清除。

如果将汉朝看成是一家公司，汉武帝就是一位绝对控股、握有最高权力的董事长兼CEO，他的管理风格是大胆进取，积极开拓市场，特别热衷于兼并其他公司；他手下的大臣们就是各级的部门经理或业务员，汉武帝总是分派给他们极高的业务指标，完成了就重赏（封侯），失败了轻则降级（除爵），重则开除（死罪）。由于赏罚极为分明，一些积极进取的底层职员常常能提出一项项极富创意、胆略但会遭到他们上级主管反对的项目计划，这些计划总是能得到董事长兼CEO的大力支持，而且总是能获得成功。在激烈的市场竞争中，对于对手们来说，这种公司实在是太可怕了。

元封五年（公元前106年），大将军卫青去世后，前期的功臣名将也凋零殆尽，汉武帝求贤若渴，特地下诏求才：
"盖有非常之功，必待非常之人。故马或奔踶而致千里，士
或有负俗之累而立功名。夫泛驾之马，跅弛之士，亦在御
之而已。其令州、郡察吏、民有秀材、异等可为将、相及
使绝国者。"[1]这篇诏书表达了汉武帝不拘一格发现、重用人
才，以建立非常之功的雄心。好马桀骜不驯、可能会踢伤
人，但却能奔驰千里；能人也有各自被世人批评的缺点，
但却能建功立业，关键就在于如何驾驭。汉武帝求贤之心
可谓真切，虽然真切，但他本质上还是将人才当成能为他
使用的工具，用得称心就重赏，一旦不称心，常常就诛杀。

　　班固曾经高度评价了汉武帝一朝重用人才的成就："上
方欲用文武，求之如弗及，始以蒲轮迎枚生，见主父而叹
息。群士慕向，异人并出。卜式拔于刍牧，弘羊擢于贾竖，
卫青奋于奴仆，日磾出于降虏，斯亦曩时版筑饭牛之朋已。
汉之得人，于兹为盛，儒雅则公孙弘、董仲舒、兒宽，笃
行则石建、石庆，质直则汲黯、卜式，推贤则韩安国、郑
当时，定令则赵禹、张汤，文章则司马迁、相如，滑稽则
东方朔、枚皋，应对则严助、朱买臣，历数则唐都、洛下
闳，协律则李延年，运筹则桑弘羊，奉使则张骞、苏武，
将率则卫青、霍去病，受遗则霍光、金日磾，其余不可胜

1　《汉书》卷6《武帝纪》。

纪。是以兴造功业，制度遗文，后世莫及。"[1]这个评价虽然没有触及汉武帝对人才苛刻与暴虐的一面，但也非常简练地总结了汉武帝时期人才的盛况。

汲黯对汉武帝的评价"内多欲而外施仁义"可谓一针见血。人人都有欲望，马斯洛理论将人的欲望需求按层次从低到高分成了生理需求、安全需求、社交需求、尊重需求和自我实现需求五类。汉武帝贵为天子，前四类的欲望需求都可以随心所欲地实现，他所追求的是最高层次的自我实现，即对内大一统、中央集权个人独裁，对外征服四夷、开疆拓土、万国来朝。因此强调清心寡欲的黄老学说不能满足他的需要，虽然儒家学说强调大一统符合他的理想，但儒家同时强调"王道"，强调道德礼义的教化，需要施行仁政，君主更要以身作则，成圣成仁，这要求君主克制自己的欲望，不能好大喜功，显然，儒家学说也不能完全满足汉武帝的需要，他真正信奉的是"霸、王之道"。

1 《汉书》卷58《公孙弘卜式兒宽传》。

第六章

汉家自有制度：霸、王之道

西汉继承了秦朝的严刑峻法，到了汉武帝时期，更是大量任用酷吏，严厉打击豪强、权贵，这不仅是为了抑制贫富分化，维护中央集权的权威和国家的统一，也是为了在"国进民退"、官僚掌握大量资源的背景下有效抑制贪腐，虽然方法非常简单粗暴，但在缺乏先进技术手段的前提下，却行之有效。

第一节│"国进民退"与酷吏的兴起

1. 非此母不能生此子

汉武帝的优秀继承人、他的曾孙汉宣帝曾一语道破汉朝政治的实质："汉家自有制度，本以霸、王道杂之，奈何纯任德教，用周政乎！"[1]王道，即儒家宣扬的以道德礼义教化为核心的仁政，它只是汉朝施政的一方面，而霸道，即以法家宣扬的严刑峻法为核心，是施政的另一方面。更进一步说，自汉武帝"独尊儒术"后，实际施行的是"外儒内法"，即以儒家作为装饰，以法家为核心才是汉朝真正的施政方针。"施仁义"只不过是汉武帝表面上倡导的意识形态，官方的宣传，如果相信未免太过天真。法家的严刑峻法，令行禁止，信赏必罚，效率高，组织、动员性强，才能满足汉武帝的"多欲"，也更符合他的处事风格，因此汉武帝重用酷吏是理所当然的，张汤就是他们中的佼佼者。

张汤从小就喜欢审案，是这方面的天才。他出身于小

---

1 《汉书》卷9《元帝纪》。

吏，先后讨好过庄助、朱买臣这些皇帝近臣，之后被周阳侯田胜、武安侯丞相田蚡兄弟二人推荐给了汉武帝。他在处理陈皇后巫蛊案件时穷追党羽，被汉武帝赏识，提拔为太中大夫，后与另一位酷吏赵禹一起制定各种法律条文，力求严厉细密，对官吏尤为严苛。张汤将赵禹看作兄长，两人关系很好。赵禹为人廉洁、倨傲，不养食客，也不与公卿大臣有私人来往，常暗中追查官员的罪行，后来升任少府。赵禹以前是丞相周亚夫的下属，丞相府中的同事都称赞他清廉、公平，然而周亚夫却不重用他，认为他虽然非常能干，无人能及，但是深文周纳，行事严苛，不能重用，后来赵禹升任九卿，行事果然如周亚夫所料。张汤、赵禹一同制订的律、令总共有359章，大辟（斩首）罪409条，案例1 882件，判处死罪的参照案例多达13 472件，法令文书堆满房间，法官也看不完。没人能完全掌握如此庞杂的法律，正好给了一众酷吏上下其手，玩弄法律条文、制造冤假错案的机会。

张汤升为廷尉、位列九卿后，与天下名士大夫来往，虽然他内心里对这些人很不以为然，但表面上还装作很仰慕。当时汉武帝喜欢儒学，因此张汤想投其所好，审案也要附会古代的经典，还请专门研究《尚书》《春秋》的博士充当他的下属帮助断案。张汤在上奏疑难事件时，通常会预先为汉武帝分析案件的原委，如果得到了肯定，就将汉武帝的意见制定为法律条文，以宣扬他的圣明。如果奏事被批评，张汤就谢罪，揣摩汉武帝的意见，然后说他的下属们也是这个意见，但是因为自己愚笨，不加采纳，才弄错了，因此常常被宽恕。如果奏事受到表扬，张汤也会说这不是他的本意，而是他听取了下属意见的缘故。张汤如果想要推荐某人，就会扬其善掩其过；如果汉武帝想要治某人的罪，张汤就会想尽办法定罪；如果汉武帝想要赦免某人，他就会与下属想方设法减轻那个人的罪行。如果审问的罪犯是豪强大户，张汤则必定曲解法律条文，将其严厉治罪；如果审问的对象是弱势底层，他就去见汉武帝，为其减轻罪行。

张汤对高官非常尊敬有礼，经常送食物给他们的宾客；对于故人子弟无论贫富贵贱，都照顾得很周到，更是不避寒暑，拜访高官；所以张汤虽然奉行严刑峻法且并不公平，但在官场的声誉却很好。他的下属们虽然执法严酷，却依附于儒学之士，因此儒者丞相公孙弘多次称赞张汤。两千多年前的人也知道披一层儒学的皮便能掩盖自己的本质，以博取好名声，如同现在大把的所谓"儒商""儒官"。

张汤在办理淮南、衡山、江都三位诸侯王的谋反案时，不留余地，穷追猛打，株连杀掉了好几万人。汉武帝原本不想追究卷入此案的庄助与伍被，张汤却一反自己事事逢迎的习惯，力争将这两人处死。他多次通过类似的手段清除同事，用来作为自己的功劳，汉武帝因此认为他秉公执法，既忠心又能干，将他提拔为三公之一的御史大夫。

匈奴浑邪王等部投降汉朝后，汉武帝又大举发兵征伐匈奴，不料正逢山东地区水旱灾害，灾民流离失所，全部需要政府接济，文景以来的国库积蓄为之一空，甚至连跟随卫青、霍去病北伐士兵的薪水都发不出。于是张汤又秉承汉武帝意旨，主持国家的经济工作，改变了汉文帝制定的经济自由、藏富于民的方针，采用了"国进民退"的新经济政策，铸造白金及五铢钱[1]，以获取铸币税，又将天下的盐业、铁矿冶炼业收归国有，由国家垄断其生产与买卖，扩大征税范围、提高税率，打击富裕阶级与中产阶级。

元狩四年（公元前119年），漠北决战的同时，汉武帝任命齐国的大盐商东郭咸阳、南阳的铁商孔仅为大农丞（主管国家财政的九卿之一大农的属官），主管盐、铁的生产、经营事务，而洛阳商人家庭出身的侍中桑弘羊因精于计算，也参与筹划，三人对于经营、敛财都非常精通。盐铁专营的方案就此确定，东郭咸阳和孔仅认为：山、海的资源都是属于皇帝的，因此盐、铁要由政府专营，如果有人违反规定私自经营，不仅要没收他们的生产器具，还要砍掉他们的左脚。于是汉武帝又任命了很多商人充当官吏，

1　"铢"是古代的重量单位，一两的二十四分之一为一铢，相当于0.58克。

便于垄断盐铁的生产和经营。但由于垄断，缺乏市场竞争，由政府所建的冶铁工厂制造的产品质量低劣，价格高昂，却还要强迫民众购买。

同年，汉武帝命令少府铸造"白金币"，所谓的"白金"就是白银，其中还掺杂了锡，上以龙、马、龟为纹样，号称"白金三品"，并规定其价值分别为三千钱、五百钱、三百钱，完全是一种赤裸裸的盘剥行为。同时又铸造发行了三铢钱，但仅过了几个月，主管部门认为三铢钱太过轻薄，容易被盗铸，于是又命令各郡国重新铸造五铢钱。虽然法律规定"盗铸诸金钱罪皆死"，但仍然是"吏民之盗铸白金者不可胜数"[1]。铸造白金、五铢钱后的几年内，因盗铸犯法者太多，无法全部诛杀，以致盗铸金钱应该判处死罪的吏民中，被赦免的就达数十万人。汉武帝又派遣博士褚大、徐偃等巡视各郡国，举报盗铸钱币谋利的豪强富商以及太守、诸侯国相。为了确保新经济政策的顺利推行，汉武帝重用了御史大夫张汤，又提拔了减宣、杜周、义纵、尹齐、王温舒等一批酷吏为御史中丞（御史大夫的主要助手）、九卿，派遣直指（特派员）巡视各地。

同样在元狩四年（公元前119年），被汉军赶到漠北的匈奴单于求和，群臣讨论此事，博士狄山认为应该答应匈

---

1 《史记》卷30《平准书》。

奴。汉武帝询问张汤的意见，张汤回答道："愚儒无知。"狄山说："我是愚忠没错，但像张汤这样的却是诈忠。张汤审理淮南王、江都王两人的谋反案，用深文峻法严惩诸侯，离间骨肉，使诸侯胆战心惊，因此我知道张汤是诈忠。"听到这里，汉武帝脸色已变，他说道："我任命你为郡太守，你能防御匈奴入侵吗？"狄山说："不能。"汉武帝又问道："那么做县令呢？"狄山回答说："也不能。"汉武帝再问道："守卫一个障（边防要塞）呢？"狄山心想这样辩论下去，理屈词穷，会被治罪，就说："我可以。"于是汉武帝派遣他到边境的障去，一个多月后，匈奴人砍下了狄山的头。自此以后，群臣震惊惶惧。由此可见，汉武帝整人比秦始皇高明多了，秦始皇太过简单粗暴，怕反动思想传播就焚书，有人背后说坏话就坑儒，但"坑灰未冷山东乱，刘项原来不读书"，徒留千古笑骂名。狄山是典型的腐儒，腐儒的重要特征是：凡事好讲大道理，占据道德高地，能提出问题，解决不了问题，没有实干的能力。更重要的是，他们还要解决能解决问题的人和事。汉朝和匈奴和亲70多年，匈奴从来没有遵守过和亲协议，此时再提又能解决什么问题？只不过是匈奴单于惨败后的缓兵之计。

为了尽量敛聚钱财，汉武帝与张汤想出了一个创意：将皇家园林中所饲养白鹿的皮制成皮币，价值40万钱，并规定王、侯、宗室朝见时，必须交纳皮币。这实际上是纸币发行的开端，但这种皮币因面值太高，无法流通，因此只能成为盘剥诸侯的一种手段。大农颜异为人清廉正直，他对发行皮币有异议，认为以前王侯朝贺时只需要交纳价值数千钱的仓璧，而现在却要交纳价值40万钱的皮币，这不合理。汉武帝听到之后很不高兴，一向与颜异有矛盾的张汤立即抓住了机会。有位客人抱怨当时政策的不合理，颜异没有回答，但嘴唇轻微动了动，张汤获悉后上奏："颜异是九卿，见政策不合理，不公开提意见而腹诽，论罪当死。"竟然以腹诽的罪名处死了颜异，而此后腹诽罪竟然成了法律条文，许多公卿大臣因此恐惧，只好对张汤阿谀奉承。

汉初规定要交纳财产税，即具有一万钱（折合金一斤）以上的人家全部征收高额的"訾（赀）算"，每一万钱征收一算即一百二十钱，税率为1.2%。汉武帝于元光六年（公元前129年）开始增收车船税，一度废除，又于元狩四年（公元前119年）恢复。车船税打击了商品贸易，从而引起了物价上涨。汉朝原有针对商人的现金税"算缗"（一缗为一千钱），即规定每一千钱财产抽税一算二十钱，税率为2%，因为财政紧张，元狩四年，汉武帝决定提高税率，将商人囤积的所有货物折成钱抽税，税率高达6%。为了切实执行还规定：如果报税不全、不实，报税者会被罚戍边一年，财产全部没收，揭发者则会得到其全部财产的一半作为奖励；有商人户籍者如果冒用农民户籍占用田地，财产全部没收。

新征税方法出台后，商人不愿意老实交税，纷纷选择了隐匿财产，元狩六年（公元前117年），汉武帝又任命杨可负责"告缗"，即发动天下人告发逃税，告发者可得其一半财产，以致中等商人以上者大都被告，案件大多由杜周负责审理，基本均被从重治罪。汉武帝又分别派遣御史、廷尉、正监前往各郡国搜罗缗钱，获得财物以亿计，奴婢以千万数，田亩大县数百顷、小县百余顷，并没收了很多住宅。于是中等商人以上者大多破产，民间有钱就尽情消费，不敢再积蓄家业，而政府通过垄断盐、铁的生产、贸易，以及收取高额的财产税变得富足。

张汤制定的一系列经济政策的中心目的是打击各地豪强、地主、富人，他通过玩弄法律条文来达到目的，因此深受汉武帝宠信。他每次朝见奏事，讨论国家财政问题，经常到傍晚，以致汉武帝都忘记了吃饭。当时丞相只是备位充数，天下大事都取决于张汤。百姓不能安定生活，天下骚动，政府做的事还未产生利益，就被奸吏们侵占，于是又用严刑峻法惩罚奸吏，因此从公卿到普通百姓的所有阶层都痛恨张汤。但张汤却非常受宠，他生了病，汉武帝还亲自去探视，即使包括汲黯在内的任何人向汉武帝揭发张汤奸诈都没用。

但由于张汤得罪人实在太多，并威胁到了丞相庄青翟的地位，因此丞相的三位长史（其中之一是朱买臣）共同设计陷害了他，汉武帝派他的好友赵禹审问他。赵禹责怪他说："你自己审案杀了多少人？现在你的罪状都有根有据，皇帝也很重视你的案子，你还辩解什么呢？"张汤一听，便上书谢罪："我没有尺寸之功，从刀笔吏发家，被陛下宠幸，位列三公，不应该开脱自己的罪行。然而是丞相的三位长史陷害我的。"随即自杀。张汤死后，众人发现他家中只有汉武帝赏赐的五百金财产。张汤的母亲认为儿子是被诬陷而死，不能厚葬，只用一辆牛车载着没有外棺的棺木安葬了他。汉武帝听说此事后感叹："非此母不能生此子"[1]，随后杀了诬告张汤的三位长史，丞相庄青翟也因此自杀。汉武帝怜惜张汤的结局，重用其子张安世，后提拔为内朝处理机要的尚书令，成为昭宣时代的名臣。

张汤是酷吏的典型，也是平民精英的代表，他没有背景，没有势力，一切权力全部来源于皇帝；他为人清廉，聪明机智，精明强干，从一个普通的刀笔吏被汉武帝破格提拔为御史大夫，位列三公，实际的权力已经超过了丞相；他只忠于汉武帝个人，一切秉承汉武帝的意志行事，法律条文只不过是表面的装饰，可以任意修改、曲解、制

---

1 《史记》卷122《酷吏列传》。

定。对于汉武帝个人来说，张汤非常忠诚，尽心尽力，恪尽职守，可以高效地完成指派的一切艰巨任务，不怕得罪任何人，可以克服一切阻力，是汉武帝施行个人独裁统治的最得力、最贴心的工具，这也正是汉武帝重用酷吏的本意——除了皇帝的意志，酷吏不应该有个人的原则，是非曲直，黑白美丑，甚至没有个人的利益，而是应该一切为了皇帝，将自己的一切献给皇帝的事业。所以被张汤当成兄长的赵禹在审问他时也同样铁面无私，不为他开脱，且不论他的罪行是否属实，这才是一名合格的酷吏，一名优秀的皇帝战士。独裁者最喜欢用这样的人，不——这样的工具。皇帝将脏活、累活推给酷吏去做，当他们失去利用价值后，皇帝再将他们扔出去牺牲，能邀买所谓的民心，民众还会一片叫好"圣上英明"。这样的人皇帝怎么会不喜欢？当然，并非所有酷吏都像张汤那样不讲个人物质利益，只做皇帝的战士，甘于做皇帝的工具。杜周、王舒温等人在利用严刑峻法打击别人的同时，也不忘捞钱，他们都变成了巨富，不过他们的家产会被查抄没收，最终沦为皇帝敛财的工具。

另一位著名的酷吏杜周一语道破天机，当有人说他不遵守法律条文，而专以皇帝的意志审案时，他却回答："法律条文又是来源于哪里？它们就是来自于皇帝的意志。"汉文帝本人对司法很尊重，到了汉武帝时期，司法已经成为皇帝本人意志的工具。在专制社会，缺乏有效制约，司法完全取决于统治者本人的意愿，司法独立是一种奢谈。汉文帝克制欲望，自我约束力强，司法相对就独立；汉武帝欲望强烈，个人膨胀，司法就沦为他个人意志的工具。

2. 盐铁专卖、均输：政府变为超级垄断公司

汉武帝用严刑峻法统治，又实行"国进民退"的政策，他喜欢任用酷吏严厉打击官僚。与其他利益集团一样，各级政府官僚掌握了太多的资源，有自身的利益诉求，总是倾向于扩大自己的编制、掌握更多的资源和权力，极易滋生贪腐，有自身的利益诉求，因为官僚掌握公权力，对政权的潜在危害特别大，因此在当时技侦手段落后的背景下，这样做可以提高效率。杜周任廷尉时"诏狱"（皇帝亲自下诏定罪）很多，狱中二千石高官不下百人。郡太守一年交给廷尉的案件就有千余件，一件案件要逮捕数十人至数百人，牵涉范围从数百里到数千里，审案时罪犯不服就严刑拷打。廷尉及中都官奉诏逮捕的人多达六七万，属官又逮捕了10多万人。

当时大多数地方官模仿张汤的弟子王温舒，采用残酷、凶暴的治理方法，结果导致犯法者越来越多，武装暴力犯罪集团此起彼伏。多达数千人的大团伙打出旗帜，攻打城

池，抢夺武器，释放死囚，俘虏、杀害地方官；数百人的小团伙则掳掠乡里。汉武帝一开始派遣御史中丞、丞相长史镇压，但没有效果，于是派遣光禄大夫范昆等人衣锦持节，用虎符发兵大举镇压，斩首一万余级，又牵连到诸郡多至数千人。过了几年，暴力犯罪集团的首脑基本上被杀光了，剩下的成员们跑到地势险要处群居，官兵对此无可奈何。汉武帝于是制定了"沉命法"，规定地方官如果不能及时发现暴力犯罪集团起事，或发现后不能有效镇压，自二千石（郡守、国相一级）至主管治安的小吏全部处死。结果导致底层的地方官发现了暴力犯罪集团也不敢报告，怕无力镇压，反而会连累了自己和上级，郡守一级地方官也因相同的原因不让下级汇报，上欺下瞒，导致暴力犯罪集团人数越来越多。

张汤死后，"国进民退"的新经济政策继续深化。元鼎四年（公元前113年），汉武帝采纳了大农桑弘羊的意见，取消郡国铸钱的权力，收归中央所有；郡国将以前所铸的旧钱全部销毁，铜则送往中央；废除过去铸的一切钱币，以上林三官铸的五铢钱为全国唯一通行的货币。此次货币改革的措施是非常成功的，五铢钱真材实料，铸造精美，难以盗铸仿制，一直流通到700年后的隋朝，其形制则被唐、宋至清历代模仿，流行到民国年间。

元封元年（公元前110年），桑弘羊创立了"平准法"，在京城设置隶属于大农的平准官，集中天下的商品物资，垄断天下的商业贸易，贱买贵卖，防止了大商人囤积居奇，将以前属于商人的利润全部收归政府所有。经过这一系列的新经济政策，政府的财政收入大增，后来汉武帝巡游天下，北到朔方，东到泰山、海上，又到了北部边境，所过之处赏赐帛百余万匹，钱金以亿万计，都是由大农属下国有企业的利润支付的，此时大农的角色类似于今天国资委与发改委的综合体。元封二年（公元前109年），代理大农职位的桑弘羊代替孔仅管理全国的盐铁生产、经营。他认为各级政府部门各自在市场购买物品，相互竞争，导致物价腾贵，而各地运输到京城的贡赋，运输费用常超过贡赋本身，得不偿失，于是设置了大农部丞数十人，分别主持各郡国的贡赋事务，每个县设置均输官、盐铁官，将各地原要交给中央政府的贡赋折算成当地产量多、便宜的物资，然后转卖到需求多、价格贵的地方，其收入当作赋税，这样一来不仅减少了以前转运到京城的高额运费，增加了国家的财政收入，还调节了各地的物价，促进了商品的流通，有利于经济的发展，改善了民众的生活。

桑弘羊又请求汉武帝批准官吏可以通过向政府缴纳粮食补官，罪人可以纳粮赎罪；民众如果向甘泉宫的仓库缴纳一定数量的粮食，可以终身免除赋役，不受告缗令的影响，其他郡县的百姓则可向各自所在地政府的仓库交纳。

这个政策一经实行，山东地区每年通过漕运到达京城的粮食就增加了600万石，一年之内，长安的太仓、甘泉宫仓库就堆满了粮食，边境仓库剩余的粮食、其他物资因消费不了，按均输法折算成了帛500万匹。由于不用增收赋税就满足了国家的财政需要，汉武帝赐给桑弘羊左庶长的爵位和黄金200斤。

汉武帝新经济政策总的思路是：扩大政府的财源，将盐、铁等产业由政府垄断经营，利润作为政府财政收入；中央政府垄断货币发行，收取铸币税；物资不运往首都而转入商品流通，赚取利润，减少运输成本；政府垄断商品贸易，将原属商人的利润收归政府所有；国进民退，将有利可图的产业全部收归政府所有，政府成为超级垄断大公司。另一方面，对中产阶级以上的商人阶层征收高额税款，甚至动用暴力强行没收逃税者的财产（告缗），这种杀鸡取卵式的短期行为虽然搜刮了大量的钱财，但无法长期维持，不久即被废除。为了扩大财政收入，汉武帝甚至提高了人头税标准，汉朝原本规定7岁至14岁，每人每年交口赋20钱，汉武帝将其提高为23钱，且将征收的年龄提前到了3岁。

第二节｜严厉打击：控制贵族豪强

1. 物盛而衰：重本抑末，打击豪强、兼并之家

汉武帝的经济政策不仅是为了敛财，还有着政治上的深意。汉朝自建立起就推行"重本抑末"的国策，"本"即农业，末即"工商业"，这也是继承了战国时期秦国的传统。农业是当时的支柱产业，国家的赋税、徭役主要由自耕农承担。商品经济会破坏农业经济，使农民不仅无力承担赋税、徭役，还会破产、流离失所，成为无地游民。这样一来，社会贫富悬殊，矛盾激化，会导致动荡不安，将直接威胁到政权的稳定与存亡。因此汉高帝禁止商人穿丝绸、坐车，并课以重税；汉惠帝、吕后则禁止商人及其后代成为官吏。但随着国家稳定，经济发展，商人阶层变得越来越富裕，形成了"背本趋末"的趋势，越来越多的人抛弃农耕，选择经商。所以贾谊、晁错都对汉文帝提出了重农抑商的建议，并被采纳。文景时期，农业生产非常受到重视，皇帝、皇后亲自从事农桑作为天下表率，轻徭薄赋以诱导民众从事农业。但趋利避害是人性，能赚取更高

利润的商业比农业具有更大的吸引力，晁错为此哀叹："今法律贱商人，商人已富贵矣；尊农夫，农夫已贫贱矣。"[1]反映的正是这个残酷的现实。按照传统，富裕起来的商人阶层必定会求田问舍，成为"兼并"（或作"并兼"）之家，相对应地，无地游民就会出现，这会导致贫富悬殊越发严重，进一步激化社会矛盾。

晁错曾深刻地分析过普通自耕农的艰辛："一户农户五口之家，能服役的不下两人，他们所能耕作的田地不过百亩，百亩之的收入不过百石。一年之中，春夏要耕耘，秋天要收获，冬天要贮藏，需要砍伐薪樵，还要从事政府的工程，服徭役。春天避不了风尘，夏天避不了暑热，秋天避不了阴雨，冬天避不了寒冻，四季之间，无日休息。此外还要负担亲戚朋友之间的送往迎来，吊死问疾，养育未成年的子女，赡养年老的父母。农民即使如此勤苦，仍然要遭受水旱之灾，还要承担政府的横征暴敛，政府早晨下达了命令，晚上农民就得将粮食交齐。有粮食的农户只好半价出卖粮食用以交税，没有余粮的只好向富人借高利贷，于是有的农户需要卖田宅、卖儿女来偿债。但是大商人们囤积居奇，发放高利贷，小商人则开店贩卖商品牟取利润。商人天天观察市场，发现政府急需什么商品，就趁机哄抬

---

1 《汉书》卷24《食货志》。

价格。所以商人中男人不用耕耘，女人不用纺织，却穿着华丽的衣服，吃着美食，不用承受农民的辛苦，却能从农业中获取利益。因为商人富有，所以他们能与王侯贵族交往，势力要大过官吏，又为了追逐利润，互相倾轧。商人们到各地游玩，冠盖相望，坐着豪华的马车，穿着奢华的衣服，到处炫耀。这就是商人之所以能兼并农民，农民之所以流亡的原因所在。今法律以商人为贱，商人却已经富贵了，以农夫为尊，农夫却已经贫贱了。世俗看重的商人，却是皇帝轻贱的；官吏鄙视的农民，却是法律尊重的。现在的事实是上下相反，好恶颠倒，在这种情况下想让国家富强、法令顺利施行是不可能的。"

晁错的意见揭示了以户为单位的自耕农经济极度脆弱的现实状况，稍微有水旱灾害、人世变故，自耕农就会无法承担政府的赋役，不得不出卖土地、住宅甚至子女，向商人借高利贷，最终走向破产，成为流民。商人在此过程中却可以通过低价收购农民的财产而更加富有，因此贫富悬殊越发严重。自耕农是汉朝政府所依靠的经济、政治支柱，他们是承担徭役、兵役的主力军，一旦经济破产成为流民，就脱离了政府的管理与控制，政府就会陷入无人服役、无人交粮的窘境。不仅如此，流民缺乏生计，会铤而走险，走上暴力抗争的道路，秦末民众纷纷起事，导致强大的秦帝国在几年内土崩瓦解，一直是汉朝诸位皇帝的梦魇。而另一方面，商人因富有而兼并，会形成势力庞大的经济利益集团，必然要进一步谋求政治的保障，从而形成政治—经济利益的豪强集团，会威胁到汉朝政府的统治。因此，汉朝政府打压商人，打击豪强是确保政权稳定的重要措施。

文景之治时代，由于政府采取自由放任的政策，"（法）网疏而民富，役财骄溢，或至兼并豪党之徒，以武断于乡曲。宗室有土，公卿大夫以下，争于奢侈，室庐舆服僭于上，无限度"，强势集团越发肆无忌惮，但"物盛而衰，固其变也"[1]，到汉武帝时期，那些常规的"重农抑商"手段已经无法奏效。汉武帝借财政紧张之际推行的一系列新经济政策，以打击商人、抑制兼并为重点，运用政权暴力，直接剥夺商人的经济权益，征收高额财产税，再由政府垄断高利润的产业，将商人从这些产业中彻底清除，釜底抽薪。但兼并之家不仅仅是商人，还有贵族、官僚、地方豪强、游侠（类似于黑社会）等各阶层，这些人的社会影响力远比单纯的商人要大，因此他们同样是汉武帝打击的对象。

对豪强的打压早在汉朝开国的时候就实行了。汉初著名的谋臣娄敬（后改姓刘）出使匈奴回来后，给汉高帝提了一个建议："河南地的匈奴白羊王、楼烦王两部离长安只

---

1 《史记》卷30《平准书》。

有七百里，轻骑一日一夜便可以抵达秦中（即关中）。秦中刚经过战火破坏，人很少，但土地肥饶，可以移民充实。秦末诸侯初起反秦时，不是齐国诸田（齐国王族），楚国的昭、屈、景三姓（楚国王族）起事就没人响应。如今陛下虽都关中，实际上人手并不够用，北边邻近匈奴，东边有势力强大的六国王族，一旦发生战乱，陛下也很难高枕无忧。我建议陛下将齐国诸田，楚国昭、屈、景，燕、赵、韩、魏诸国王族的后代，以及豪强名家迁徙到关中。这样无事时可以防备匈奴，关东诸侯一旦有变，也可以东伐。这是强本弱末的方法。"汉高帝采纳了这个建议，将关东豪族10余万人迁到了京城所在的关中地区，以便于朝廷监控，且随之而来的财富、人力也可以充实关中，同时能够让他们远离故土，脱离了自己的势力范围，防止他们趁机作乱。这一政策被汉武帝继承，他接受了主父偃的建议，将天下豪强大族与家财在300万钱以上的富人迁移到关中的茂陵邑居住，还规定强宗大姓不得族居，这样一来豪强大族就失去了田产与影响势力。

著名的游侠郭解就是当时被强行迁徙到了茂陵的。他是典型的黑社会头目，年轻时为人阴险狠毒，为了发泄自己一时的意气杀了很多人，又不惜自己的性命为朋友报仇，事发后亡命，以抢劫、私铸钱币、盗掘坟墓为生；年纪大后，他摇身一变，成了社会贤达、慈善家，自命行侠仗义，经常救人命而从不表功，但江山易改，本性难移，内心的阴险狠毒还是改不掉，经常会爆发出来。元朔二年（公元前127年），因作为县掾（县官属吏）的同乡杨季主之子的建议，郭解也被列入迁徙茂陵的名单中，但他的财产达不到300万的标准。大将军卫青为他说情，认为他不够迁移的标准，汉武帝则认为"布衣权至使将军为言，此其家不贫"[1]，因此命令他迁去陵邑。郭解家乡轵县（治所在今河南省济源县）的人赠送了1 000余万钱为郭解送行，随后他的侄子砍了杨姓县掾的头，从此两家结下了仇。

郭解到了关中以后，认识与不认识他的人都争相与他交往，名声大噪。杨季主家人来京告状，结果告状人反在宫门被杀，汉武帝下令捉拿郭解。郭解一路逃亡，有很多人帮助他，但最终还是被捉拿归案，却发现他亲自杀人的事件都发生在大赦之前。轵县有个儒生陪同查案使者聊天，有一个郭解的门客盛赞郭解，儒生回应道："郭解专以奸犯公法，何谓贤？"[2]门客听到这话，就将儒生杀死，割了他的舌头。郭解并不知道这个凶手是谁，因此审案的官吏汇报郭解无罪。但御史大夫公孙弘议认为，郭解以平民身份，滥施权力，经常为了小事就杀人，他虽不知道门客杀人一事，但比亲自杀人还要过分，应该判处他大逆不道之罪，

---

1 《史记》卷124《游侠列传》。
2 同上。

于是郭解被族诛。

汉武帝族诛郭解一事并非因为他亲自杀人，而是忌惮一个黑社会头目竟然拥有如此巨大的社会影响力：大将军卫青为他说情；告他状的人竟然在皇宫门口公然被杀；皇帝亲自下令捉拿却有很多人隐藏他；别人说他一句坏话就会被他的门客杀死……这种人对于一个政权来说实在是太可怕了，如果他蓄意图谋不轨，马上就可以聚集暴乱，因此郭解是不得不除的。

郭解只是游侠与豪强的一个代表，他们都是威胁汉朝统治的不稳定因素，单纯迁徙并不能解决问题，更直接的手段就是进行人身消灭。早在汉景帝时期，就用酷吏打击过豪强，当时济南郡的瞷氏是地方豪强，宗族300余家，郡太守对他束手无策，汉景帝便任命郅都为济南太守，族灭瞷氏。汉武帝继承了这一政策，任命义纵为河内都尉，族灭当地的豪强穰氏，河内自此路不拾遗；王温舒为河内太守，逮捕本郡的豪强，连坐者1 000余家，罪行严重者族灭，轻者诛杀本人，以至流血10余里；周阳由在多地任过太守，每到一任，必定诛杀当地的豪强。汉武帝任用酷吏一个重要目的就是打击豪强，因为普通官吏难以承担这一重任。酷吏是汉武帝运用得心应手的杀伐工具，不按照任何法规行事，效率极高，可以有效打击地方豪强，进行人身消灭，没收他们的财产，既能充实国库，也能遏制贫富分化的加剧，还能消灭潜在的不稳定因素，可谓一举多得。但酷吏也有自身的利益，有机会的情况下也会贪腐，像张汤那样廉洁的酷吏毕竟是极少数，杜周、王舒温家财巨富，因此汉武帝会任用后起的酷吏来清除他们的前辈。

汉武帝打击权贵、豪强与富人阶层的手段残酷，这不仅有他个人作风强悍的因素，也有客观的原因。文景之治时期，自由主义经济的大发展导致了社会贫富分化严重，权贵、富裕阶层的财产来源也不可能正当、干净，再兼他们骄奢淫逸、为富不仁、横行地方，不仅激化了社会矛盾，而且也威胁到了政权的稳定；当时又缺乏有效的金融、财会等方面的技术手段来准确、有效地统计个人财产，确保现有的税收，也没有财产税、所得税、遗产税等税收制度来进行有效的财富二次分配，因此汉武帝剥夺他们的部分财产（迁陵邑），简单粗暴却又十分高效，有其内在的合理性，至于严厉打击不法豪强更是理所应当。

2. 黄河如带：拿诸侯王、贵族、官僚开刀

兼并之家当然不止这些普通的地方豪强，还有贵族、官僚，这才是导致贫富悬殊，威胁国家稳定、安全更重要的因素。汉武之所以是汉武，就在于他敢于拿这些势力强大的既得利益集团开刀。汉朝最大的既得利益集团是分封

的诸侯王、列侯。前面提过，汉武帝采纳了主父偃的建议，实施"推恩令"，即诸侯王的儿子除了继承王位的一个外，其余均在原有诸侯国内封侯，称为"王子侯"，这是解除诸侯王对中央政府威胁的根本措施。但事实上，在"推恩令"推出之前，汉武帝就采取了一系列严厉打击诸侯王的行动。建元三年（公元前138年），梁孝王刘武之子、济川王刘明射杀了中尉，犯了死罪，后被汉武帝赦免，废为庶人，流放到房陵（今湖北省房县），济川国被废除，成为直属中央的济川郡。元朔二年（公元前127年），燕王刘定国与父亲的妾通奸，抢夺弟妻为妾，又杀了人，在被主父偃揭发后，汉武帝想要诛杀他，而刘定国闻讯自杀，燕国也被废除。

汉武帝时期势力最大的诸侯王之一是淮南王刘安，他是汉文帝的弟弟淮南王刘长的儿子。刘长谋反自杀后，汉文帝又封他的儿子刘安为淮南王，刘勃为衡山王，刘赐为庐江王，他们都是汉武帝的堂叔。建元二年（公元前139年），淮南王刘安入朝，好友太尉武安侯田蚡到霸上迎接他，说："皇帝没有太子，你是高皇帝的孙子，平常施行仁义，具有很高的威望，一旦皇帝去世，除了你，谁还能继承皇位？"刘安听后大喜，赠送黄金财物给田蚡，暗中结交宾客，养士数千，准备叛逆。元朔三年（公元前126年），汉武帝模仿汉文帝，赐淮南王几杖，免除了他朝见的义务，以示优宠。两年后，刘安的太子刘迁因犯法拒捕，刘安也因包庇被牵连而筹划谋反。汉武帝虽然又一次原谅了刘安，但双方芥蒂已经形成，最终刘安于元狩元年（公元前122年）谋反，事败后自杀，王后、太子均被诛杀，淮南国被废除，后设为九江郡（治所在今安徽省寿县）。同年，刘安的弟弟衡山王刘赐谋反自杀，王后、太子被杀，衡山国被废除，后设为衡山郡（治所在今湖北省黄冈市）。淮南、衡山谋反案由张汤负责审理，被株连处死的列侯、二千石、豪强等有数万人。第二年，曾与淮南王、衡山王串通谋反的江都王刘建事发，也被处死，江都国被废除，后设为广陵郡（治所在今江苏省扬州市）。以后又陆续有常山王刘勃、济北王刘宽因犯罪，封国被废除；清河、山阳、胶西三国因无嗣，封国被废除。汉武帝的亲信庄助也因此案被张汤力主诛杀。

对诸侯贵族打击最大的是"酎金案"。"酎金"是汉朝诸侯于宗庙祭祀之时，随同酎酒所献的黄金；酎酒是经长时间酿造的优质酒。汉文帝时规定，每年八月在长安祭祀高祖庙献酎、饮酎时，诸侯王、列侯都要按封国人口数献上黄金助祭，每千人献金四两，余数超过500口的也是四两，由少府验收。

元鼎六年（公元前111年），正值征伐南越，齐国相卜式上书要求与儿子一起从军，他说："臣闻主忧臣辱。南越反叛，臣愿和我的儿子与齐国所有精通驾船的人一起去战死。"汉武帝下诏表彰了卜式急天下所急的义举，封他为关内侯，赏金60斤，田10顷以作为榜样，布告天下，但天下并没有人响应。尤其让汉武帝失望、愤怒的是，当时全国有列侯100多位，他们世袭封土，与国同休戚，如果说将汉朝看成一个股份公司，那么诸侯与皇帝一样，都是这个公司的股东，他们应该是汉朝最热心、最得力的支持者，现在却竟然没有一人愿意从军，这让汉武帝极为恼怒，因此决定利用一年一度祭祀宗庙的机会惩治列侯。往年诸侯献上的酎金经常缺斤短两，但朝廷都没有认真计较。这一年汉武帝命令少府严格检查、复核诸侯献的酎金，结果令人震惊——多达106位列侯所献的酎金都少了分量。这些人立即被全部罢免列侯爵位，废除封国，其中刘姓的王子侯就有64人，而诸侯王也因此被削除封地。高陵侯、丞相赵周因此案被控知情不报，下狱自杀。

"酎金案"对当时最大的既得利益集团——诸侯的打击是巨大的，当时一半的列侯被一举罢免，其中又有一多半是皇族，另一小半则是自汉朝开国以来分封的功臣侯和外戚侯。汉高帝在分封列侯时曾立誓："使黄河如带，泰山若厉（砺石），国以永存，爱及苗裔。"[1]列侯是世袭的贵族地主，他们的封国大者有数万户，小者有数百户，占地达100

---

1 《史记》卷18《高祖功臣侯者年表》。

顷。"酎金案"一举清除了106位世袭贵族大地主，对缩小贫富差距、缓解社会矛盾、增强中央政府的财力与控制力都起到了重要作用。后世很少有人有汉武帝这样的魄力，能如此严厉地打击贵族集团的势力。

意味深长的是，"酎金案"很大程度上体现了一个人类社会的共同规律，当法律被长期忽视，得不到切实执行时，很多人就会忍不住犯法，以为法不责众。诸侯所交的酎金比起他们的财产来说几乎微不足道，可他们竟然连这种小便宜也要贪，根本不顾宗庙祭祀的神圣性，及其用以维系诸侯与皇帝臣属关系的重要性，这也显示了诸侯对意识形态仪式性的忽视。虽然酎金的短斤缺两早已成为了潜规则，皇帝对此也抱着容忍的态度，但如果皇帝强调意识形态的重要性，以不尊重列祖列宗的罪名来惩罚这种行为，诸侯就会完全无从辩解，理屈词穷，只能受罚除国，此时法律和意识形态就会成为打击他们的有力武器。汉武帝巧妙地利用了这一事件，通过惩罚除国，收回了106位诸侯持有的汉朝股份。

汉初开国时，汉高帝共分封了137位功臣侯，6位诸侯王子、外戚侯，合计143位，到了100年后的汉武帝太初年间（公元前104年至公元前101年）只剩下5位，其他的"皆坐法陨命亡国"，再过20年，到了汉武帝末期，开国功臣侯则已经一位不剩，全部除国。汉武帝时共有75位因功封为列侯的功臣（其中有5位因父亲建功而封列侯），178位王子（列）侯，9位外戚列侯，是除了汉高帝开国时外，因功封侯人数最多的时期，而同时因犯罪罢爵、绝嗣除国的列侯就多达283人，其中有20多人被处死或自杀，因此到了汉武帝末年，全国的列侯仅余93人[1]。在新兴的外戚、功臣中，以皇后卫子夫、大将军卫青一家最为显赫，共有五位列侯，但卫青三个封侯的儿子在他生前就被夺爵除国，卫青死后，他的爵位由儿子继承，不久也被夺爵除国。卫青封侯后仅24年，卫氏就从"一门五侯"的鼎盛局面沦落为空无一侯的境地，可见汉武帝对功臣贵族的打击不分新旧亲疏。他无法容忍贵族的富N代无德、无才、无能却可以坐享父、祖辈的余荫，这样整个社会就会不思进取，无法激励后进，而且贵族人数增加也会加剧社会贫富分化，激化社会矛盾。

汉武帝制定了"阿党法"，规定"诸侯有罪，傅、相不举奏，为阿党"[2]，即将任命的诸侯国太傅、相变成了诸侯王的监督者，诸侯王实际已经变成了他们的下属；制定了"左官律"，规定诸侯王的官员不得再成为皇帝的官员，以此杜绝优秀人才为诸侯所用；又制定了"附益法"，禁止

1　283名除国的列侯，以及汉武帝末期余下的93名列侯，他们的始封时间涵盖了从开国至汉武帝时期。

2　《汉书》卷38《高五王传》颜师古注引张晏语。

朝廷官员与诸侯王结交来往，否则会受到严厉处罚。这一连串的措施制定，导致"诸侯唯得衣食租税，贫者或乘牛车"[1]，从过去拥有相对独立政治、军事权力的首领成为了世袭的地主。

封赏慷慨、有功必赏，惩罚严厉、有罪必罚，这是汉武帝执政极为突出的特点。除了"酎金案"集中打击了一批贵族外，整个汉武帝朝对官僚贵族集团的打击是持续不断的，当时的官僚贵族集团一直承受着巨大且可怕的压力，有如前面提到过的，杜周任廷尉时，仅在监狱中关押二千石的高官就有100多人。

对官员的管理与监督不仅需要立案审查，还要有一整套的制度建设。元封元年（公元前110年），汉武帝建立了官员监察制度，他将全国分为13部刺史监察区，即：交址、朔方、冀、幽、并、兖、徐、青、扬、荆、豫、益、凉，每部监察若干郡、国，长官为13名刺史，每人负责一部的监察事务。刺史设有官府，职能为"刺史班宣，周行郡国，省察治状，黜陟能否，断治冤狱，以六条问事，非条所问，即不省"，主要包括：

第一，"强宗豪右田宅逾制，以强凌弱，以众暴寡。"即打击地方豪强欺压百姓、兼并的行为。

---

1 《汉书》卷38《高五王传》。

第二，"二千石不奉诏书、遵承典制，倍公向私，旁诏守利，侵渔百姓，聚敛为奸。"即打击地方二千石官员（郡守、国相）不遵守皇帝的命令与朝廷的制度，以权谋私，欺压百姓，贪污腐败的行为。

第三，"二千石不恤疑狱，风厉杀人，怒则任刑，喜则淫赏，烦扰刻暴，剥截黎元，为百姓所疾；山崩石裂，妖祥讹言。"即打击地方郡守、国相不遵守法律制造冤狱，以个人喜怒奖赏，以及散布妖言的行为。

第四，"二千石选署不平，苟阿所爱，蔽贤宠顽。"即打击地方郡守、国相不能公平举荐人才的行为。

第五，"二千石子弟恃怙荣势，请托所监。"即打击地方郡守、国相的子弟依仗权势为非作歹的行为。

第六，"二千石违公下比，阿附豪强，通行货赂，割损正令。"[1]即打击地方郡守、国相与地方豪强勾结，行贿受贿，损害中央政权的行为。

十三部刺史每年于秋分之际率领下属巡视各地，通过接触下级官吏和民众，了解两千石的郡守、诸侯国相的执政情况，以及地方豪强的不法行为，平时则在府内接受对地方官、豪强的检举、揭发。由于刺史秩仅为六百石，位卑权重，有很大的上升空间，因此有工作热情，积极主动，

---

1 《汉书》卷19《百官公卿表》颜师古注引《汉官典职仪》。

这是汉武帝用人的惯用手法。

征和四年(公元前89年)，为了加强对首都及附近的监察，汉武帝又设置了司隶校尉，秩为二千石，持节，负责代表皇帝监察中央政府官员，直接向皇帝本人负责，甚至可以监察皇太后、皇太子。司隶校尉的监察区域包括了三辅(京兆、左冯翊、右扶风，今陕西省关中一带)、河东、河南、河内、弘农（今河南、陕西一带）共七郡的汉朝腹心地区。

十三部刺史、司隶校尉的设立加强了对贵族、官僚的监察和控制，这也是皇权加强的一个明显体现。但汉武帝在政治上更大的制度创新是内朝制度的创立，这从根本上改变了君主与臣下的关系，并且一直影响到了20世纪。

第七章

大一统帝国的建立与统治末期的转向

汉武帝时期，两千多年中华大一统帝国的基本格局与意识形态开始奠定，汉武帝本人是中华帝国的真正奠基者，自他之后，中国人才真正形成了统一的国家认同。以后无论统一还是分裂，大一统国家都是历代中国人的共同追求。汉武帝不仅武功彪炳，而且文治斐然，他是许多重要制度的创立者，包括对后世影响极为深远的内朝制度、侍从制度以及改易正朔、服色等。到了晚年，汉武帝幡然悔悟，不惜以今日之我与昨日之我决裂，完成了从"削民"到"富民"的大转变，更让后世感佩、景仰，他真正无愧为中国历史上的千古一帝。

第一节 | 绝对独裁的体制：外朝与内朝

1. 丞相权力的消长与内朝的建立

汉朝初期，丞相、太尉、御史大夫号位三公，位列群臣之上，分担政府职能，但太尉不常设置，平时的军政也归于丞相；御史大夫则为丞相的副手，主管监察。丞相（有时称相国，有时分右、左丞相）位居一人之下，万人之上，是全体外朝官僚的首长，秩万石，月俸六万钱，均以列侯出任，地位与权力远高于其他官僚，位高权重，"掌丞天子，助理万机"[1]。凡有国事，官僚均要先向丞相汇报，然后丞相在府中召集六百石以上的官员开会讨论，议定后再以丞相的名义上奏皇帝批准；重大人事变动、政策调整，也都是由丞相主持廷议，然后领衔上奏；皇帝的诏命，都必须先下达丞相，由丞相副署后负责实施，而且丞相有封驳诏命的权力。丞相对属下大臣有生杀予夺的大权，申屠嘉曾威胁要杀汉文帝最宠爱的邓通，经邓通拼命求饶与汉

---

[1] 《汉书》卷19《百官公卿表》。

文帝亲自求情才得以幸免。申屠嘉还后悔没有行使丞相先斩后奏的权力，诛杀汉景帝最宠爱的内史晁错。汉武帝即位初期，舅舅田蚡为丞相，可以随意任命二千石的高官，以致汉武帝不满抱怨："你任命官员够了没有？留点名额，我也要任命官员。"

皇帝对丞相非常礼遇，如果两人乘车在路上相遇，丞相迎见，皇帝要下车还礼；皇帝接见丞相，要起立行礼，旁边的礼官还要高唱："皇帝为丞相下舆""皇帝为丞相起"；皇帝要用"君"称呼丞相。汉文帝曾问陈平丞相的职责，陈平回答："作为宰相，我向上要辅佐天子，分辨阴阳，顺应四时，向下要培育万物，让万物生长得宜，还要对外镇抚四夷、诸侯，对内安抚百姓，使得卿大夫可以各得其职。"[1]陈平的回答非常符合汉初的实际，丞相是皇帝之下群臣的领袖，辅佐皇帝管理一切国家大事。

汉朝初期的丞相不仅有行政权、议政权，甚至还有相当大的决策权。一个职位拥有多大的权力并非单纯是由制度规定的，而且与担任这个职位的具体个人息息相关，汉初丞相的权力之所以如此之大，就是这个原因。汉高帝时期的第一任丞相（当时又改称相国）萧何是开国第一号功臣，随后是位列开国功臣第二的曹参，以后历任的王陵、

---

1 "宰相"是中国古代最高行政长官的通称，"丞相""相国"是具体的官职，汉初丞相（相国）为宰相，但汉武帝以后丞相并非宰相，具体见下文。

陈平、周勃、审食其、灌婴、张苍，一直到汉景帝时期的申屠嘉，都是以开国功臣、列侯的身份出任丞相。随着开国功臣退出历史舞台，任丞相的都是开国功臣的第二代或新一代的功臣，他们也均以列侯任丞相。这些功臣、列侯、丞相都有自己的封地，有独立的经济基础和政治基础，再加上他们对汉朝江山的建立和巩固有功，与皇帝一样享有股份，因此并非是皇帝的奴仆，并不需要完全依附于皇帝。对于汉高帝以后的诸位皇帝而言，这些开国功臣还是他们的长辈，因此汉初丞相拥有相对独立、尊贵的地位以及相应的大权是顺理成章的。这个惯例一直持续了70多年，直至汉武帝时期。

最初汉武帝任命舅舅田蚡任丞相，这是沿用了汉初的惯例，保留了一些丞相的权威，但一心想大权独揽的汉武帝是不会允许任何人掌握如此大的权力的，即使是他的心腹、舅舅也不行，因此要收回丞相的用人大权。汉武帝为了更好地控制朝政，开始逐步矮化丞相的地位。田蚡前后的几任丞相柏至侯许昌、平棘侯薛泽都是开国功臣的第三代列侯，谨小慎微，既没能力，也没创新，更没什么功业，汉武帝只是让他们备位丞相充数，以便自己大权独揽，而此时大将军卫青的地位已经高于丞相。

更重要的转折点出现在元朔五年（公元前124年），汉武帝任命公孙弘为丞相，并因此封他为平津侯，他是汉朝第一位没有列侯爵位而任丞相的人。公孙弘出身社会底层，原本在海边养猪，后以一介儒生的身份参加贤良、文学的选拔，因对策受到了汉武帝赏识。他没有任何背景、势力，所有的权力和影响力全部来自于汉武帝本人，所以只能顺从汉武帝的意志，没有自己独立的人格与主见，自此以后，丞相沦为朝廷的摆设，更不复以前的权威。公孙弘以后，李蔡、庄青翟、赵周、石庆、公孙贺、刘屈氂相继为丞相，从李蔡到石庆时期，丞相府的下属、幕僚居住的客馆已经废弃，到了公孙贺、刘屈氂在任时，已经毁坏为马厩、车库、奴婢居室。这些丞相中唯有石庆谨小慎微，一无建树，最终得以在相位善终，其他人则全部被汉武帝诛杀（含下狱自杀）。石庆虽然善终，但他任丞相时不仅没有决策权，甚至连议政的权力也失去了。元封四年（公元前107年），公卿大臣讨论关东的流民问题，汉武帝甚至不让他参加议政。虽然丞相已经没有了实际的权力，但名义上仍然是百官的首长，仍要为皇帝承担决策、行政的失误，充当皇帝的替罪羊，因此丞相一职在汉武帝时期已经完全成为了一个形同虚设的高风险职位，当事人对此最有深刻的认识。

太初二年（公元前103年），丞相石庆去世，汉武帝决定任命卫青的老部下公孙贺为丞相，因为此前三任丞相李蔡、严青翟、赵周三人均因罪自杀，石庆也经常被汉武帝斥责，公孙贺一听到自己要被任命为丞相，当时就不肯接受印绶，吓得顿首涕泣，推辞说："我本是边鄙之人，凭借骑射的本事才做了官，我的才能真的不足以做宰相。"汉武帝和满朝大臣看着公孙贺这位勇猛的武将竟然悲泣不止，深受感动，不由落泪。汉武帝命令侍从扶起公孙贺，公孙贺不肯起来，汉武帝生气离席，公孙贺这才不得不受命出任丞相。后来当有人问他为何不愿意担任丞相时，公孙贺说："主上贤明，我的才能配不上丞相，担心需要承担很重大的职责，从此我要倒霉了。"果然12年后，公孙贺被汉武帝族诛。

虽然在实质上汉武帝已经废除了丞相，自己直接充当了政府的首长，但他一个人不可能有如此多的精力管理整个国家，因此他必须要重新建立一个新的机构来协助自己，承担部分以前丞相的权力，这个机构就是"内朝"（设置于宫廷内，与宫外的政府机构"外朝"相对），又称"中朝"。

汉朝三公以下的诸卿大臣中，与皇帝日常生活关系最为密切、也最信任的是郎中令，职责是"掌宫殿、掖门户"[1]，负责保卫皇宫及皇帝本人的安全，下属有大夫、郎、谒者，还有期门、羽林，他们中不仅有皇帝的侍卫，也有政治、文学、生活方面的侍从，平时在宫廷中活动，跟随皇帝左右。汉武帝刚即位，就通过举贤良、文学等途径招揽了各方面的人才充当他的侍从，如庄助、朱买臣、吾丘

---

1 《汉书》卷19《百官公卿表》。

寿王、司马相如、主父偃、徐乐、严安、东方朔、枚皋、胶仓、终军、严葱奇等。汉武帝命令庄助等内廷侍从与以丞相为首的外朝大臣辩论，建元三年（公元前138年），时任中大夫的庄助就当众驳斥反对出兵征讨闽越的太尉田蚡，此时已经形成了事实上的内朝。但是此时的内朝成员还是属于郎中令的属官，从体制上仍然属于丞相所领导的外朝的一部分，为了使内朝制度化，正式成为体制的一部分，就必须要实行加官。

汉朝的加官有侍中、左右曹、诸吏、散骑、中常侍，这些头衔可以加给列侯、将军、大夫、将、都尉、尚书、太医、太官令、郎中，没有固定的编制，可以多至数十人。侍中、中常侍可以出入宫廷禁中，诸曹承担尚书（帮助皇帝处理文书的秘书）的职责，诸吏有监察、举报官员的权力，散骑、中常侍骑马跟随在皇帝的座车前后，有建议权。给事中也是加官，可以加给大夫、博士、议郎，充当顾问应对的角色，位于中常侍之下。具有以上这些加官头衔的都是汉武帝的亲信，他们跟随汉武帝左右，充当智囊、顾问、秘书，掌握国家的机密要务，直接从汉武帝本人处接受命令，完全避开了外朝，脱离了丞相的控制，形成了另一个，也是更重要的权力核心，而外朝却被逐渐边缘化，沦为单纯的执行机构。汉武帝的宠臣卫青、霍去病、霍光、金日磾都是他的侍中，他们的权势都大于丞相。

内朝制度化的最后步骤是设置中书、尚书官署,直接承担原来丞相的职能。尚书原是少府的属官,职能是为皇帝收发公文,为"六尚"之一,与尚冠、尚衣、尚食、尚浴、尚席并称。汉武帝规定,臣下的奏疏先交给尚书,然后由尚书呈送皇帝,最后再将皇帝的意见传达给丞相执行;皇帝与尚书讨论政事的处理方案,因此尚书的地位开始变得重要。尚书成为汉武帝亲信的加官后,就从少府脱离,成为了直属皇帝的内朝官,并成立了尚书官署——尚书台,长官称为尚书令,副职为尚书令丞,下辖四尚书分曹办事,分别为:侍曹尚书,主管丞相、御史事务;二千石尚书,主管刺史、二千石事务;户曹尚书,主管平民上书事务;主客尚书,主管外国、四夷事务。此时的尚书台"总典纲纪,无所不统"[1],所管辖的事务包括了民政、财政、外交、监察等方面,已经成为正式机构。

原属外朝御史承担的诏命章奏的权力也转给了尚书,官民的章奏可不经外朝而直接通过尚书呈送皇帝;皇帝的诏旨也由原来经御史传达改为由尚书下达丞相执行。全国各地的章奏由公车司马令直接送给尚书,经尚书处理后上奏皇帝;汉武帝则由随侍左右的诸吏、给事中、左右曹、侍中、中常侍协助处理尚书上奏的事务。汉武帝晚年由于

---

1 (清)孙星衍辑《汉官典职仪》。

倦于政事，耽于后宫游乐，尚书出入不便，于是又设立了中书，职责与尚书相同，长官为中书令，由宦官担任。

内朝制度在汉武帝之后有进一步的发展，汉昭帝时辅政的大司马、大将军霍光"领尚书事"。按当时的规定，臣下给皇帝的奏疏都有两份，即正本和副本。在将这些奏疏呈送皇帝之前，领尚书事者先审查副本，并有权将之摒弃，不报告皇帝，因此内朝的权力极大，已经成为了国家实际的中枢机构，取代了拥有决策、议政权力的外朝丞相府，"领尚书事"者才是掌握议政、决策权力的真宰相。与之形成鲜明对比的是，由于丞相没有加官，不能进入宫廷参与皇帝的议政、决策，外朝已经沦为了单纯的行政执行机关，丞相的权力大为缩减，不能再称之为"宰相"，无怪丞相府的宾舍变成了废墟、车库。

汉武帝创立的内朝制度对后世的影响极为深远，以后各朝各代基本上都模仿汉武帝建立了内朝，皇帝通过内朝来抑制外朝权力，如唐代的"知制诰""内枢密使"，明朝的"内阁""司礼监"，清朝的"南书房""军机处"都是内朝性质。

2. 侍从制度与绝对控制的军权

军权是皇权最重要的基础，汉武帝当然对此紧抓不放。

汉初太尉掌握军政，但太尉一职并不经常设置，汉武帝之前，仅有卢绾、周勃、灌婴、周亚夫四人担任过，而平时的军政事务归于丞相府。汉武帝即位当年，就任命舅舅田蚡为太尉，处理军政事务，第二年罢免之后，再也未设置太尉一职。元朔五年（公元前124年），汉武帝封卫青为大将军，地位在丞相之上，成为最高军职；元狩四年（公元前119年），又任命大将军卫青为大司马，但只是虚职，并无印绶、官邸与下属。此时军政权当然不会归属已经失去权力的丞相府，而是由皇帝本人亲自掌握。

皇帝的禁卫军为南军，由卫尉率领，承担保卫皇宫的责任，称为"卫士"，是皇帝的外层警卫（外卫）；皇宫中的警卫由郎中令（后改称光禄勋）率领的郎（卫）承担，执戟宿卫殿门，皇帝出行时则车骑跟随，是皇帝的内层警卫（内卫）。南军卫士是普通的士兵，而郎卫则是军官，秩从三百石至六百石，分属秩为二千石的五官、左、右中郎将，合称"三署"。郎中令以下的郎属于皇帝的贴身侍从、警卫，地位特殊，对外朝的公卿大臣没有礼敬的义务，只服从皇帝及顶头上司郎中令。汉武帝将郎卫扩充至千人，后又增设期门、羽林两支禁卫部队，人数合计近3 000人，平时警卫殿门，出行随侍车骑，与郎卫共同形成了保卫皇帝的三支核心军事力量。汉武帝又收养在匈奴战争中牺牲的烈士孤儿，增设"羽林孤儿"，父子世袭，人数不限，充当羽林骑兵，这些人当然是汉朝、皇帝的基本铁盘。

郎卫、期门、羽林不仅是汉武帝最信任的核心警卫，也是他最重要的人才储备库。终汉武帝一朝，人才辈出，而人才大多发迹于他的贴身侍卫群，如大将军卫青、骠骑将军霍去病、骑将军公孙敖、"飞骑军"李广、丞相李蔡、博望侯张骞、关内侯李敢、骑都尉李陵、使节苏武、左将军荀彘、后将军赵充国等等。这些侍卫与汉武帝朝夕相伴，对汉武帝有着绝对的忠诚，汉武帝也有机会从中观察、识拔人才，而且这些人都是他的亲信，因此他可以放心、大胆地使用他们，在战时让他们充分掌握军权，率军出击，或让他们承担重要的、冒险的出使任务。

汉武帝创立的侍从制度后来被唐朝、清朝继承。唐朝开元、天宝极盛时期的著名战将王忠嗣就是烈士之后，被唐玄宗收养在宫中，充当侍从，后来他身兼四镇节度使（总共九镇），掌握天下大半雄兵，开疆拓土，是当时战功最为卓著的将领。清朝的满洲八旗大臣则更是大多数都有做过侍卫的经历。

驻防在京城、三辅的军队为北军，由中尉（后改称执金吾）率领，汉武帝派驻监军御史（后改监北军使者）加以控制，但北军并非常备军，汉武帝又增设了屯骑、步兵、越骑、长水、胡骑、射声、虎贲等七校尉，率领由皇帝亲自掌握的中央常备军。驻防天下各郡国的地方军队为更卒卫士，各郡由都尉率领，各诸侯国由中尉率领；边境各郡则由戍卒驻防，由都尉率领，这些地方军队并非常备军。全国军队平时虽然名义上属于太尉、大将军、将军率领，但他们只有训练管理权，而无调兵权，在诛杀诸吕的事件中，太尉周勃就曾因为没有虎符被北军拒绝入营；只有皇帝有权用虎符调兵，并临时派遣将帅率军出征，这些将帅也多是皇帝的亲信侍从，出征完毕，士兵散归各自军营，或退伍回家。在这种军事体制下，全国只有皇帝一人掌握军权，而且汉武帝还有亲自率领驻守在皇宫、京城的常备军郎卫、期门、羽林、七校尉等，这是他能大权独揽超过半个世纪的权力基础。

3. 封禅泰山与改易正朔、服色

除了初期几年，汉武帝在位的半个世纪，都掌握了至高无上的绝对权力，再加上国力雄厚，人才辈出，使得他可以随心所欲，施展自己的政治理念。汉武帝一生最重要的目标是征伐头号的敌人匈奴，对外开疆拓土，此外，在内政方面，他也是一位制度的开创者。

战国时期阴阳家邹衍创立了"五德终始说"。"五德"指五行中的木、火、土、金、水代表的五种德性，"终始"

指"五德"周而复始的循环。他认为"五德从所不胜，虞土、夏木、殷金、周火"，木克土、金克木、火克金、水克火、土克水，因此这几个王朝被渐次替代。按照这个理论，秦朝取代周朝为"水克火"，黑色属水，所以秦朝崇尚黑色。汉朝建立，张苍认为秦朝暴虐且二世而亡，不属于正统的朝代，因此汉朝取代的是周朝，仍然尚黑，为水德。汉文帝时期贾谊、公孙臣认为汉朝应为土德，土克水取代秦朝，但均被否决。文景时代崇尚不折腾，改五德就得易服色，所以此事一直拖延到了汉武帝时期。

元狩元年（公元前122年），汉武帝猎获一头异兽，众大臣认为是天降祥瑞，建议设立年号制度，仍然以汉为水德，数以六纪，将该年定为元狩元年，并将此前汉武帝在位的18年分为三元，每元六年，分别称"建元""元光""元朔"，这是中国年号制度的开始，后来一直沿用到了清朝末年。

汉武帝于元鼎五年（公元前112年）开始了巡游天下的漫长历程，他东渡黄河，河东太守没想到皇帝突然到来，未曾辩解便直接自杀；又西行翻越陇山，陇西太守因为皇帝一行人来得太仓促，没做准备，致使皇帝的随从没饭可吃，陇西太守随即自杀；随后又率领数万骑兵北出萧关，在新秦中（即河套以南的河南地）打猎以检阅边防军，后回到长安。在新秦中时，汉武帝发现有的地方千里没有亭徼（边境哨所、工事），于是下令诛杀北地太守及下属。由此可见汉武帝驭下极为严厉。

元封元年（公元前110年），对外，汉朝屡征匈奴，匈奴已逃往漠北，又攻灭了南越；对内，诸侯国已经完全被控制，又因采取一系列新经济政策，财力雄厚。志得意满的汉武帝诏告天下："南越、东瓯，咸伏其辜；西蛮、北夷，颇未辑睦；朕将巡边垂，躬秉武节，置十二部将军，亲帅师焉。"他亲率18万骑兵，队伍旌旗长达1 000余里，自云阳出发，向北历经上郡、西河、五原，出长城，北登单于台，至朔方，临北河，巡视汉匈边境，并派遣使者通知匈奴单于，公开向匈奴挑战："南越王的头已经悬挂在汉庭北阙。今日单于能战，天子将会在边境亲自等待单于前来一战；单于若是不能，即刻向汉朝臣服，何必向漠北苦寒之地逃亡隐匿！"匈奴单于一怒之下，扣留了使者，但也不敢发兵较量。于是汉武帝到达桥山祭祀黄帝陵，后祭祀中岳太室（今嵩山），又向东巡视海滨，以求见蓬莱神仙，最后抵达泰山封禅。秦始皇统一中国后曾举行封禅泰山的大典，这一举动象征着太平盛世的来临，汉武帝这样做，是宣告自己为一统天下的正统君主。封禅标志着继秦朝短暂统一中国后，此时汉武帝再次统一中国，因此必须在攻灭南越、闽越，超越了秦朝版图后才能进行，只有这样，才是确立了大一统帝国的诞生，否则就会沦为历史笑柄，有如后世封禅泰山的唐玄宗、宋真宗。封禅完成后，汉武帝又一次来到海滨求见神仙，当然未果，于是沿着海滨北至碣石，巡狩辽西，经历北部边境，至九原（今内蒙古自治区包头市九原区），花费七个多月的时间，最后回到了甘泉宫，全部行程长达1.8万里。此后汉武帝又五次封禅泰山，他是中国封禅次数最多的皇帝。

元封元年封禅泰山意义重大，象征着自周王室王纲解纽，天下分裂之后的大一统重建，而秦始皇的统一因仅只持续了13年，并未被当时天下的认同而被无视。太史令司马谈因故没能参加封禅，忧愤而死，临终前对儿子司马迁哭诉了强烈的遗憾以及封禅的重大意义："余先周室之太史也。自上世尝显功名于虞夏，典天官事。后世中衰，绝于予乎？汝复为太史，则续吾祖矣。今天子接千岁之统，封泰山，而余不得从行，是命也夫，命也夫！余死，汝必为太史；为太史，无忘吾所欲论著矣。且夫孝始于事亲，中于事君，终于立身。扬名于后世，以显父母，此孝之大者。夫天下称诵周公，言其能论歌文武之德，宣周邵之风，达太王、王季之思虑，爰及公刘，以尊后稷也。幽厉之后，王道缺，礼乐衰，孔子修旧起废，论《诗》《书》，作《春秋》，则学者至今则之。自获麟（麒麟被猎获，孔子悲叹去世）以来四百有余岁，而诸侯相兼，史记放绝。今汉兴，海内一统，明主贤君忠臣死义之士，余为太史而弗论载，废天下之史文，余甚惧焉，汝其念哉！"[1]这段话表达了两层意思：一、汉朝是周朝大一统的继承者，无视统一仅十来年的秦朝，汉武帝封泰山标志着重建并继承了中国文明的千岁之统；二、要求司马迁继承遗志，继承孔子作《春秋》的传统，撰写《史记》，记录、颂扬重建大一统的汉朝明主贤君忠臣死义之士。

封禅泰山后就要改正朔。秦统一中国后，在全国颁行《颛顼历》，以十月为一年的第一个月（岁首），闰月设在九月之后，称为后九月。太初元年（公元前104年），大中大夫公孙卿、壶遂、太史令司马迁等建议："历纪坏废，宜改正朔"[2]。汉武帝遂命令御史大夫兒宽与众博士商议，他们认为，夏朝以正月为岁首，宜用夏正。汉武帝听取了这一建议，当年五月，他命令公孙卿、壶遂、司马迁等共同制订《太初历》，以正月为岁首，色尚黄，数用五，定官名，协音律，定宗庙、百官之礼仪，并将这些确定为后世沿袭的制度。《太初历》对后世影响极为深远，它精密的历法计算确定了与农时对应的二十四节气日期，符合农业生产的需要，几条基本原则也一直沿用至今。汉武帝为此特地建造明堂接受《太初历》，更改正朔（正、朔分别为一年和一月的开始）。

---

1 《史记》卷130《太史公自序》。
2 《汉书》卷21《律历志》。

第二节 | 晚年的悲剧与幡然悔悟

1. 子弄父兵：家事即为国事

独掌大权半个世纪，汉武帝几乎心想事成，文治武功彪炳千古，这是他"内多欲"表现的一方面，另一方面，内心的欲望又驱使他纵情于声色犬马。前文讲过，汉武帝年轻时，常自称"平阳侯"在长安郊外打猎，致使民怨沸腾。于是他索性圈地建造了专供自己打猎之用的上林苑，周长达340里。他又性好女色，后宫中有宫女数千人，与之相比，汉高帝、汉文帝、汉景帝的宫女不过十几人。为了容纳这些宫女以及满足自己骄奢淫逸的生活，汉武帝又大兴土木，建造了柏梁台、建章宫、明光宫等几十处宫苑。人世间的一切已经应有尽有，汉武帝又几乎毕其一生斥巨资寻求神仙，希望求得长生不死之术，却接连被江湖术士欺骗，甚至将自己的女儿嫁给了骗子栾大，直到晚年才醒悟。

汉武帝的第一位皇后是姑母长公主刘嫖和堂邑侯陈午的女儿。刘嫖曾帮助汉武帝成为太子，陈皇后倚势而骄，与汉武帝关系不好，又十几年没有生子，嫉妒新入宫的卫子夫，数次想害死她。陈皇后于元光五年（公元前130年）因巫蛊(一种用以加害仇敌的巫术)被废。卫子夫入宫后，已经为汉武帝生育了三个女儿，并在陈皇后被废除的两年后，汉武帝29岁时生下了长子刘据，因此被立为皇后，七年后，嫡长子刘据被立为太子。后来卫子夫年老色衰，汉武帝又宠幸了王夫人、李夫人、尹婕好、赵婕好[1]。皇帝的家事实际上是国事，这一连串的恩怨情仇引发了日后的惊天事变。

刘据年幼时很得汉武帝喜欢，但长大后，汉武帝嫌他才华不够出众，性格温和宽大，不像自己，而宠爱其他几个儿子。皇后卫子夫与刘据察觉到汉武帝的宠爱衰减，心中不安。汉武为此特地告诉太子的舅舅大将军卫青："汉家诸事草创，四夷又不断侵陵中国，我不变更制度，后世没有章法，不出师征伐，天下不会安定，为此不得不劳民。如果后世的君主又像我一样，那是承袭了亡秦的轨迹。太子敦重好静，必定能安天下，不使我忧虑。我想要寻找守住文治的君主，哪里还有比太子更贤能的呢？听说皇后与太子有不安之意，你可以这样告诉他们。"卫青顿首谢恩，卫子夫听说后也脱簪请罪。太子刘据经常劝谏汉武帝不要频繁征伐四夷，汉武帝笑答："我做完这些辛苦差事，将一

---

1 夫人、婕好均是皇帝妾的名号。

个太平天下留给你，难道不好吗？"

汉武帝不愧是一位杰出的政治家与战略家，他清楚地明白自己一生的使命，征伐四夷，开疆拓土，创立制度，建立一个真正的大一统帝国以垂范后世。中国绵延两千多年大一统格局的首创者虽然是秦始皇，但秦朝只是短暂统一即分崩离析，这充分证明秦朝的制度在当时并不能维系统一的帝国。汉朝虽然在表面上沿袭了秦，但本质的制度已经改变。汉朝并没有沿袭秦朝的郡县制，而是采用直属中央的郡县与诸侯分封并行的制度，且版图远小于秦朝。直到汉武帝对外征伐四夷，开疆拓土，远超秦朝版图；对内实行推恩令等一系列政策，将诸侯国变成了实质上的郡县，这才最终完成了从先秦分封制到统一帝国的转变，从此奠定了中国长达两千多年大一统帝国的政治格局，中国两千多年帝制时代的核心版图也由此奠定。汉武帝的历史地位足以与秦始皇并列，是中国文明的重要开创者与奠基者，对历史的影响是极为深远的。汉武帝的伟大在于他非常清楚自己的使命、责任以及局限，他的扩张政策不可能一直持续，一定要有所改变，否则就会成为秦朝第二，本性仁厚的太子正是改弦更张、维持汉朝天下长治久安的合格人选，但不幸的是，后来发生的事使得这一改变只能由他自己执行。当然，正如一枚硬币有其两面，汉武帝雄才大略、英明果断、宏图伟业的同时是他好大喜功、简单粗暴、骄奢淫逸，这给他同时代的大臣、百姓甚至自己的亲人都带来了深重的灾难，其中就包括了他一度深爱的皇后卫子夫与长子刘据。

汉武帝离开京城出巡时，经常将国事交付太子刘据处理，并且对处理结果没有异议。但毕竟父子二人的执政理念不同，父亲用法严酷，喜欢任用酷吏；太子宽大仁厚，经常平反冤狱，虽然得民心，但一众酷吏都很不高兴，尤其担心太子继位后，他们的下场不会好。皇后卫子夫经常劝诫儿子要考虑父亲的意愿，不要自作主张，但汉武帝听说后，却肯定太子的行为，因为只有这样，太子才能逐渐树立自己的威信，便于他继位后实行宽仁政治，这是汉武帝的精心布局。但此时朝廷大臣已分成了两派，一派依附、支持太子，而酷吏一派则想方设法诋毁太子。舅舅大将军卫青去世后，太子失去了奥援，竟然有大臣想构陷太子。晚年的汉武帝一心想长生不死，同时又特别担心被人谋害，自我封闭，深居简出，到处巡游，与儿子的关系逐渐疏远，皇后也难得见到他，致使与皇后、太子、大臣的联系只通过地位低下但大权在握的宠臣江充之流进行。终日在他身边的宦官苏文、常融、王弼趁机诋毁、诬陷太子，虽然未获成功，但太子的处境已经开始微妙。

更加不利的情况出现了。太始三年（公元前94年），赵婕妤怀孕14个月生下了儿子，取名刘弗陵，汉武帝大喜："听说昔日尧是其母怀孕十四月才降生，今日钩弋夫人（即赵婕妤，因她住在钩弋宫，故称）也是这样。"将刘弗陵出生居所的大门命名为"尧母门"。既然赵婕妤是尧的母亲，那么刘弗陵就是"圣君尧"，这使得很多人开始联想，皇帝是否想要易储？而且皇帝特别宠爱幼子，认为他"壮大多知"，经常当众夸赞"类我"[1]。显然，按照现代的生理规律，不可能有怀孕14个月的情况，因此这一定是个骗局。向前溯源，赵婕妤的来历也极为可疑。汉武帝晚年巡游河间国（原属赵国，今河北省），望气者说这里有位奇特的女子，他立即召见，发现这位赵姓女子天生两手都握着拳。汉武帝用手触碰，结果女子的双手就张开了，于是以为自己是这位女子的真命天子，宠幸有加，纳为婕妤，号"拳夫人"。联系到赵婕妤的父亲曾犯法判处宫刑，入宫为中黄门（宦官），这一切明显并非偶然，只有熟悉汉武帝情况、个性、行程的人才有可能精心策划、安排这一违背基本生理规律的连环骗局。骗局的设计者利用了晚年汉武帝自我感觉极其良好、骄傲自大、志得意满、极度虚荣的心理弱点，一击即中。《汉书》的作者班彪、班固为了维护本朝皇帝的尊严、脸面，羞于揭穿这一层面纱，但也留下了很多线索。

---

1 《汉书》卷97《外戚传》。

既然有了宠爱的幼子"弗陵"与宠爱的"尧母"赵婕妤，那么就等待最后的时机到来。时机终于来了。当时有许多巫婆、神汉齐集京城装神弄鬼，巫婆经常出入后宫，教唆宫女在屋内埋木人祭祀。宫女因争风吃醋互相揭发、诬告对方以妖术诅咒汉武帝，汉武帝大怒，诛杀宫女并牵连大臣达数百人。征和二年（公元前91年），刘弗陵三岁，而汉武帝已经65岁，垂垂老矣，身体江河日下，又经常疑神疑鬼，曾在白天睡觉梦到众多木人持杖攻击他，醒来后身体感到不舒服，又变得很健忘。汉武帝的亲信江充曾得罪过太子，怕他继位后诛杀自己，因此趁机向汉武帝进谗言，说他的身体状况是由巫蛊所致，由此掀起了"巫蛊之祸"。由底层平民查到官僚，甚至皇后卫子夫的女儿诸邑公主、阳石公主、卫青儿子长平侯卫伉、丞相公孙贺全家都因巫蛊被汉武帝诛杀，这个绞索明显是套向太子，因为用其他任何借口陷害太子都很难达到目的，但只要诬陷太子用巫蛊诅咒汉武帝，便足以致太子于死地。汉武帝下令追查巫蛊，民众相互诬告，官吏就判决他们大逆不道；从京师、三辅连带郡国，因巫蛊案被处死的有数万人。

年老多疑的汉武帝又怀疑左右的人都对他施了巫蛊，江充就说皇宫有蛊气，如果不清除，皇帝身体就不会康复。于是汉武帝命令江充入宫搜蛊，甚至将御座毁坏，掘地求蛊，皇后、太子宫全部被掘，甚至连放床的地方也不放过。

江充扬言在太子宫中获得很多木人，并发现了有不当言论的帛书，要报告皇帝。太子害怕，少傅（太子的师傅）石德认为，汉武帝被奸臣包围在甘泉宫，不知生死，要吸取秦朝扶苏的教训，劝太子矫诏持节，逮捕江充等人。太子一开始想去甘泉宫面见父亲辩解，但被江充逼迫，只好抢先下手，逮捕并杀了他。

太子一不做二不休，分发武库的兵器，动员长乐宫卫士保卫长安。曾经陷害过太子的宦官苏文逃到甘泉宫，称太子造反，但汉武帝并不相信，派遣使者去召太子来见，但使者不敢去见太子，伪称太子确实造反，自己侥幸才得以逃回。汉武帝此时开始真的相信太子造反，于是命令丞相刘屈氂发兵镇压。太子则宣称皇帝在甘泉宫养病，被奸臣挟持作乱。汉武帝亲自赶到长安城西的建章宫，命令丞相率领三辅军队攻打长安，两军激战五天，战死者达数万人，最终太子兵败逃跑。汉武帝命令收回皇后的玺绶，表示要废除皇后，卫子夫为此自杀，卫氏家族全部被诛；跟随太子起兵者也全部被族诛。汉武帝狂怒不已，群臣惶惶不可终日，不知如何劝解，此时壶关（今山西省壶关县）三老[1]令狐茂上书，认为太子被江充陷害，起兵只是为了自保，并无反意。汉武帝阅后有所感悟，但仍然没有公开下

---

[1] 汉朝每乡置一名，推荐年五十以上、有修行、能率众为善的人为"三老"。

令赦免太子。不久，逃亡到湖县（今河南省灵宝市）的太子刘据与他的两个儿子被当地官吏发现并围捕，太子上吊自杀，他的两个儿子也在格斗中被杀。汉武帝闻讯悲痛不已。张富昌、李寿两人曾试图将太子抱下解救，后因此被双双封侯。

第二年，在逐渐查明巫蛊案中许多人是被诬告之后，汉武帝意识到太子确实是被陷害。此时高寝郎（刘邦高庙的守卫官）田千秋上书为太子鸣冤："子弄父兵，罪当笞。天子之子过误杀人，当何罪哉！臣尝梦一白头翁教臣言。"汉武帝闻言彻底悔悟，于是召见田千秋："父子之间，人所难言也，公独明其不然。此高庙神灵使公教我，公当遂为吾辅佐。"[1]立即任命田千秋为大鸿胪（即原来的大行令），而族灭江充，焚死宦官苏文，在围捕中伤害太子的人已是北地太守，也被族诛。丞相刘屈氂因此前与亲家贰师将军李广利谋立其外甥昌邑王刘髆为太子、率军攻打刘据，已经被腰斩于东市，李广利全家也被逮捕。在漠北，率军远征匈奴的李广利闻讯方寸大乱，进退失据，被匈奴击败，7万大军全军覆没，李广利投降匈奴，这是汉朝对匈奴作战以来遭受的最惨重的失败，李广利因此被族诛，本人后来也被匈奴所杀。一场人伦惨剧由此上升为国家的惨剧。

1　《汉书》卷66《公孙刘田王杨蔡陈郑传》。

汉武帝痛惜太子无辜而死，于是建思子宫，并于湖县建归来望思台以思念太子。一场巫蛊之祸的惨剧至此方才落幕，参演双方均以最悲惨的结局收场。

人治时代，国家领袖不由民众选举产生，而是由上一任领袖挑选。当血缘关系成为决定人选的首要条件时，它能够以亲情和信任保证继承的顺利、平滑，能将权力继承的纠纷和风险降到最低。这就是古今中外的人治国家都不约而同地采取血缘继承的原因，因为它是人治社会最合理的继承制度。虽然中国历史上有禅让的传说，即只以才能选择没有血缘关系的人继承，但历史的真相更可能如《竹书纪年》记载的"舜囚尧"，而不是经后世修饰的温情脉脉的禅让。即便是亲情，也无法防止权力继承中的尔虞我诈，甚至拔刀相向，父子、兄弟为了皇位相残的事件，史不绝书。英明如汉武帝，竟也不能避免这一人伦惨剧，足以证明父子相传的制度也不可靠。

2. 朕即位以来，所为狂悖：千古一帝的悔悟

汉武帝晚年已经开始逐渐反思自己一生的所作所为。征和元年（公元前92年），赵王刘彭祖去世，汉武帝为他征询继承人时就说："多欲的人不适合当国君。"接着又发生了巫蛊之祸，太子惨死，李广利征伐匈奴惨败，汉武帝反

思之余不得不亲自改变一贯奉行的大肆扩张的国策。征和四年（公元前89年）正月，汉武帝不顾群臣劝阻，又一次东巡大海，寻求神仙，但因水面波涛汹涌而未能下海，神仙当然是一如既往，没能见到。三月，汉武帝在钜定（今山东省广饶县）亲耕，又去泰山封禅，后召见群臣，公开宣称："朕即位以来，所为狂悖，使天下愁苦，不可追悔。自今事有伤害百姓，靡费天下者，悉罢之。"田千秋建议将寻求神仙的方士全部罢斥，汉武帝也同意了。以后他经常对群臣自叹："向时愚惑，为方士所欺。天下岂有仙人，尽妖妄耳！节食服药，差可少病而已。"[1]亲人因他的多疑、轻信、暴虐相继惨死，这件事深深刺激了唯我独尊、自信自大的汉武帝，他终于开始了彻底的反省。

　　一般人越老越容易固执，这不仅因为老人自诩人生经验丰富，盲目自信，也是害怕今是而昨非，晚年做改变等于否定自己的一生，而且无法重新来过，机会成本实在太高，此外当然也有面子的问题；而一向英明神武远超众人、独掌绝对权力达半个世纪、功勋盖世的汉武帝竟然能在晚年公开承认自己一生行为"狂悖"，为此向天下百姓道歉，这绝非一般人所能及。纵观中国历史，汉武帝此举，千古一人而已，没有超凡的大智慧、大勇气是不可能做到的。

1　《资治通鉴》卷22《汉纪十四》。

虚伪的谦虚让人不屑，伟大的谦恭让人感动，汉武之所以是汉武，不仅因为他建立了不朽的功绩，更因为他晚年的幡然悔悟，以天下民生为第一，而置个人颜面、威望于不顾，此诚不易也！后世有些雄才大略的皇帝其功业或许可勉强与汉武帝比肩，但均没有他的以今日之我与昨日之我决裂的勇气与智慧；而当今之世，各类文过饰非、欺世盗名之徒更是如过江之鲫，其事功不及汉武帝之万一，不仅不能自省，反而大肆自吹自擂，与汉武帝相比，实应羞愧而死！

汉宣帝时的大臣夏侯胜总结汉武帝的过失："武帝虽有攘四夷、广土斥境之功，然多杀士众，竭民财力，奢泰亡度，天下虚耗，百姓流离，物故者半，蝗虫大起，赤地数千里，或人民相食，畜积至今未复"。[1]史称汉武帝朝战争连绵30余年，"天下户口减半"[2]，虽然"户口减半"说的只是政府可以控制的户籍人口减半，而并非实际的人口减半，但汉武帝征伐四夷，全方位扩张，以及因骄奢淫逸导致的社会动荡、民变四起、经济倒退，百姓生活困苦、流离失所的现象已经非常严重，再不改变以往的国策将难以为继。汉武帝清醒地意识到了问题的严重性，所以才毅然决然将国策进行180度的大调整。其实在此之前，已经有大臣对

1 《汉书》卷75《眭两夏侯京翼李传》。
2 《汉书》卷27《五行志》。

汉武帝的缺点提出过严厉的批评，除了汲黯的"内多欲而外施仁义"外，亲信侍从东方朔也曾当面对他直言不讳："尧、舜、禹、汤、文、武、成、康都是上古的事情，已经历经数千载，很难讲明白，我不敢轻易谈论。我想要谈谈近在眼前的孝文皇帝一朝，这是当代的耆老之辈都曾耳闻目睹过的。孝文帝贵为天子，富有四海，却衣饰素朴，生活节俭，以道德仁义为美。因此天下望风成俗，迅速被教化。今日陛下生活淫侈奢靡，却想要让民众生活简朴，不放弃农耕，这是很困难的。"对于这些中肯、尖锐的批评，汉武帝至少并不怪罪，这说明他也明白自己的缺点，这是他能幡然改过的基础，否则一切将无从谈起。

从泰山回到甘泉宫后，汉武帝任命大鸿胪田千秋为丞相，封富民侯，这标志着国策的正式改变，由过去的"削民"变成了"富民"。田千秋只因上书平反太子而获重用，并无突出的才能与功劳，竟于几个月内封侯拜相，千古仅有，也是汉武帝重用"非常之人"的又一特例。搜粟都尉桑弘羊等人曾建议在轮台以东屯田，派兵驻守，汉武帝否决了这一建议，并且下诏反省既往开疆的过失："上既悔远征伐……乃下诏，深陈既往之悔，曰：'……乃者贰师败，军士死略离散，悲痛常在朕心。今请远田轮台，欲起亭隧，是扰劳天下，非所以优民也。今朕不忍闻。'……由是不复出军。而封丞相车千秋为富民侯，以明休息，思富养民也。"[1]他认为此前为了戍边之事而增加的每人口赋30钱已经让百姓困苦，轮台更为遥远，如果在那里屯田驻守，会更增重百姓负担。当今一定要禁止苛刻残暴的政策，禁止擅自加赋，要大力重视农业，恢复免除为国养马之人徭役赋税的马复令，用来补充战马的缺额，只要不让国家军备削弱即可。这就是著名的《罢轮台罪己诏》，从此汉武帝不再出兵征战。

"当今务在禁苛暴，止擅赋，力本农"[2]，成书于西汉的《盐铁论》记载，"先帝哀怜百姓之愁苦，衣食不足，制田二百四十步而一亩，率三十而税一"[3]，即推出小亩改大亩，三十税一的措施。富民政策首先是重视农业生产，减轻农民的负担，统一亩制，将洛水以东地区的百步小亩改为240步的大亩，由于税率仍为三十税一，这意味着税率实质变成了七十二税一。汉武帝又命令大农改良农具和推广新的耕作技术代田法，甚至亲自下令在全国推广新发明的耦犁和楼车，使得农业生产效率大幅度提高。80年后，汉哀帝时的太仆王舜、中垒校尉刘歆公开上疏："(汉武帝) 功业既定，乃封丞相为富民侯，以大安天下，富实百姓"[4]，更是明白无误地指出了汉武帝晚年的政策大转变。

---

1 《汉书》卷96《西域传》。
2 同上。
3 《盐铁论》卷3《未通第十五》。
4 《汉书》卷73《韦贤传》。

此时汉武帝年事已高，丞相田千秋与群臣共同为他祝寿，歌功颂德，并劝汉武帝施恩惠，缓刑罚，欣赏音乐，修身养性，安度晚年。汉武帝又一次沉痛地进行了自我批评："朕之不德，自左丞相（刘屈氂）与贰师（李广利）阴谋逆乱，巫蛊之祸流及士大夫。朕日一食者累月，乃何乐之听？痛士大夫常在心，既事不咎。虽然，巫蛊始发，诏丞相、御史督二千石求捕，廷尉治，未闻九卿、廷尉有所鞫（审问）也。曩者，江充先治甘泉宫人，转至未央椒房，以及敬声之畴、李禹之属谋入匈奴，有司无所发，令丞相亲掘兰台蛊验，所明知也。至今余巫颇脱不止，阴贼侵身，远近为蛊，朕愧之甚，何寿之有？敬不举君之觞！谨谢丞相、二千石各就馆。《书》曰：'毋偏毋党，王道荡荡。'毋有复言。"[1]汉武帝的痛悔是真心诚意的，功业盖世的千古一帝对自己进行了如此深刻的剖析、批评，可以说触及了灵魂，2 000多年之后读到，仍让人为之动容。

当今有学者翻案，认为汉武帝晚年的后悔与政策改变是宋朝司马光编撰《资治通鉴》时，出于政治目的编造的，并不是历史事实，号称司马光"制造汉武帝"[2]。但以上"禁苛暴，止擅赋，力本农"，"制田二百四十步而一亩，率

1 《汉书》卷66《公孙刘田王杨蔡陈郑传》。
2 辛德勇：《制造汉武帝：由汉武帝晚年政治形象的塑造看〈资治通鉴〉的历史构建》，上海：生活·读书·新知三联书店，2015。

三十而税一"，"由是不复出军。而封丞相车千秋为富民侯，以明休息，思富养民也"，"功业既定，乃封丞相为富民侯，以大安天下，富实百姓"，不再相信长生不老和神仙传说等种种政策的大转变，均是出自成书于西汉的《盐铁论》、成书于东汉的《汉书》以及西汉当朝人的言论。班固的《汉书》直接指出："是以末年遂弃轮台之地，而下哀痛之诏，岂非仁圣之所悔哉"[1]，再清楚不过表明了汉武帝晚年的后悔与政策转变，司马光应该没有能力穿越到1 000年前去篡改《盐铁论》《汉书》，"制造汉武帝"。

3. 顾命大计：周公辅成王与花海遗诏

继承人的问题已经迫在眉睫了。汉武帝总共有六个儿子，此时太子刘据、齐王刘闳、昌邑王刘髆均已去世，只余下燕王刘旦、广陵王刘胥和尚未成年的幼子刘弗陵三人。刘旦多才多艺，"为人辩略，博学经书、杂说，好星历、数术、倡优、射猎之事，招致游士"[2]。大哥刘据自杀后，二哥齐王刘闳又早死，刘旦认为按照顺序，应该自己当太子，于是上书求入宿卫，被父亲猜透心思，大怒，杀了派来的

---

1 《汉书》卷96《西域传》。
2 《汉书》卷63《武五子传》。

使者[1]，刘旦出局。刘旦的同母弟广陵王刘胥"好倡乐逸游，力扛鼎，空手搏熊彘猛兽。动作无法度"[2]，当然更不可能被考虑。

汉武帝讨厌两个成年的儿子，却极其喜爱身高体壮又极为聪明的刘弗陵，认为他很像自己，因此想立他为太子，但因为他年龄太小，母亲还年轻，犹豫了很久。汉武帝知道自己将不久于人世，刘弗陵未成年继位，必然要有人辅佐。他观察群臣，认为唯有奉车都尉、光禄大夫霍光忠厚可靠。一天，他将一幅描绘周公背负着未成年的周成王接见诸侯的图赐给了霍光，暗示他以后要模仿周公辅佐幼主。过了几天，汉武帝突然痛斥刘弗陵的母亲赵婕好，对赵婕好屡屡求情也不为所动，随即被赐死。过后汉武帝曾向左右侍从解释处死赵婕好的原因：主少、母壮容易导致国家动乱，太后唯我独尊，一定会淫乱放纵，没人能阻止得了她，甚至会成为吕后第二，所以不得不预先处死。站在人道主义的立场，汉武帝的行为非常残暴；站在现实政治的立场，没人能预见赵婕好是否会成为吕后第二，作为一位冷静、理智、残酷的政治家，汉武帝一定会消灭这种可能性，他绝对不会允许任何人有任何的机会危及他爱子的皇位，危及汉朝的天下。其实还有一个原因，此时汉武帝肯

---

1 《史记》记载使者被杀，《汉书》记载被囚禁。
2 《汉书》卷63《武五子传》。

定已经悟到赵婕妤本人是害死太子巨大骗局的关键角色，但他无法公开承认，只能暗中借机复仇。

后元二年（公元前87年）二月，汉武帝居住在盩厔（今陕西省周至县）的五柞宫，得了重病，霍光涕泣不已，询问谁可继位，汉武帝说："你还未理解我送你画的意思吗？立少子，你仿效周公辅佐他。"霍光谦让，认为自己不如侍中金日磾，而金日磾也谦让，认为自己是匈奴人，不适合辅佐。汉武帝下诏，立年仅七岁的刘弗陵为皇太子，并任命霍光为大司马、大将军，金日磾为车骑将军，太仆上官桀为左将军，共同接受遗诏辅佐少主，又任命搜粟都尉桑弘羊为御史大夫。第二天，汉武帝结束了他波澜壮阔的伟大一生，终年70岁。他的遗体被运回长安未央宫前殿入殡，三月入葬茂陵，谥号"孝武皇帝"，以表彰他的赫赫武功，但并没有庙号，直到15年后，他的曾孙汉宣帝即位，加其庙号为"世宗"。后刘弗陵即位，即为孝昭皇帝。

按一般规律，开国君主的陵墓最高大，后世子孙不会超过，但西汉完全不同，据实测数据，汉高帝刘邦的长陵现高32米，汉武帝的茂陵现高达46.5米，西汉其他皇帝的陵墓一般在30米左右，而秦始皇陵现高34米。"一定要超过秦始皇"，汉武帝不仅在生前的事业功绩上要超过他，而且死后的陵墓也要超过他。汉武帝茂陵是中国古代帝王陵中最雄伟高大的一座。这座汉武帝即位第二年就开始修建的雄伟陵墓是他对自己一生的期许，也是他留存于世的纪念碑。茂陵地处咸阳原西汉九座帝陵的最西端，远离其他陵墓，这也许是为了避免祖先陵墓看上去是他的陪葬墓吧。

《史记》《汉书》只记载了汉文帝的遗诏，而在位54年，文治武功彪炳史册的汉武帝，临终前所思所想竟没有一字记录，非常遗憾。幸运的是，1977年在甘肃玉门市花海公社(现花海镇)的烽燧遗址出土了约汉昭帝末年、宣帝初年的六面体木觚，一位在此戍守的士兵用它练习写字，错别字连篇、歪歪扭扭地抄写了下发到边防军基层的汉武帝遗诏："制诏：皇大（太）子，朕体不安，今将绝矣！与地合同，终不复起！谨视皇天之嗣，加增朕在，善遇百姓，赋敛以理，存贤近圣，必聚精士；表教奉先，自致天子。胡亥自圮，灭名绝纪；审察朕言，终身毋失！苍苍之天不可得久视，堂堂之地不可得久履，道此绝矣！告后世及其孙子，忽忽锡锡，恐见故里，毋负天地，更亡更在，去如舍庐，下敦闾里。人固当死，慎毋敢佞。"

遗诏直截了当宣称今天自己就要死亡，而且要葬于地下，永远不可能复生，要求继承人皇太子善待百姓，赋税以理，以圣贤作为楷模，招揽天下人才，自己一定要成为天下表率，要以葬送江山与全家族性命的秦二世胡亥为反面教训，并要求皇太子一定记牢这些遗言。以后自己再也见不到苍天，再也不能在大地行走，人生道路在今天就终止了。另外告诫后世子孙，一定要忠于职守，不要辜负苍天大地，对不起自己的乡亲父老。人必有一死，一定要谨慎，不能用奸佞之人。这份遗诏只有可能是汉武帝的亲自口述或亲笔，带有强烈的个人感情色彩，臣下没人敢如此代拟——直接宣称皇帝今天就要死亡，永无复生之日，再也不能头顶苍天，脚踏大地，既表达了人生的留恋，也表达了坦率面对死亡的心境：一位勇敢雄健、刚强猛烈，与天，与地，与猛兽，与各种内部、外部敌人斗了一世的战士，一位独揽天下大权达半个世纪的最高统治者，临终前英雄迟暮的无奈、留恋。遗诏也非常符合晚年汉武帝的大转变历程：由迷信追求神仙的长生不老，转变为坦然面对死亡；由对百姓的横征暴敛，转变为赋敛以理；秦二世胡亥亡国的惨痛教训是汉武帝晚年最大的忧虑，以胡亥来警告皇太子，也绝不是臣下敢代拟的。

汉宣帝对他的曾祖父汉武帝评价非常高，认为他文治武功之大，言辞都无法描述。班固在盛赞汉武帝功业的同时，又可惜"如武帝之雄材大略，不改文、景之恭俭以济斯民，虽《诗》《书》所称，何有加焉"[1]，只谈文治，竟然无一字提及他的武功。后世的司马光对汉武帝评价比较苛刻："孝武穷奢极欲，繁刑重敛，内侈宫室，外事四夷，信

1 《汉书》卷6《武帝纪》。

惑神怪，巡游无度，使百姓疲敝，起为盗贼，其所以异于
秦始皇者无几矣。然秦以之亡，汉以之兴者，孝武能尊先
王之道，知所统守，受忠直之言，恶人欺蔽，好贤不倦，
诛赏严明，晚而改过，顾托得人，此其所以有亡秦之失而
免亡秦之祸乎！"[1]汉哀帝时，有大臣以"亲尽"（过五世而
亲尽）为由请求不再祭祀汉武帝庙，太仆王舜、中垒校尉
刘歆提出的反对意见是对汉武帝一生比较全面的总结：

> 及汉兴，冒顿始强，破东胡，禽（擒）月氏，并
> 其土地，地广兵强，为中国害。南越尉（赵）佗总百
> 粤，自称帝。故中国虽平，犹有四夷之患，且无宁岁。
> 一方有急，三面救之，是天下皆动而被其害也。孝文
> 皇帝厚以货赂，与结和亲，犹侵暴无已。甚者，兴师
> 十余万众，近屯京师及四边，岁发屯备虏，其为患久
> 矣，非一世之渐也。诸侯郡守连匈奴及百粤以为逆者
> 非一人也。匈奴所杀郡守、都尉，略取人民，不可胜
> 数。孝武皇帝愍中国罢劳无安宁之时，乃遣大将军、
> 骠骑、伏波、楼船之属，南灭百粤，起七郡；北攘匈
> 奴，降昆邪十万之众，置五属国，起朔方，以夺其肥
> 饶之地；东伐朝鲜，起玄菟、乐浪，以断匈奴之左

---

1 《资治通鉴》卷22《汉纪十四》。

臂；西伐大宛，并三十六国，结乌孙，起敦煌、酒泉、张掖，以隔（隔）婼羌，裂匈奴之右肩。单于孤特，远遁于幕（漠）北。四垂无事，斥地远境，起十余郡。功业既定，乃封丞相为富民侯，以大安天下，富实百姓，其规跻（规模）可见。又招集天下贤俊，与协心同谋，兴制度，改正朔，易服色，立天下之祠，建封禅，殊官号，存周后，定诸侯之制，永无逆争之心，至今累世赖之。单于守藩，百蛮服从，万世之基也，中兴之功未有高焉者也。高帝建大业，为太祖；孝文皇帝德至厚也，为文太宗；孝武皇帝功至著也，为武世宗，此孝宣帝所以发德音也。[1]

汉朝之所以是大国、强国，之所以被称为"强汉"，并不是因为汉初的黄老之治，文景之治，诸侯林立、郡国并行，更不是因为与匈奴屈辱的"和亲"，而是因为汉武帝真正完成了政治、军事、意识形态、精神认同的统一，真正塑造了统一的民族国家意识，这一切都是建立在他南征北伐、东西开拓、开疆拓土的赫赫武功之上。一个国家要有强烈的统一认同，就需要有强烈的民族自豪感，一个被异族，特别是中原华夏文明看不起的蛮族欺凌的国家，不

1 《汉书》卷73《韦贤传》。

可能有自豪感，也不可能有民族自信、文化自信、道路自信。但"独尊儒术"需要用现实的功绩来、保证来证明儒家"大一统""尊王攘夷"观念在实践中的正确性，而不是仅仅停留于意识形态领域，仅仅是口头的宣传，否则没有人会真心信服。

汉武帝洗刷了汉朝长达70年的耻辱，"名为中兴，实同开创"，他是"强汉"的创建者，没有他，西汉留给后世的印象就是一个富而不强、小而分裂的懦弱政权，只能依靠向匈奴送钱送女人苟延残喘，只能称为"弱汉"；后世对汉初的评价就不是所谓的韬光养晦，而是屈辱胆怯。可以说，汉武帝洗刷了他父亲、祖父、曾祖父三代的耻辱，奠定了他们的历史地位。王舜、刘歆的评价非常准确地反映了"强汉"形成的过程以及汉武帝个人的作用与历史地位，"万世之基也，中兴之功未有高焉者也"，这具有强烈深厚的历史感与现实感。

另一个强盛的王朝大唐，之所以在官方、私人场合频频自称"汉家""汉国""汉皇""汉将""汉兵"……正是出于对汉朝的强烈认同，希望能够彰显自己是汉朝的合法、正统、合格的继承人，因此才不懈努力，要恢复汉朝的故土朝鲜半岛与西域。地球上第一大民族称为"汉"，不是因为"弱汉"，而是因为汉武帝创建的"强汉"——这一民族历史上最光荣、最自豪的时代。

汉武帝建立了与秦始皇一样伟大的功业，同时也犯了与秦始皇类似的错误，但他勇于改过，因此汉朝不仅没有重蹈秦朝的覆辙，还能继续兴盛强大。如果汉文帝要想建立汉武帝那样的功业，就必须动员大量人力、物力，四处征伐，仅靠个人生活的节俭无济于事，那么他也就不再是汉文帝；如果汉武帝想休养生息，清静无为，就不可能开疆拓土，个人生活的简朴与否也起不到关键的作用。每一代人有自己不同的使命，在最需要休养生息、韬光养晦、积聚国力的时期，在位的恰好是爱惜民力的汉文帝、汉景帝，而在其后需要解除匈奴威胁、恢复秦朝故土之时，在位的恰好是雄才大略的汉武帝，如此罕见的因缘际会正是成就西汉盛世的重要前提。假如汉武帝早在位几十年，以其张扬、挥霍的个性，很可能会重蹈秦朝覆辙；而另一方面，正是因为此前文景之治积累下的国力、民心，使得汉武帝能够大展宏图，并且在民力耗尽、天下疲弊之时还能挽回国运，再现辉煌，出现"昭宣中兴"。当然，这也与汉武帝本人晚年改弦更张，并且选择了优秀的继承人息息相关。

唐朝有一位与汉武帝比较类似的皇帝唐玄宗李隆基，即位时他也是一位奋发有为的年轻才俊，统治时间也很长，近半个世纪。在位期间，以曾祖父唐太宗为榜样，唐玄宗励精图治，任用贤相能臣，开创了唐朝的极盛期，即史称的"开元盛世"。当时天下承平日久，经济高度发展繁荣，据官方统计，人口超过了5 200余万，凭借着雄厚的国力，唐玄宗立志开疆拓土，四处征伐。当时唐朝最强大的敌人是青藏高原的吐蕃，唐与吐蕃的战争旷日持久，双方损失惨重，但谁也不能取得决定性的胜利。在西南，又与兴起于今云南、四川一带的南诏作战，唐军损失极其惨重，前后丧师高达20万，终告失败。在北方又与突厥、契丹开战，同样无法取得胜利。这一时期唐朝四处出击，形势与汉武帝时期非常相似，但结果却大不相同。为了提高战争效率，唐玄宗沿着边境线设立了九个节度使和一个经略使，他们不仅有辖区内的军事指挥权，还有财权与管内地方州县的监察权，军队则实行招募制，而且大量招募周边的少数民族，形成了事实上的独立王国。在政治军事制度的设计上，唐玄宗犯了致命的错误——天下精兵尽集于四境，而内地包括首都长安所在的关中则兵力空虚。不仅如此，他竟然任命宠信的胡人安禄山身兼三镇节度使，掌握了天下近一半的精兵，结果安禄山发动了叛乱，导致了长达八年的大规模内战，唐朝100多年开疆拓土的成果丧失殆尽，西域、河西走廊尽归他人，终结了唐朝的盛世，并且形成了藩镇割据、河北胡化、国家分裂的局面。

唐玄宗一意模仿汉武帝开疆拓土，兴礼作乐，文治武功，封禅泰山，结果画虎不成反类犬，成了山寨版的汉武帝，遗祸千年：他仿汉制，改"州"为"郡"，长官由"刺史"改"太守"；汉武帝收养烈士子弟养于羽林，称作"羽林孤儿"，唐玄宗将年仅九岁的烈士之子王忠嗣收养于宫中，称"去病孤"，期许他成为自己的"霍去病"。王忠嗣后参加羽林军，节度四镇，成为开元、天宝年间开疆拓土的名将。唐高祖谥号为神尧大圣光孝皇帝，唐太宗谥号为文武大圣大广孝皇帝，唐高宗谥号为天皇大圣大弘孝皇帝，唐中宗谥号为孝和大圣大昭孝皇帝，睿宗谥号为玄真大圣大兴孝皇帝，"以汉家诸帝皆谥孝故也"[1]，连谥法也仿效汉朝。

唐玄宗的心思世人皆知，后人经常以汉喻唐，以汉武帝喻唐玄宗，其中最著名的就是杜甫《兵车行》中的"边庭流血成海水，武皇开边意未已"和白居易《长恨歌》中的"汉皇重色思倾国，御宇多年求不得"。但同样是四处征伐，民众负担沉重，汉武帝却能够一直掌控局势，国内始终没有发生危及统治的重大内乱，不仅保持了扩张征战的所有战果，晚年还能幡然悔悟，改变国策，与民休息，度过危机，为昭宣中兴打下了良好的基础。因此汉武帝在政治成就、历史地位上要远远高于唐玄宗，西汉盛世的成就也远远高于唐朝盛世，前者开创了中国历史上第一个稳定

---

1 《资治通鉴》卷217《唐纪三十三》。

的大一统帝国，确立了中国的核心疆域，并第一次产生了统一的国家认同，由此奠定了以后两千年中国历史的基本格局，而后者带来的却是藩镇割据以及五代十国大分裂。

第八章

盛极一时：舟车所通，无不臣妾

汉宣帝集汉文帝、武帝长处于一身，他既施仁政，屡屡减税，创立亲亲相隐的司法原则，施行仁政，宽以待民，同时又以严刑峻法打击豪强、官僚等既得利益集团；对外积极进取，北服匈奴，西辟疆土，在他治下，西汉达到了极盛，号称"政教明、法令行、边境安、四夷亲。单于款塞，天下殷富，百姓康乐，其治过于太宗之时。"

第一节|"国进民退"还是"国退民进"

1. 三驾马车的辅政团队

曾国藩说过："办大事者，以多选替手为第一义。"诚哉斯言！这是衡量一个人对事业是否尽责的重要标准。如果一个人对自己的事业没有责任心、使命感，那么他对寻找一位合格的继承人就不会用心，反正自己即将离任，事业好坏与己何干？现实生活中有太多这样的人，在位时奉行短期行为，离任前狠捞一笔，离任后哪管他洪水滔天，他怎么会想到要培养、选拔合格的继承人？中国的帝制时代是家天下，皇帝是天下的唯一所有者，担负着最终的无限责任；他的江山传自于祖先，并且还要传给子孙，江山的毁灭对他意味着家破人亡，因此选择一位合格的继承人几乎是他日思夜想的头等大事。

汉武帝选择年仅七岁的幼子刘弗陵继位是对自己识人之明的终极考验。幼主继位，风险极高，因为他无法实际执政，必然有人要代行皇权，这就意味着此人是事实上的皇帝，一旦心怀不轨，江山就会易手。汉武帝选择的"替

手"即辅政团队由霍光为首的三人组成，另两位是金日
磾、上官桀，他们以内朝大臣的身份共"领尚书事"，代行
皇权。

　　辅政的三位大臣之所以被汉武帝选中，是因为他们都
各有优点。霍光是霍去病的弟弟，他作为侍从在汉武帝身
边长达20余年，小心谨慎，未曾犯过错误；为人沉静详
审，每次出入殿门，行进、站立都有固定位置，没有尺寸
之差。金日磾的出身极为传奇，他是被汉军所杀的匈奴休
屠王的太子，在被霍去病俘虏降汉后，入宫养马，获得汉
武帝赏识。他在汉武帝左右，几十年目不斜视，不敢与赐
给他的宫女亲近，汉武帝想纳他的女儿为妾，也不肯答应，
因此倍受宠信。汉武帝极其喜欢金日磾的长子，从小就将
他放在宫中抚育，但他长大后因与宫女调情被父亲所杀。
汉武帝得知后大怒，金日磾顿首谢罪，详细说明了原因，
汉武帝虽悲伤哭泣，但因此更加敬重金日磾。金日磾还曾
在一起刺杀事件中救过汉武帝的性命。上官桀曾主管未央
宫养马事务，汉武帝病后视察，见他养的马大多瘦弱，大
怒，说道："你想让我再见不到这些马吗？"要将上官桀下
狱治罪。上官桀顿首谢罪，边流泪边说道："我听说圣体不
安，日夜忧惧，没有心思养马。"汉武帝认为他真心关爱自
己，于是提拔他为侍中、太仆。这三人都是汉武帝非常信
任的内朝近臣，因此才被赋予托孤辅政的重任。此前这三

人的地位并不高，最高也不过二千石，由此可看出，这时内朝的地位远高于外朝。

始元元年（公元前86年）九月，金日磾去世。汉武帝临终前曾封金日磾为秺侯，上官桀为安阳侯，霍光为博陆侯，他们全部是因为当年逮捕欲刺杀汉武帝的莽何罗立功而受封，但金日磾谦逊不受封，霍光、上官桀也不敢接受。直到金日磾病危，经霍光建议，他才躺在床上受封，第二年正月，霍光与上官桀也分别封侯。当时因汉昭帝年少，霍光是实际的最高统治者，所有的政事由他决定，丞相田千秋只是谨厚守位而已。起初，霍光、上官桀这两位辅政大臣关系很好，霍光休假时，就由上官桀代替他执政。霍光的女儿嫁给了上官桀的儿子上官安，并生有一位女儿。为了封侯富贵，上官安通过汉昭帝姐姐盖长公主的关系，将年仅四岁的女儿安排入宫，成为年仅十岁的汉昭帝的婕妤，次年又立为皇后。几年后上官安被提拔为车骑将军，并封为桑乐侯，上官氏的势力逐渐坐大，将与霍光发生激烈的冲突。

始元二年（公元前85年）三月，朝廷向没有种子与食物的贫苦农民借贷；八月，霍光又以汉昭帝的名义下令，因灾害免除借贷农民的偿还义务，以及取消当年全国的田赋。始元五年（公元前82年），谏大夫杜延年几次向霍光进言，认为汉武帝几十年奢侈挥霍、大肆征伐导致了国家穷困。此时又连年农业歉收，流民未能返回家乡，因此应该恢复汉文帝的执政理念，提倡节俭、宽和，顺应天心，取悦民意。霍光采纳了他的建议，废除了汉武帝时额外增加的诸多赋税，使之恢复到文景时期的水平。

2. 盐铁会议：一个至今未能解决的争论

此时汉朝高层面临着执政理念的重大分歧，即是要恢复汉文帝时期"小政府、大社会"、藏富于民的政策，还是继续维持汉武帝时期"国进民退"的大政府政策。始元六年（公元前81年）二月，朝廷特地召集天下各郡国推荐的60多位贤良、文学人士，与御史大夫桑弘羊为首的政府官员展开辩论，此次会议的主题是政府对盐、铁、酒的专卖权和均输制度的存废，因此称为"盐铁会议"。经过之前汉武帝"罢黜百家，独尊儒术"后，此时举荐的贤良、文学人士均是儒生，他们是大儒董仲舒的信徒。董仲舒信奉"正其谊不谋其利，明其道不计其功"的儒家思想，他痛恨秦国"用商鞅之法，改帝王之制"，"田租，口赋，盐、铁之利，二十倍于古"，曾向汉武帝建议政府不要垄断经营盐、铁，而要归于民营，反对政府与民争利。因此辩论一方的贤良、文学人士同样痛恨汉武帝时期的盐、铁、酒官营专卖以及政府垄断商业的均输制度，要求全部废除，归于民营，并且还提出应该将山海泽的资源及钱币铸造权向民间开放。桑弘羊是辩论的另一方，他从12岁起就一直在汉武帝身边，长达30余年，是盐、铁、酒官营专卖和均输制度的创立者与主管者。他针锋相对，不同意废除这些制度，认为"此国家大业，所以制四夷，安边足用之本，不可废也"[1]，既可以增加国家财政收入，充当边防的军费，又能发展农业生产，并且可以有效防止既得利益集团兼并坐大，有利于社会稳定与国家统一。贤良、文学人士认为"昔汉文帝之时，无盐、铁之利而民富，今有之而百姓困乏，未见利之所利也，而见其害也"[2]，他们想通过与汉文帝的对比，批评汉武帝四处征伐、奢侈无度，只能使用政府垄断资源、与民争利的手段来弥补财物的不足。

客观地讲，贤良、文学与桑弘羊两派的观点都有其合理之处。重要资源与产业由政府经营，国进民退，有利于政府高效地聚敛财富，但如果这些财富只是用于政府无节制的挥霍，贪污腐败，而不是用于提高民众生活水平、福利保障，以及国防、重要的基础建设，那么这就是一个坏政策。按这个标准衡量，汉武帝时期的国进民退、政府垄断好坏参半：好的方面，政府聚敛财富主要是为了征伐四夷、开疆拓土，解除匈奴对汉朝的威胁，因此采取这些措

1　《汉书》卷24《食货志》。
2　《盐铁论》卷2《非鞅》。

施是理所应当的，否则无以为继；坏的方面，政府垄断资源、聚敛财富并非全部是为了这些正事，其中汉武帝生活奢侈、大兴土木、纵情声色以及各级官僚贪污腐败也占用不少。

中国的帝制社会，对官僚的监督只能来自于皇帝一人，汉武帝吏治极严，臣下犯错、犯罪必严惩不贷，但他一人不可能监督全国众多的官僚，还得任命官僚来实行监督，酷吏就是他的杀手锏。但讽刺的是，他重用的酷吏大多本身也是贪污犯，当然他又会任用一批新的诛杀旧的。由于权力自上而下的制度，也由于信息流通不畅，缺乏资金、财产监管的技术手段，在如此之大的国家无法杜绝贪腐，因此政府、官僚掌握的资源越多，权力越大，贪腐就会越严重，物资、财富的利用效率就会越低，由于垄断，官营企业的产品质量也很差。更何况，谁又能够监督、制约汉武帝本人的骄奢淫逸呢？从这个角度，贤良、文学人士反对政府掌握太多资源、太大权力是非常有道理的。但从另一方面讲，因为缺乏现代的财税管理技术手段，如果政府不掌握大量的财富资源，则无法集中力量动员全国的人力、物力对抗匈奴，开疆拓土。实行经济自由主义的政策，有利于竞争，会提高经济效率，但由于缺乏有效的收入再分配调节，财富资源必然越来越集中，这又会导致社会分化与贫富悬殊越来越严重，地方豪强与兼并之家兴起，威胁到社会的稳定与安全，甚至会影响国家的统一。

　　贤良、文学人士用汉文帝的个人品质与政治理念来抨击汉武帝，既有其合理一面，也有其偏颇一面。汉文帝时承秦末战乱不久，国家亟需休养生息，恢复社会经济生产，因此轻徭薄赋，减轻民众的负担，采用经济自由主义，政府开放国有资源与各项产业，国退民进，以提高经济效率，藏富于民，施政宽仁简约。汉武帝肩负的使命是解除匈奴的长期威胁，恢复秦朝版图，重建大一统帝国，奠定可以垂范后世的各项制度与意识形态，他需要集中全国的各项资源，提高动员效率，政府积极有为，介入社会生活的各个领域，施政必然要以严刑峻法，这也是为了有效制约因国进民退而掌握了太多资源的官僚。汉文帝与汉武帝的执政是不同历史时期采取的不同手段，它们之间是继承关系，而并非对立关系，因此贤良、文学人士将汉文帝、汉武帝完全对立起来，是只看表相，不看实质，失之偏颇、浅薄；汉文帝生活俭朴、宽厚仁慈，而汉武帝却穷奢极欲、残忍多杀，臣民当然更爱戴汉文帝，这是他们批评的合理一面。

　　无论"国退民进"还是"国进民退"，都只是不同的国家发展道路，它们的目标都只应是一个，即"国强民富"。"国退民进"更强调自由竞争，小政府、大社会，让民间充分利用各种资源发展经济，但如果没有有效的财富二次分配制度，容易导致贫富分化，社会不稳定；"国进民退"则有利于集中力量办大事，但如果缺乏有效的监督制度，就会沦为各级官僚聚敛财富的路径，必然导致腐败现象加剧，同样会导致社会不稳定。为了避免这两种不同发展道路的弊端，汉武帝采用了严刑峻法的酷吏统治，虽然简单粗暴且十分残酷，但却行之有效，而且错案、冤案率也不会太高，毕竟为富不仁与贪污腐败是基本的人性，很少有人能幸免。西汉时期，由于缺乏现代的金融、财政、税收、信息等技术支持，没有全国联网的报税系统、增值税发票，无法用现代的手段阻止税收流失，因此我们不能用现代法治的标准来要求汉武帝的行为，如果没有他的铁腕打击，无论"国退民进"还是"国进民退"都只会沦为官商勾结敛财的不同途径，与"国强民富"的目标背道而驰。

盐铁会议结束后，执掌朝政的霍光只是废除了酒的官营专卖以及关内冶铁业的官营垄断，其他政策照旧保留，尤其是盐税，实质上就是人头税，因为人人必须吃盐，而传统的人头税容易通过瞒报逃税。如果真的按照贤良、文学人士要求的，废除所有汉武帝时期的政府垄断政策，国家财政会立即破产，内政、国防也无法维持；更何况政府的权力扩张容易，收缩极难，一个组织总是倾向于不断扩张，增加自身的资源与权力，尤其是权力不被制约的政治组织。汉武帝时期增加的赋役全部被废除，恢复了汉文帝、汉景帝时的征税范围和标准，这是霍光执行汉武帝末年制订的富民政策的一大德政。

3. 危机：谁来继承皇位

在表面和平稳定的局面下也酝酿着政治危机，一度亲密无间的最高执政者之间发生了矛盾。汉昭帝的皇后是上官桀的孙女，同时也是霍光的外孙女。上官桀父子均封侯为将军，而且在汉武帝时期曾为九卿，地位高于霍光，因此逐渐不满，想要夺权。他与一直怀疑汉昭帝身世不明、自己当登帝位的燕王刘旦及盖长公主、御史大夫桑弘羊结成联盟，陷害霍光。刘旦上书，声称霍光调集军队意图造反，但年仅13岁的汉昭帝聪明异常，认为霍光调动军队不需要10天，而这么短的时间内，远在燕国（国都蓟城，今北京市区）的刘旦不可能知道，更不可能来得及上书，一定是预先安排好的阴谋。看到汉昭帝如此反应，上官桀、刘旦索性企图造反，结果事情暴露，上官桀被族诛，桑弘羊被杀，刘旦、盖长公主自杀，燕国也被废为广阳郡。在权力斗争面前，汉武帝生前最信任的三人竟然落得互相残杀的下场，亲情、友情灰飞烟灭。此时霍光"威震海内"[1]，全权处理所有的政事，已经成为汉朝事实上的最高统治者。

经过汉武帝长达20多年的穷追猛打，匈奴逃到了漠北，漠北水草不如漠南丰美，人畜损失惨重，疲惫已极，多次想和汉朝恢复和亲，后来又发生了继承纠纷，导致左贤王、右谷蠡王分裂，不再服从单于，从此匈奴开始衰落。后匈奴终于与汉和亲，并放还了被扣留了19年之久的汉朝使者苏武。霍光对外与匈奴和平相处，对内轻徭薄赋，与民休息，民众的生活开始变得富裕充实，终于在一定程度上恢复了文景时期的繁荣景象。

元平元年（公元前74年），年仅20岁的汉昭帝去世，且无子嗣，皇位继承问题凸显。此时汉武帝的儿子中仅有广陵王刘胥在世，群臣商议后认为应该立其为帝。但霍光认为刘胥行为不检，性喜与猛兽搏斗，一向不为汉武帝喜爱，因此以上官皇太后的名义，下诏立汉武帝的孙子昌邑王刘贺为帝。刘贺即位后，荒淫无度，行为乖张，霍光心中愤懑，独自征询他的老部下大司农田延年的意见，田延年建议按照商朝伊尹废太甲的成例，废掉刘贺，再选立一位新皇帝。于是霍光与田延年、车骑将军张安世（张汤之子）策划好后，召集丞相、御史、将军、列侯、中二千石、大夫、博士在未央宫开会讨论废立。霍光开门见山："昌邑王行为昏乱，恐危社稷，如何是好？"群臣皆惊鄂失色，没人敢发言。见此情景，田延年离席按剑，上前说道："先帝托孤给将军，认为将军忠诚贤良，能安定刘氏的天下。现在社稷将倾，将军即使死，又有何面目去地下见先帝？今日事情紧急，群臣中如有不积极响应者，我用剑斩杀。"霍光又道歉说："九卿责备我是应该的。天下不安定，我理应受到责难。"一个唱红脸，一个唱白脸，于是群臣叩头："万姓之命在于将军一人，唯大将军令是从。"就这样，仅当了27天皇帝的刘贺被废，他带来的属下二百余人被诛杀，临刑前，众人呼号"当断不断，反受其乱"[1]，由此可见，刘贺也曾动过除掉霍光的念头。

刘贺回到了昌邑，封国、封爵皆废，但所有财产均被保留，并赐汤沐邑二千户。元康三年（公元前63年）春，汉宣帝封他为海昏侯，食邑四千户，封地就在今江西南昌郊区。2011年，他的墓被发现，保存完整，是现今唯一被考古发掘的汉朝皇帝墓，墓中还出土了上书"海昏侯臣贺……酎黄金……"的酎金实物。

---

1 《汉书》卷68《霍光金日磾传》。

第二节 | 故剑情深：平民出身的汉宣帝

1. 从婴儿囚犯到皇帝：皇曾孙的传奇

皇位由谁继承又成了一个问题，光禄大夫、给事中丙吉向霍光推荐汉武帝的曾孙、时年17岁的刘病已。刘病已是废太子刘据的孙子，在巫蛊之祸中，刘据全家被害，当时还在襁褓之中的刘病已被关在郡邸狱，因此他不仅是巫蛊之祸中最年轻的囚徒，而且将是中国历史上唯一囚徒出身的皇帝。时任廷尉监、管理郡邸狱的丙吉可怜他无辜被囚，就吩咐女囚轮流哺乳、照顾他，否则他在牢狱中很难幸存。刘病已身体不好（所以名"病已"），几次差点死掉，幸亏丙吉让人照顾、医治，才得以死里逃生。即使如此，这位婴儿囚犯在坐了四年牢后，还差点遇上杀身之祸。汉武帝临死前，因患病往来居住于长杨宫和五柞宫，有望气者说长安狱中有天子气，于是他派人将囚犯全部杀掉。当内谒者令郭穰连夜赶到郡邸狱时，丙吉关门不让他进入，并抗议道："皇曾孙在牢里。他人无辜枉死尚且不可，何况是武帝的亲曾孙呢！"就这样一直僵持到天明，郭穰回宫向汉武帝告状，汉武帝忽然醒悟，认为这是天命，大赦天下。这位年仅四岁的小囚徒被赦后，由他祖母史良娣的母亲抚养，随后又被养在掖庭（后宫）中，被承认为宗室。掖庭令张贺原是废太子刘据的部下，因此他出钱供刘病已读书，后来还想将自己的女儿嫁给他，但因他的弟弟张安世嫌弃刘病已出身不好而作罢，于是他就为刘病已迎娶了掖庭暴室属官（掖庭中从事染织官署的低级官吏）、受过宫刑的许广汉之女许平君为妻。在许、史两家的资助下，刘病已师从东海澓中翁学习《诗经》，才华出众又勤奋好学，但同时也喜欢游侠，斗鸡走狗，在长安附近四处游荡，还曾在莲勺县（今陕西省蒲城县南）探险时被困于盐池中，因此他熟知民间的疾苦与吏治的得失。

霍光认可了丙吉关于皇位继承人的建议，他与丞相杨敞等上奏皇太后："孝武皇帝曾孙病已，有诏掖庭养视，至今年十八，师受《诗》《论语》《孝经》，躬行节俭，慈仁爱人，可以嗣孝昭皇帝后，奉承祖宗，子万姓。"[1] 获得上官皇太后批准后，霍光派人迎接刘病已到未央宫参见皇太后，封他为阳武侯，随后由霍光奉上皇帝玺绶，拜谒高庙，而后即位，这就是汉中宗孝宣皇帝，史称汉宣帝。汉宣帝即位后，因原名"病已"是常用字，民众不易避讳，于是改

---

1 《汉书》卷8《宣帝纪》。

名"询"。

汉宣帝即位后，霍光要求归政，但被汉宣帝拒绝，并规定所有的政事都要先报告霍光，然后再上奏。霍光每次朝见，汉宣帝都对他非常尊敬，态度谦恭有礼。此时霍氏权倾朝野，霍光的儿子霍禹与霍去病的孙子霍云任中郎将，霍云的弟弟霍山任奉车都尉、侍中，统领胡越骑，霍光的两个女婿范明友、邓广汉为东、西宫卫尉，其他兄弟、诸婿、外孙都为诸曹大夫、骑都尉、给事中，他们掌握了军政大权与皇宫的警卫，形成了庞大的政治势力集团。汉宣帝刚即位时，公卿大臣讨论选立皇后一事，大家都想立霍光的女儿，但汉宣帝却下诏寻找在他是平民时用过的剑，众大臣于是领会他的意思，建议立时为婕妤的许平君为皇后，此即"故剑情深"。霍光的夫人霍显一直想让自己的女儿霍成君成为皇后，于是在许皇后怀孕时，买通医生毒死了她，霍光知道后也不揭发，随后女儿霍成君虽被立为皇后，但却埋下了日后被族诛的大祸。

2. 祸起骖乘：二元权力结构的隐患

本始二年（公元前72年），汉宣帝认为他的曾祖父汉武帝"躬履仁义，选明将，讨不服，匈奴远遁，平氐、羌、昆明、南越，百蛮乡风，款塞来享；建太学，修郊祀，定

344

正朔，协音律；封泰山，塞宣房，符瑞应，宝鼎出，白麟获。功德茂盛，不能尽宣，而庙乐未称，其议奏。"[1]虽然这一动议遭到著名大儒夏侯胜的极力反对，但在汉宣帝的坚持下，仍然为汉武帝加庙号"世宗"，这显示了汉宣帝将以汉武帝为自己的榜样。汉宣帝的颂词中提到的"塞宣房"是指元光年间，黄河于瓠子决口，20余年不能堵塞，汉武帝亲临决口处，动员数万士卒，并命令群臣负薪以填，功成之后，于其上筑宫，名为"宣房宫"，以示工程质量绝对可靠、安全，这是汉武帝在内政方面的一大功绩。

地节二年（公元前68年），霍光病逝，汉宣帝在他临终前亲自探望，并与太皇太后亲临吊丧，以皇帝的待遇赐给他梓宫、葬具，可谓备极哀荣，随后封霍山为乐平侯，以奉车都尉领尚书事。但此时霍家已经显露了不祥的征兆，汉宣帝接纳了御史大夫魏相的建议，剥夺了领尚书事者先审阅上奏的副本、并可扣留奏疏的权力，以后又将由尚书呈送奏疏的权力转给了中书，正是借此，汉宣帝才了解到了许皇后死亡的真相。第二年，汉宣帝立许皇后所生的儿子刘奭为皇太子，以丙吉为太傅，封太子的外祖父许广汉为平恩侯。霍光的夫人霍显为此气得绝食吐血，她认为刘奭是汉宣帝在民间时生的儿子，不配当太子，太子只能由

---

1 《汉书》卷8《宣帝纪》。

她的女儿霍皇后所生，因此命令霍皇后毒死太子，但因防范严密未果。霍氏家族骄奢蛮横已久，汉宣帝在民间时对此就十分厌恶，现在又风闻许皇后是被霍家谋害，于是他开始进行人事部署，将霍家人调离了关键岗位，尤其是将他们掌握的军权、警卫权全部交到了许氏、史氏的子弟手中。在这种情势下，霍氏感受到了威胁，因此想先发制人谋反，结果事发，霍氏被族诛，还牵连到数十家被诛灭，霍皇后也被废。

汉宣帝即位时参拜高庙，霍光当时与他共乘一辆马车，汉宣帝内心对霍光很是敬畏，如芒刺在背，后来众人传说霍氏被族诛的祸根就在于此，此即"祸起骖乘"。这件事只是一个象征，即作为大臣的霍光让皇帝感觉到了威胁，形成了二元权力中心，这种结构是极不稳定的，迟早会失去平衡。霍光自己贪恋权力，汉昭帝成年时还不归政；汉宣帝即位时已经成年，仍然不归政，而且亲属子弟掌握了朝廷的关键权力，尤其是中央警卫，直接威胁到了皇权，这是霍氏被族诛的根本原因，任何一个皇帝都不会长久容忍这样一位权臣的存在。霍光去世后，本来是霍氏软着陆、逐步淡出权力核心的一个良机，但由于霍氏与汉宣帝之间缺乏基本的互信甚至好感，再加上许皇后被谋害，双方的矛盾已经不可调和，必然会鱼死网破。霍氏的不幸在于遇上了一位多谋善断、英明果敢的皇帝，他们的遭遇会给后来者一个深刻的教训，实际上掌握了皇权的权臣很难实现软着陆，平安淡出，与其如此当然不如篡位。

这件事更深刻地反映了汉武帝遗留下的制度性隐患，他以内朝代替外朝，由掌握军权的大司马、大将军领尚书事辅政，从而掌握了政治的决策权，权力集中于一人，基本上取代了皇权。霍光可以废立皇帝，这表明他才是汉朝真正的最高统治者，他本人完全有可能取而代之，自立为帝。汉武帝起初的安排是由三人联合执政，相互牵制，可不久这个格局就被打破，由霍光一人单独执政，此时汉朝的存亡就完全取决于霍光个人的忠诚，这不啻汉武帝以江山为抵押的豪赌，但赌赢了一次，还会赌赢第二次吗？尤其在有了霍氏的遭遇为鉴后。自此大司马领尚书事辅政成为西汉的定制，内朝完全凌驾于外朝之上，埋下了以后政权被权臣篡夺的祸根。当然汉武帝并不应该为近一个世纪后发生的事情负责，任何制度都不可能长久有效，或放之四海皆准，而是需要根据实际的情况做调整、修正，这才是一位合格政治家的本分；再好的制度如果没有合格的人来执行也只能流于纸面的空谈。汉武帝有充分的信心掌控局面，但是他却无法保证后代子孙都具有他的能力，这是家天下制度的命门，是一道无解的难题。

第三节 | 天下殷富，百姓康乐，
其治过于太宗之时

1. 与我共此者，其唯良二千石乎

汉宣帝在民间生活了多年，为人聪明刚毅，了解民间的疾苦、艰难。霍光去世后，他开始亲政，励精图治，每五天听取一次大臣的工作汇报，大臣不敢苟且糊弄；每当任命刺史、太守、诸侯国相时，他都会亲自召见他们，倾听他们的言论，然后再考察他们的实际行为与言论是否一致；如果发现言行不一致，他一定会追究原因。他常说："庶民所以安其田里，而亡叹息、愁恨之心者，政平讼理也。与我共此者，其唯良二千石乎！"[1]汉宣帝认为二千石国相、太守是各地方吏民之本，不能轻易变动，否则会产生短期效应，只要国相、太守有政绩，他就经常用玺书勉励，赏赐财物，甚至封为关内侯；公卿大臣有空位，就按大臣受到表彰的顺序依次替补，因此汉宣帝时期涌现的优秀官

---

1 《汉书》卷89《循吏传》。

员最多。

"盖闻有功不赏，有罪不诛，虽唐、虞不能以化天下。"[1]汉宣帝此语真是至理名言，这也是他曾祖父汉武帝的信条。有功必赏，有罪必罚是吏治乃至一切管理制度的根本，汉宣帝更是引入了量化概念进行人事管理。汉朝是自上而下的政治体制，地方国相、太守由皇帝任命，并不受其治下民众的监督，更不由他们选举产生，因此对地方官的监督只能由皇帝本人承担，所以皇帝本人的能力与敬业精神会直接关系到吏治的好坏，并影响到国家的兴亡，这是汉宣帝如此重视地方官工作的原因所在。

"官以任能，爵以酬功"，这是中国帝制时代奉行的一项基本政治原则。汉朝主要以军功封侯，军功是出生入死换来的，而且军人除了战争常常别无所长，因此不能用官职酬功，官职只能给有相应能力的人，否则就会沐猴而冠，祸国祸民。况且官职毕竟有限，一旦被占，其他有能力的人就得不到。立功封爵，给予政治、经济上的优厚待遇是合理的。汉宣帝开创了地方官以治绩封爵的先例，这是一个重要的制度创新。官僚是产权所有者皇帝雇用的职业经理人，任期有限，一旦离职，权势、收益则会大减，在职、离职落差太过巨大，因此不可避免会出现贪腐行为，

1　《汉书》卷89《循吏传》。

为离职后的自己和子孙谋取长远利益，这也是常见的人类行为。封爵是给职业经理人一个合理的、长期预期，以防止他们的短期行为。官僚因功绩获得了爵位，享有优厚的政治、经济待遇，还可以由子孙世袭，与皇帝共同分享江山的股权，成为利益共同体，因此不仅会减少他们贪腐的冲动（贪腐即除爵），更增强了他们尽心工作取得成绩的动力以及对政权的支持。反过来，如果以官代爵，以官酬功，官有权且任期有限，则会产生一大批既无能又贪腐的官员，而且他们还会不论称职与否，千方百计将自己的子孙安插在体制内，充任各种官职，变成一种事实上的官职世袭制，这是一种非常坏的制度。简单、极端地讲，一个弱智可以有爵位，但不能当官，否则就是一个贻笑天下的闹剧。

2. 毋出今年租赋与亲亲相隐

汉宣帝非常重视农业生产，除了各地方官吏劝民从事农桑外，最有力的措施就是频繁免除田赋，减轻农民的负担。即位的第二年，本始元年（公元前73年）五月，他就大赦天下，并免除全国的田赋；两年后，因天下大旱，免除了全国的田赋，三辅地区的民众流亡到其他地区，则免除两年的田赋以及徭役。本始四年（公元前70年）四月，49个郡国地震，汉宣帝命令废除苛刻扰民的法规条令，受灾严重的地区免除田赋。元康二年（公元前64年）五月，因全国疾疫流行，汉宣帝下令免除受灾严重郡国的田赋。神爵元年（公元前61年）三月，汉宣帝出巡到河东，下令赈贷给百姓的货物不必归还，并赐给鳏寡孤独者物资，所经过的地区免除田赋。五凤三年（公元前55年）、甘露二年（公元前52年），下令减少全国的口钱和算赋，一算减30钱，并额外赐给鳏寡孤独者和老年人绢帛。关东地区每年要向长安运输粮食400万斛，耗费劳动力达6万人，汉宣帝采纳了大司农中丞耿寿昌的建议，只从长安附近地区输入粮食，节省了一半的漕运劳力。破产失业的流民对社会秩序、国家政权稳定的威胁最大，汉宣帝对他们不仅采取减免赋税，借贷种子、食物的方式救济，并且常常免予偿还，还直接将政府掌握的公田出租给流民耕种，并最终让他们拥有公田的产权，成为自耕农。

可以说，汉宣帝是汉文帝之后对社会弱势群体最为关心的一位皇帝，继汉武帝苛政后，仁政终于重现。但与汉文帝不同的是，汉宣帝同时非常重视发展官营的农业生产与手工业生产，在车师、金城郡（治所在今甘肃省兰州市）大规模屯田，官营的纺织业、冶铁业、铸钱业生产规模庞大，经济生产欣欣向荣。元康四年（公元前62年），农业大丰收，每石谷仅五钱，仅为文景时期的一半价格，经济状况到达西汉时期的极盛。粮食大丰收，价格下跌，会损害农民的利益，于是汉宣帝采纳了大司农中丞耿寿昌的建议，在全国各地设常平仓，粮价低时用高于市场的价格买粮储存，粮价高时则用低于市场的价格卖出，以调节市场，使社会各行各业均从中获利。

尊崇儒学的汉宣帝提倡仁政，他的统治是继汉文帝以后最为宽仁的时期。他不仅频繁下诏免除天下的赋役，救济鳏寡孤独者和老人，而且还在中国历史上首次将"孝"这一儒学的核心价值观制定为法律。地节四年（公元前66年）春二月，汉宣帝下诏，规定民众如果遇到祖父母、父母丧事，就免除这一年的徭役，以免影响丧礼举行，有损孝道；夏五月，又下诏，认为父子之亲，夫妇之道，是人的天性，遇到灾祸尚且情愿以自己的死保全对方的生命，"诚爱结于心，仁厚之至也，岂能违之哉！"[1]因此他命令自今往后，如果子女隐瞒父母、妻子隐瞒丈夫、孙子女隐瞒祖父母的罪行全部不要追究；父母隐瞒子女、丈夫隐瞒妻子、祖父母隐瞒孙子女的罪行，如果犯的是死罪，由廷尉决定是否追究他们的隐瞒罪责，死罪以下就不必追究。

"亲亲相隐"的法律原则直接来源于孔子的"父为子隐，子为父隐，直在其中矣"，它尊重至亲的人伦与人性，不以所谓的国家利益、政治利益损害人伦，从而杜绝了父

---

1 《汉书》卷8《宣帝纪》。

母子女、夫妻间相互告发的人伦丑剧。亲亲相隐成为此后两千多年里中国遵循的基本法律原则，一直沿用到民国时期（现在我国台湾地区仍然沿用）。亲亲相隐的原则闪耀着人道主义的光辉，它不仅是中国的司法传统，而且许多现代西方国家也遵循这个原则，这是对人性、人情的基本尊重。汉宣帝的祖父母、父母均死于冤狱，他本人自襁褓起就成为囚犯，并在监狱中度过了自己的幼年时期，因此他对冤狱以及监狱中的迫害非常痛恨。他认为："死者不可复生，刑法不会止。现在的囚犯有的因为被拷打，有的因为饥寒而瘐死狱中，这真是有意违背人道！我感到很心痛。"因此命令丞相、御史考核狱吏的优劣，上奏皇帝，以防止囚犯因笞掠、饥寒或疾病而死亡。

元康四年（公元前62年），汉宣帝又下诏："自今以来，诸年八十以上，非诬告、杀伤人，它皆勿坐"[1]，即除了诬告、杀人、伤人三项罪名外，赦免80岁以上老人的一切罪行。仁政的另一重要内容是司法的公平，汉宣帝对此也极为重视，他认为只有执政与司法公平，才能无"叹息愁恨之心"。元康二年（公元前64年）夏五月，汉宣帝又下诏："司法牢狱，是百姓万民仰仗的根本，用它来禁止暴力，去除邪恶，养育众生。如果能使活着的人不抱怨，死去的

---

1 《汉纪》卷18《孝宣纪二》。

人不恨司法不公平，这才是合格的司法官吏。现在的情况却不是这样的，有些官吏玩弄司法条文，执法不公平，刻意罗织罪名，而且不如实上报，上级也无从知晓事实的真相。这都是因为我不英明，官吏也不称职导致的，如此一来四方黎民还有什么好依靠的呢？希望二千石封疆大吏们与各监察部门，千万不要任用此类人当官。官吏执法一定要公平，有些人却擅自摊派徭役，提高自己的生活待遇，对上级溜须拍马，以求好名声以便提拔，这样就好像踩在薄冰上等待太阳出来，这真是很危险啊！现在天下疫病流行，我感到非常痛心，免除今年的全国田赋。"司法公正是社会坚守的最后底线，汉宣帝对此有着清醒的认识。这一年，汉宣帝又因为许多百姓触犯他的名讳"病已"而改名"询"，就此赦免了此前所有因触犯名讳而被治罪的人。

汉宣帝与汉文帝并称为"仁君"，虽然他们的政治信仰并不相同：汉文帝信仰黄老道家，强调清静无为，与民休息；汉宣帝信仰儒家，以民为本，以孝治天下，强调道德教化。但汉宣帝绝非一位普通的儒生，他更是一位英明的政治家，曾下诏："因为我并不英明，所以数次下诏给公卿大臣，要求他们执行政务必要宽大，顺应民心，体谅民众的疾苦。现在有的官吏不禁止奸猾、邪恶的罪行，以放纵罪犯为不苛刻，以为这才是宽大；有的又以残酷、凶恶的执政为贤能，这两种官吏都失去了执政的公正性。一面奉行我的命令，一面却这样执政，阳奉阴违，实在是谬误！现在天下太平，徭役省减，兵革不动，但是很多民众却生活多贫困，盗贼不断产生，为政的问题究竟出在哪里？每年呈报上来的统计报表都是胡乱编造用来应付、欺骗上级的，就是为逃避赋税。公卿大臣对此无所谓，那我怎么办呢？现在废除奉诏出使者的报销制度，以免他们贪污；御史要审察计簿，将伪造者按律治罪。"

第四节 | 五星出东方，中国大利

1. 征伐四夷、国威远播

霍光执政的汉昭帝时期，汉朝仍然保持对外扩张的势头，在河西走廊的张掖郡大败入侵的匈奴，在辽东大败匈奴的盟友乌桓，孤胆英雄傅介子出使楼兰，当场刺杀心属匈奴的楼兰王，喝斥楼兰王部下："王负汉罪，天子遣我来诛王，当更立前太子质在汉者。汉兵方至，毋敢动，动，灭国矣。"[1]遂即携带楼兰王首级返回长安，悬挂在未央宫北阙阙，建功封侯。以后孤胆英雄班超出使西域，"不入虎穴，焉得虎子"，诛杀匈奴使团，就是仿效傅介子的行为。汉使率领几十上百人的使团深入西域，之所以英勇无畏，是因为他们对自己国家充满着信心，相信国家是他们强大的后盾，就如傅介子所言"汉兵方至，毋敢动，动，灭国矣"，强大的不是使者本身，而是身后的国家。

汉昭帝时期，被匈奴扣留19年，在北海（今俄罗斯贝

---

1 《汉书》卷70《傅常郑甘陈段传》。

加尔湖）"杖汉节牧羊，卧起操持，节旄尽落"的苏武也被释放回国。匈奴威胁要杀害他，苏武大骂："南越杀汉使者，屠为九郡；宛王杀汉使者，头悬北阙；朝鲜杀汉使者，即时诛灭。独匈奴未耳。若知我不降明，欲令两国相攻，匈奴之祸从我始矣。"[1]就充分表达了这一点。几十年后的汉元帝时期，匈奴郅支单于杀害汉使，后因害怕远遁中亚草原康居，结果被汉军追歼，悬首长安。斩杀郅支单于的甘延寿和陈汤留下了一句千古名言："明犯强汉者，虽远必诛。"[2]果然应验了苏武的预言。

苏武与投降匈奴的李陵都曾是汉武帝的警卫，彼此非常熟悉，李陵苦劝苏武投降匈奴："你的两个哥哥都因犯错误而自杀，母亲去世，妻子改嫁，陛下年事已高，法令无常，大臣即使无罪，也有数十家惨遭夷灭，你即使回到汉朝，安危也不可知，你坚持忠诚有什么用呢?"苏武回答："武父子亡（无）功德，皆为陛下所成就，位列将，爵通侯，兄弟亲近，常愿肝脑涂地。今得杀身自效，虽蒙斧钺汤镬，诚甘乐之。臣事君，犹子事父也。子为父死亡所恨。愿勿复再言。"后来李陵又来北海告诉苏武，匈奴捕获的云中汉人俘虏"言太守以下吏民皆白服，曰上崩"[3]。苏武听说

1 《汉书》卷54《李广苏建传》。
2 《汉书》卷70《傅常郑甘陈段传》。
3 《汉书》卷54《李广苏建传》。

之后向南号哭以至呕血，一连数月，每日早晚凭吊。

汉昭帝即位后，汉匈关系改善，汉使要求苏武回国，匈奴人托词说苏武已死。此时曾跟随苏武一起出使的常惠偷偷去见汉使，让他去和单于说，汉朝天子在上林苑中射中了一只大雁，雁足系着帛书，帛书上说苏武等在荒泽之中。汉使就这样告诉了单于，单于只好释放苏武及其属下，出使时的100多人中只有9人回到了长安。

汉宣帝时期，不仅是西汉的经济极盛期，也是西汉的国威极盛期。神爵元年（公元前61年）居住在今天青海一带的羌人部落渡过湟水，与汉朝发生了冲突，并攻打郡县，杀害地方官，光禄大夫义渠安国所部损失严重。汉宣帝想起用已经70多岁的赵充国平定羌乱，但又担心他年老，便派遣御史大夫丙吉问他谁可以充当此重任。赵充国回答："没有人比老臣更合适了。"汉宣帝仍然不放心，继续询问他要多少军队，赵充国回答："百闻不如一见。等我到达金城郡再写方略报告。羌戎是小夷，违逆天意背叛汉朝，很忙就会灭亡，愿陛下将重任交给老臣，勿以为忧。"汉宣帝笑答："好！"赵充国果然很快就平定羌乱，共斩首7 600级，降者31 200人，溺于黄河、湟水、饥饿而死者五六千人，几乎全歼了5万羌人军队。后汉宣帝采纳了赵充国的意见，驻军屯田，以减轻后勤的压力，设置金城属国，安置投降的羌人。汉宣帝曾下诏激励赵充国奋勇杀敌："今五星出东方，中国大利，蛮夷大败。"[1] 2 000多年后的1995年，考古人员在汉代西域精绝国首都尼雅古城（今新疆自治区民丰县）的王室墓地发现了一块精美的织锦，上面赫然有"五星出东方，利中国"几个字。历史与现实如此完美地结合到一起，相互印证了那个明君名将辈出、生机勃勃、自信阳刚的伟大时代。

汉朝与匈奴在西域的角逐还在继续，当时汉朝完全控制了西域南道以及部分北道，匈奴还控制着西域北道的东端车师国。张骞第二次出使西域时，汉朝与乌孙建立了密切的外交关系，并先后以江都王刘建的女儿细君为公主，楚王刘戊的孙女解忧为公主嫁给乌孙王。匈奴迁怒乌孙，发兵攻打，解忧公主向汉朝求援，要求共同出兵合击匈奴。

本始三年（公元前71年）正月，汉宣帝响应解忧公主的提议，命令对匈奴展开全面进攻，这是继汉武帝元狩四年（公元前119年）后最大规模的军事行动，仅骑兵就动员了16万，分别由祁连将军田广明、度辽将军范明友、前将军韩增、后将军赵充国、虎牙将军田顺率领，分兵五路，相约各自出塞2 000余里，围剿匈奴。汉宣帝又命令曾跟随苏武出使匈奴，一起被扣留19年的常惠为校尉，率领乌

---

1 《汉书》卷69《赵充国辛庆忌传》。

孙兵一起进攻匈奴。匈奴听说汉军大举进攻，老弱驱赶畜群遁逃，五路大军斩获很少，无功而返；乌孙昆弥（乌孙的王号）率领将5万骑兵与校尉常惠的军队从西方进攻，到达右谷蠡王庭，斩获4万级，马、牛、羊、驴、骆驼70余万头，常惠因功被封为长罗侯。但虎牙将军田顺因只前行了800里，祁连将军田广明则因怯战被逮捕下狱，双双自杀。虽然五路军队没有捕捉到匈奴，但匈奴民众四处逃散，畜产因远遁死亡很多，匈奴遭受了重大损失，进一步衰落。

这年冬天，匈奴单于亲自率领数万骑报复，进攻乌孙，撤军时忽遇大雨雪，一日之间积雪深丈余，军民、畜产大多冻死，生还者不到十分之一，于是北方的丁令，东方的乌桓，西方的乌孙三路合击匈奴，斩首数万级，俘获很多马匹、牛羊，匈奴民众因大雨雪死亡的达到了十分之三，畜产死亡一半，匈奴的附属国全部瓦解脱离。

汉朝多次远征漠北打击匈奴，但很难克竟全功，究其原因，不外是匈奴主力躲藏在漠北，汉军必须横越大漠，人困马乏；匈奴一旦作战不利，可以向茫茫草原深处逃跑，当时缺乏有效的侦察手段，更没有精确的定位技术，难以捕捉，因此汉朝在匈奴的西部寻找同盟者，一起从东、西两个方向合击匈奴是最佳的战略。这就是早在建元三年（公元前138年），年仅18岁的汉武帝派遣张骞出使大月氏的初衷。这一战略布置直至近70年后才结出硕果。

这同样也是被困匈奴19年的常惠个人的完美复仇。长罗侯常惠多次出使西域，在敦煌以东的悬泉置也多次留宿，悬泉置遗址保存了著名的汉简《过长罗侯费用薄》，它是证明常惠人生经历的第一手原始档案。

几乎与此同时，在西域驻军屯田的骑都尉郑吉攻灭了车师国；随后匈奴发生内乱，日逐王决定投降汉朝。汉朝征发渠犁（今新疆自治区库尔勒市南）、龟兹诸国（都城在今新疆自治区库车县城附近）5万军队迎接日逐王部，汉军威震西域。神爵二年（公元前60年），"吉既破车师，降日逐，威震西域，遂并护车师以西北道，故号都护。都护之置自吉始焉。"[1]自此西域南、北两道全部被汉朝控制。

郑吉被任命为西域都护，治所在乌垒城（今新疆自治区轮台县东北），距离阳关2 700余里，匈奴从此不敢与汉朝争夺西域。西域都护肩负督察西域乌孙、康居等36国的任务，有征伐、废立诸国君主之权，"汉之号令班西域矣，始自张骞而成于郑吉"[2]，这一过程近80年，汉武帝、张骞这两位开拓西域、开拓丝绸之路的主人公也已去世多年。西域都护府的设立标志着自巴尔喀什湖向东南，包括整个帕米尔高原在内，天山南北的广大西域地区正式归属汉朝的版图。

---

1 《汉书》卷70《傅常郑甘陈段传》。
2 同上。

2. 匈奴臣服、单于向化

匈奴历经汉、乌孙及周边民族的轮番打击后，各部分裂内战，又遇到了天灾，于是汉宣帝秉承《春秋》"不伐丧"的原则，决定以德服人，不趁人之危。几年后，走投无路的匈奴呼韩邪单于决定归附、臣服于汉朝。汉宣帝为此特地召开会议，讨论呼韩邪单于朝见的礼仪。群臣之首丞相黄霸、御史大夫于定国认为，单于朝见的礼仪应该如诸侯王，且位次要在诸侯王之下。但太子太傅萧望之认为，应该对待单于"以不臣之礼，位在诸侯王上"，以显示"羁縻之谊"，被汉宣帝采纳，下诏"以客礼待之，令单于位在诸侯王上，赞谒称臣而不名（不称呼其名字以示尊重）。"[1]甘露三年（公元前51年）正月，呼韩邪单于在甘泉宫朝见汉宣帝，朝见后，汉宣帝与呼韩邪单于共赴长安，诸蛮夷君长王侯数万人，全部于渭桥夹道列队迎接，向汉宣帝共呼"万岁"，这标志着汉宣帝到达个人事业的最高峰，汉朝到达了极盛。

呼韩邪单于在长安居住了一个多月后返回匈奴，他请求率众居住在长城外为汉朝防守边疆。至此，与秦、汉为

---

1 《汉书》卷78《萧望之传》。

敌长达100余年的匈奴臣服，秦始皇、汉武帝没有达成的目标在汉宣帝手中实现，汉朝国威于此达到了顶峰。至此，大漠南北的蒙古高原、广大的西域诸国全部臣服于汉朝，困扰丝绸之路畅通的匈奴问题得以最终解决。这就是史称的"匈奴称藩，百蛮宾服，舟车所通，尽为臣妾"[1]。

汉宣帝因此感念股肱之臣，将11位大臣的画像悬挂于麒麟阁，并署其官爵、姓名，居首者即为霍光，但只署"大司马、大将军、博陆侯，姓霍氏"[2]而不署名，以示尊重，其次为张安世、韩增、赵充国、魏相、丙吉、杜延年、刘德、梁丘贺、萧望之、苏武，以表彰他们辅佐自己达成中兴之功。霍氏为汉宣帝的仇敌，谋杀了许皇后，并试图谋杀皇太子，被族诛，但汉宣帝仍然充分肯定了霍光的功劳，将他列于麒麟阁中兴功臣之首，且极为尊敬，这充分显示了汉宣帝作为一名优秀政治家，心胸开阔，尊重事实，赏罚分明，不以个人好恶抹杀、篡改历史的理智、客观的态度，这也是汉宣帝中兴事业得以实现的重要保证。早在汉武帝时期，汉朝开国功臣的后代均被罢爵除国，而汉宣帝命令寻找开国功臣绛侯周勃等136家的子孙，并任命他们担任尊奉其祖先祭祀的职位，世世相袭，以表彰、纪念他们祖先的功劳。

---

1 《汉书》卷24《食货志》。
2 《汉书》卷54《李广苏建传》。

唐贞观十七年（643年），唐太宗为了表彰功臣，曾仿照麒麟阁制度，命著名画家阎立本描绘了24位功臣的画像，悬挂于凌烟阁；清乾隆年间，乾隆帝出于同样的目的，曾先后四次将十全武功的功臣画像悬挂于中南海紫光阁。

第五节 | 以德治国还是以法治国

1. 无德不报：第一位儒生皇帝

汉宣帝是一个有恩必报、眷恋旧情的人，他曾下诏说："朕微眇时，御史大夫丙吉，中郎将史曾、史玄，长乐卫尉许舜，侍中光禄大夫许延寿皆与朕有旧恩。及故掖庭令张贺辅导朕躬，修文学经术，恩惠卓异，厥功茂焉。《诗》不云乎：'无德不报。'"[1]因此他封张贺的养子张彭祖为阳都侯，追赐张贺为阳都哀侯，丙吉等人均为列侯，当年在郡邸狱照顾过他的诸人也均赏赐官禄、田宅、财物，各以恩情深浅报答。

丙吉是汉宣帝幼时的救命、抚育的恩人，而且向霍光推荐了汉宣帝即位，但他在皇帝面前绝口不提，这个秘密一直保守了20多年，无人知晓，直到丙吉就任御史大夫。此时发生了一件事，汉宣帝想向当年在狱中抚养哺育他的女囚犯报恩，有人冒充，丙吉作为证人前来辨认，如此一

---

1 《汉书》卷8《宣帝纪》。

来当年他救命、抚育的恩德才被皇帝知晓。于是汉宣帝封丙吉为博阳侯，邑千三百户，"强行"封侯报恩，但丙吉病重，一直推辞。

汉朝中兴的伟业与汉宣帝高超的政治才能密切相关。汉宣帝崇尚儒学，他本人在青少年时期就学习《诗》《论语》《孝经》等儒学经典。汉宣帝即位后，听说他的祖父卫太子喜欢穀梁《春秋》，于是征诏天下精通的学者讲授，并与五经名儒、太子太傅萧望之等在大殿中讨论公羊与穀梁的异同，从此穀梁《春秋》学派大为兴盛。甘露三年(公元前51年)，汉宣帝于石渠阁召开了一次儒学研讨大会，参与者有当世著名大儒萧望之、刘向（当时名"刘更生"）、韦玄成、薛广德、施雠、梁丘临、林尊、周堪、张山拊等，他们讨论五经的异同，由汉宣帝本人亲自主持评判，并将会议的讨论内容辑成《石渠议奏》一书，又名《石渠论》，共155篇。在汉武帝设立的五经博士之外，汉宣帝增设了大、小夏侯《尚书》，大、小戴《礼》，施、孟、梁丘《易》，穀梁《春秋》等博士。

汉宣帝时期的公卿大臣也多为儒学之士，韦贤为邹鲁大儒，精通《礼》《尚书》《诗》；魏相精通《易》，举贤良时因对策而被重用；黄霸在狱中，以"朝闻道，夕死可矣"的精神向大儒夏侯胜学习《尚书》长达三年；于定国曾恭敬礼聘老师学习《春秋》，以上四人均以儒生身份在汉宣帝时封侯拜相。汉宣帝时期共五位丞相，包括汉宣帝的救命恩人博阳侯丙吉在内，所有人都是精通五经的儒生学者。大儒夏侯胜因反对汉宣帝加汉武帝庙号，并对其大肆攻击而下狱，三年后因地震大赦出狱，被任命为谏大夫。以后朝廷每遇重大事件，汉宣帝都鼓励夏侯胜直言敢谏；夏侯胜被提拔为太子太傅，承担教育太子的重任，并由汉宣帝委托撰写有关《尚书》《论语》的著作。夏侯胜90岁高龄去世，汉宣帝让他陪葬于汉昭帝的平陵，皇太后赐钱200万，并为他素服五日，以报答他教育太子的恩情，可谓备极哀荣，作为一介儒生，他的荣耀到达了顶峰。

2. 严刑峻法，破奸宄之胆：法治下的仁政

汉宣帝完全清楚道德教化仅仅是治国的一个方面，而以法治天下更为重要；他反对滥用司法公权力的苛政，同时也反对没有是非原则的"宽政"，对于实际出现的宽严皆误的情况，他认为这两种执政理念"皆失其中"，没有公正性，因此继承了汉武帝的政策，继续严厉打击地方豪强，防止产生兼并之家。他曾两次下令，迁徙天下家财在百万以上的巨富豪强到关中的平陵（汉昭帝陵）和杜陵（汉宣帝陵）居住，并任命酷吏严延年治理治安混乱的涿郡，翦除为非作歹的豪强大族西高氏、东高氏。后严延年任河南

太守，汉宣帝赐了他黄金20斤，其治理方针"务在摧折豪强，扶助贫弱"，贫弱即使犯法，他也想办法减免他们的罪行；但豪杰侵害小民的利益，他就利用法规严厉打击，从此河南郡豪强的气焰顿消，盗贼也绝了踪迹，以至"威震旁郡"[1]。

丙吉作为丞相，为人宽厚，心胸开阔，虽然他是以狱吏起家，但后来学习《诗》《礼》等，通晓大义。属下如果有错有罪，不称职，就让他们长期休假，从不处罚。有人对丙吉说："君侯你作为汉朝丞相，奸吏营私，怎么不处罚呢？"丙吉回答："如果三公之府有处理下属的名声，我私下认为很可耻。"后来这成为了汉朝的惯例。一天上朝时，丙吉看见街上有人群起斗殴，死伤横道，他过而不问，以致属下在背后嘀咕；继续前行，看到有人在追逐牛，牛喘吐舌，丙吉命令停车，并让骑马的随从问那个人已追逐牛跑了几里。属下感到更加奇怪，质问丙吉为何问牛而不问人。丙吉回答："民众斗殴相互杀伤，长安令、京兆尹会负责抓捕，岁末的时候我会考核他们的政绩，上奏皇帝予以赏罚。宰相不亲自处理小事，所以我不理会道路上的打斗死伤。但现在是春天，天还没有很热，牛只走了一点路，就热得喘气，这是气候异常，怕有恶果。三公的职责在于

---

1 《汉书》卷90《酷吏传》。

调和阴阳，所以我要问。"属下敬服，认为丙吉识大体。

汉宣帝时期是整个西汉优秀官吏最多的时期，他们共有两类：一是赵广汉、韩延寿、尹翁归、严延年、张敞等，他们治理各地注重刑罚；二是王成、黄霸、朱邑、龚遂、郑弘、召信臣等，他们能让民众富裕，离开时能让民众怀念，其中尤以黄霸最为突出。汉宣帝刚即位，就任用执法公正的黄霸为廷尉，后因夏侯胜攻击汉武帝，黄霸被连累入狱，三年后出狱，又被任命为扬州刺史、颍川太守。当时汉宣帝频频下诏实行仁政，但基层官吏却不向百姓宣读，黄霸就选择良吏，到各地宣布诏令，让民众领会汉宣帝的德政。他的施政是先"力行教化，而后诛罚"，"外宽内明得吏民心，户口岁增，治为天下第一"[1]，被汉宣帝封为关内侯，随后提拔为太子太傅、御史大夫，直至丞相，封建成侯。黄霸是汉宣帝心目中理想的地方官，既重德政教化，又重行政实效，深具执行力，以法治国，实行"中道"，以使民众富裕，安居乐业。

虽然汉宣帝尊崇儒学，自己也通晓儒学经典，实行仁政，但他绝非简单的儒生；他重视法治，对违法乱纪的官僚、地方豪强依法严厉打击，绝不手软，但他并非是一位"不别亲疏，不殊贵贱，一断于法"的法家刑名之士，因为

---

1 《汉书》卷89《循吏传》。

他又非常重视"亲亲尊尊之恩"[1],也就是由他确定并延续了两千多年的"亲亲相隐"的法律原则。

大儒萧望之是汉宣帝最器重的大臣,在当皇帝之前,汉宣帝就听说过他。萧望之因为性格耿直,顶撞过霍光,后来又因天下灾荒,认为"是大臣任政,一姓擅势之所致也",矛头直指当时执政的霍光之子大司马霍禹、霍去病之子尚书令霍山,因此深受汉宣帝的器重、信任,官至二千石。霍氏谋反族诛,萧望之更受看重,被任命为平原太守,但他不愿离开中央核心,于是改任少府,掌管皇帝的私人府库、财产,成为最受信任的大臣。汉宣帝认为他"经明持重,论议有余,材任宰相"[2],但需要地方行政经验,想要派他去长安附近的左冯翊,负责管理当时京畿附近的地方行政事务,但他又称病不想离开中央。汉宣帝派侍中金安上(金日磾的侄子)前去劝说,表达了栽培的意思,萧望之才勉强上任。三年后,因政绩斐然,萧望之被调到中央任大鸿胪,后来提拔为三公之一的御史大夫,离丞相大位只有一步之遥。此时任丞相的是汉宣帝极为尊重的大恩人丙吉,但萧望之却借着灾荒攻击年老多病的丙吉,等不及想抢班夺权,这引起了汉宣帝的强烈不满。此时萧望之又被揭发有更多针对丙吉的失礼行为,而且公车私用,被汉

---

1 《史记》卷130《太史公自序》。
2 《汉书》卷78《萧望之传》。

宣帝训斥，贬为太子太傅。萧望之贬官后，此前因附和夏侯胜攻击汉武帝而被判死刑的黄霸成为御史大夫。数月之后，丙吉去世，黄霸做了丞相。黄霸薨，于定国做了丞相，终宣帝一朝，萧望之也没有如愿成为丞相。

汉宣帝对萧望之的处罚相当宽仁，但对当时另外三位名臣赵广汉、盖宽饶、杨恽的处理可谓非常严厉。

赵广汉是著名的能吏，他精力过人，可以通宵达旦处理政务，擅长逻辑推理破案，执法公正严厉，敢于诛杀豪强，他凭着优异的政绩与能力，从普通小吏一步步上升为长安市长，又是大将军霍光的亲信，参与了拥立汉宣帝，被封为关内侯。但他的政治嗅觉极为敏感，觉察到了汉宣帝与霍光之间的微妙关系。等霍光死后，他为了向皇帝表忠心，率领属下闯入霍光府中查抄违法事宜。当时霍光的女儿为皇后，在汉宣帝面前哭诉告状，但汉宣帝在内心里却对赵广汉的行为很欣赏。赵广汉的门客因为卖私酒，被丞相魏相的手下驱赶，因此两人结下了仇。正好丞相府的一位侍女因偷盗被逐回家自杀，赵广汉认为时机已到，就想诬陷丞相夫人妒杀侍女。赵广汉问太史星象，太史说当年当会有大臣被杀，赵广汉以为说的是丞相，因此上书告丞相罪，皇帝下令让京兆尹处理。赵广汉亲自率领属下突入丞相府，召丞相夫人跪在庭下受审，又抓走了奴婢十余人审问。汉宣帝一向信任的丞相魏相上书喊冤，皇帝下令廷尉处理此案，结果真相大白，是赵广汉诬陷丞相。由于自身的惨痛经历，汉宣帝一向痛恨冤狱，于是下令逮捕赵广汉，但长安官吏、百姓数万人在未央宫门前喊冤，甚至要以自己相替，性格刚强的汉宣帝更加愤怒，下令用极刑腰斩处死赵广汉。

盖宽饶为人刚直高节，虽然家里贫穷，但他常常将数千月俸的一半以给下属、百姓，让他们充当耳目、提意见。身为二千石的司隶校尉（京城与周边地方的监察官），他的儿子盖常却步行去北部边疆戍守，可见非常廉洁奉公。但盖宽饶心胸狭隘阴暗，喜欢陷害他人，得罪了很多同僚与贵戚；又喜欢嘲讽讥刺，屡次触犯皇帝，汉宣帝认为他是儒生，所以十分优容，但是也不升迁他。盖宽饶目睹同级甚至下级都超越自己，成为九卿，认为自己行清能高，对国家有很大贡献，却被凡庸超越，愈发失意不快，数次上疏谏争，话说得越来越难听。同事劝他不要总用古代的事讽刺现代，但他从不听从。当时汉宣帝以严刑峻法治国，又任用宦官参与决策政事，盖宽饶对此非常不满，上疏谏诤："方今圣道浸废，儒术不行，以刑余为周（公）、召（公），以法律为《诗》《书》。……《韩氏易传》言：'五帝官天下，三王家天下，家以传子，官以传贤，若四时之运，功成者去，不得其人则不居其位。'"[1] 在奏疏中，竟然要求

1 《汉书》卷77《盖诸葛刘郑孙毋将何传》。

皇帝学习上古的五帝不传子而传贤，这是直接要求禅让。禅让是儒家经典中理想的君主继承制度，是否真实存在过，已经无从证明，而此时儒学作为国家意识形态已经七八十年，深入人心，汉宣帝本人也以儒生自居，用儒家经典攻击现行制度，会将皇帝逼向死角，让他既无法正面驳斥，又无法容忍如此大逆不道的主张，因此要求臣下议罪。执金吾（原名中尉，北军司令）认为盖宽饶意欲求禅，大逆不道。逮捕令下达后，盖宽饶以佩刀自刭于未央宫北阙下。

杨恽是司马迁的外孙，父亲是汉昭宣二帝时的丞相、安平侯杨敞，是汉朝开国功臣、在垓下追杀项羽立功受封赤泉侯的杨喜后代。《史记》的书稿即是由杨恽公布才得以流传于世。杨恽才华横溢，喜欢结交诸儒。霍氏谋反，杨恽得知后，通过侍中金安上报告，汉宣帝亲自接见并听取汇报，然后先发制人。霍氏伏诛后，杨恽因功被封为平通侯，迁中郎将，又因能力、政绩突出，被提拔为皇帝最亲信的负责皇帝警卫的光禄勋。杨恽轻财好义，继承了父亲的巨额财产，封侯后，又得到了千余万财产，全部散给宗族，为人廉洁无私，属下的郎官都认为他处事公平。但他喜欢炫耀自己，性格又阴狠，好揭发别人的隐私，同僚得罪了他，他就一定会报复陷害，以显示自己高人一等，因此得罪了很多人。他尤其得罪了一个最不能得罪的人，就是汉宣帝的发小——太仆戴长乐。一次，杨恽见到有一匹拉车的马撞死在殿门，宣称以前发生过同样的事，结果不久汉昭帝就驾崩，现在又发生了同样的事，这是天时所致，而非人力可及；他又曾忽略尧、舜、禹、汤的画像，偏偏指着桀、纣的画像对乐昌侯王武说："天子经过此处，一一询问他们的罪过，就像是得到了老师。"他与盖宽饶是好友，又上书为被逮捕、处死的好友左冯翊韩延寿辩护，连同其他不检的言行，都被戴长乐向皇帝告发，廷尉于定国认为他大逆不道，要求将他逮捕治罪，但汉宣帝不忍，将杨恽、戴长乐双双免为庶人。罢官后，杨恽居家治产业，盖了房子，以钱财自娱，朋友孙会宗写信劝他低调处事，不能这样花钱大会宾客，杨恽回信说道："努力寻求仁义，常担心不能教化任民的是卿大夫；努力寻求财利，常担心困乏的是庶人。故道不同，不相为谋。你今日怎能用卿大夫的标准来要求我一介庶民呢？"表达了被罢官后的怨诽之意。此时正好发生日食，有人趁机告发杨恽有罪，汉宣帝下令查办，结果搜到了他给孙会宗的回信底稿，非常生气，认为以前格外法外开恩，没有治他罪，结果现在他不仅不感恩、领情，还用出格的言行抱怨、抗议，于是下令抓捕杨恽。廷尉判决杨恽大逆无道，处以极刑腰斩，妻儿流放到酒泉郡，侄子安平侯、典属国杨谭因不劝阻而被免为庶人。

汉宣帝处死了赵广汉、盖宽饶、杨恽、韩延寿四位能力超强、名望很高的大臣，说明他驭下严厉，与曾祖父汉武帝相似，而且性喜诛心，常常追究言外的动机治罪，这与他对普通百姓频施仁政形成了鲜明的对比，可见他对官僚、平民采取不同的司法标准和要求。

3. 南园遗爱：功光祖宗，业垂后嗣

刘奭是汉宣帝的太子，他是汉宣帝与皇后许平君在民间时所生，幼年母亲惨遭霍家毒杀，在七岁时被立为皇太子。刘奭是一位虔诚的儒学信徒，性格优柔寡断，他看不惯父亲执法严明，重用刑名之士诛杀当时著名的大臣盖宽饶、杨恽等人，有一次劝父亲："陛下持刑太深，宜用儒生。"汉宣帝听后脸色一变，怒斥："汉家自有制度，本以霸、王道杂之，奈何纯任德教，用周政乎！且俗儒不达时宜，好是古非今，使人眩于名实，不知所守，何足委任？""是古非今"，即认为一切都是古代好于现代，"眩于名实"，意为弄不清楚名词、概念与实际事物之间的关系，即汉宣帝认为"俗儒"喜欢玩弄概念、辞藻，夸夸其谈来迷惑他人。随后他又叹道："乱我家者，太子也！"[1]从此汉宣帝开始疏远太子，认为太子是个"眩于名实"的俗儒书呆子，而宠爱另一个儿子淮阳王刘钦，认为他为人明察秋毫，且重视法治，与自

---

1 《汉书》卷9《元帝纪》。

己很相似，更适合当接班人；他又特别宠爱刘钦的母亲张婕妤，于是有意立淮阳王为太子，替代刘奭，但由于念及民间时的结发妻子许平君，最终还是不忍心废除太子。

黄龙元年（公元前49年）十二月，在位25年的汉宣帝因病于未央宫去世，年仅42岁，他没有选择祖先所在的渭水以北的咸阳原作为自己的长眠之地，而是选择了他少年时代经常游玩以及与许平君成家的地方——长安南郊的杜陵。临终前，他任命侍中乐陵侯、外戚史高为大司马、车骑将军，太子太傅萧望之为前将军、光禄勋，少傅周堪为光禄大夫，让他们三人一同到禁中受遗诏辅政，领尚书事。太子刘奭即位，即为汉元帝。至此，汉宣帝中兴的一页翻了过去，西汉盛世也走到了尽头。

汉宣帝生前亲自为许皇后和自己选择他们当年生活过的地方作为陵园。依照汉朝制度，一帝一后需同陵园但不同穴合葬，按人情常理，汉宣帝应该与结发的许皇后合葬，但事实上，许皇后的少陵在杜陵以南直线7公里外，与汉宣帝合葬的是第三任皇后王氏。2 000多年了，没人能解释这样不合情理的布局。我曾去现场考察，汉宣帝的杜陵虽然高不到30米，但由于建在杜陵原的顶部，是长安与秦岭之间的制高点：既不像汉武帝茂陵那样霸气恢弘、不管不顾，远远超过太祖汉高帝的长陵，但南侧面向秦岭，借着地势，又显得非常高大雄伟，其东侧500多米略低处就是王皇后陵。站在少陵原顶的许皇后陵上，向北眺望，正可见远处高大杜陵原顶上的汉宣帝陵，而不见王皇后陵。两千多年来，这一对平民结发夫妻占据了长安南郊的两个制高点，遥遥相望，但同时又给了皇太子的养母，皇帝特别选择的没有亲生子女的王皇后应有的尊重与待遇。两千多年后，汉宣帝刚柔相济、讲究平衡的缜密心思终于暴露无遗。

几十年后，汉宣帝宠爱的孙子汉成帝刘骜曾问刘向哪一个皇帝可与汉宣帝治理国家的能力相比。刘向回答："中宗之世，政教明，法令行，边境安，四夷亲。单于款塞，天下殷富，百姓康乐，其治过于太宗之时，亦以遭遇匈奴宾服，四夷和亲也。""中宗"为汉宣帝的庙号，"太宗"为汉文帝的庙号。刘向认为汉文帝和汉宣帝在内政方面同样出色，但汉宣帝时匈奴臣服，因此武功要超过汉文帝；刘向又认为汉文帝在节俭自律，对大臣的宽容度方面要超过汉宣帝；但"如其聪明远识，不忘数十年事，制持万机，天资治理之材，恐文帝亦且不及孝宣皇帝"[1]，即汉宣帝的个人政治素质要超过汉文帝。刘向的评价是客观中肯的。

东汉著名的政论家崔寔认为："（治理天下）严之则治，宽之则乱。何以明其然也？近孝宣皇帝明于君人之道，审

---

1 （东汉）应劭《风俗通义》卷2《正失·孝汉文帝》。汉宣帝的庙号"中宗"为西汉末年汉平帝所上，成帝时期的刘向不会知道这个庙号，应为应劭所改。

于为政之理，故严刑峻法，破奸宄之胆，海内清肃，天下密如（太平安定）。荐勋祖庙，享号中宗。筹计（政治谋略能力）见效，优于孝文。"[1]即汉宣帝深知治理天下的要诀，他的政治谋略与执行力很强，因此天下太平。但崔寔的评论只提及汉宣帝严刑峻法的一面，而未提及他多次免除全国的赋税，制定"亲亲相隐"的司法原则等的仁政一面。只有将汉宣帝施行仁政、严刑峻法这两方面的执政理念结合在一起，才能理解"汉家自有制度，本以霸、王道杂之"这句话的深意：既实行霸道，用法家的治国理念治理国家，以严刑峻法对待犯法的官僚、贵族、地方豪强以及普通民众；又实行王道，轻徭薄赋，让利于民，并提倡道德教化，宽严相济，只有这样才是在法治、秩序下真正的仁政。

班固对汉宣帝赞赏有加："孝宣承统，纂修洪业，亦讲论六艺，招选茂异，而萧望之、梁丘贺、夏侯胜、韦玄成、严彭祖，尹更始以儒术进，刘向、王褒以文章显，将相则张安世、赵充国、魏相、丙吉、于定国、杜延年，治民则黄霸、王成、龚遂、郑弘、召信臣、韩延寿、尹翁归、赵广汉、严延年、张敞之属，皆有功迹见述于世。"[2]他认为汉宣帝时期人才之盛仅次于汉武帝时期。盛世是由人才创造的，没有了人才，一切都是空谈，这是衡量是否盛世最重

1 《后汉书》卷52《崔骃列传》。
2 《汉书》卷58《公孙弘卜式兒宽传》。

要的标准之一，当然，人才也是评价领导能力最重要的标准。班固认为汉宣帝统治时期是一个中兴时代："孝宣之治，信赏必罚，综核名实，政事、文学、法理之士咸精其能，至于技巧工匠器械，自元、成间鲜能及之，亦足以知吏称其职，民安其业也。遭值匈奴乖乱，推亡固存，信申威北夷，单于慕义，稽首称藩。功光祖宗，业垂后嗣，可谓中兴。"[1]

---

1 《汉书》卷8《宣帝纪》。

第九章

乱我家者，太子也：家天下的悲哀

汉元帝改变西汉严厉打击豪强、官僚的国策，废除了"实陵邑"的制度，再加上他本人"优游不断"，执政能力低下，强汉终于开始走下坡路。更糟糕的是，之后的继承者一蟹不如一蟹，甚至出现了堪称汉元帝第二的王莽。他所进行的理想主义激进改革，最终致使天下大乱。西汉是唯一被"和平演变"颠覆的朝代，其中原因令人深省。

第一节 | 明犯强汉者，虽远必诛

1. 矫制远征康居，斩首单于

呼韩邪单于向汉臣服后，他的哥哥郅支单于仍旧敌对自立，因为害怕汉朝，率众西迁，先是兼并匈奴支部，又击破乌孙、乌揭、坚昆、丁零等国，并定都于坚昆故城。由于怨恨汉朝支持呼韩邪单于，所在距离汉地又遥远，郅支单于逐渐开始对汉朝不恭敬，常常借故困辱汉朝使臣。汉元帝初元四年（公元前45年），郅支单于派使臣前往长安，要求作为人质的儿子回国。朝廷想派遣卫司马谷吉送郅支太子回国，但御史大夫贡禹等人认为郅支单于所在绝远，又未表归化之心，建议朝廷使者送郅支太子到边塞就可以。谷吉上书说："中国与夷狄的恩义绵延不绝，现在他的太子已经在汉朝十年，养育之恩甚厚，如果不把他送到老家，有弃捐不顾之意，会令他们失去向化汉朝之心。万一匈奴杀了我，肯定会畏罪远逃，这样一来我国边境就会安宁清静。死掉一个使臣而使百姓安乐，这也是我心所愿。"汉元帝以谷吉上表宣示群臣，贡禹等人仍坚持以为不可，认为谷吉前去匈奴王庭，肯定会为汉朝滋生事端。右将军冯奉世却认为可行，于是汉元帝就派谷吉等人出使匈奴。不想谷吉等人千里迢迢将太子送回匈奴王庭后，郅支单于不但不领情，反而想起这几年汉朝偏袒呼韩邪单于，一怒之下杀了谷吉等人，又害怕汉朝报复，因而率众向西，直奔中亚草原的康居国。康居国王和郅支单于互相嫁女，成为姻亲，康居国王原是想狐假虎威，假借郅支单于的影响威吓邻国。郅支单于多次借康居兵攻打乌孙，杀掠抢劫，乌孙不敢抵抗，致使边境千里无人居住。郅支单于打胜仗后更加骄横无礼，寻衅杀害康居国王的女儿、贵臣及数百民众，有的杀掉后甚至肢解，投入河中，又强迫康居国人替他建筑城防，遣使威胁阖苏、大宛等国给他进贡。汉朝三次派使臣向郅支单于索取谷吉等人的遗体，郅支单于不肯，并且困辱使者，百般欺骂。

建昭三年（公元前36年），甘延寿、陈汤分别担任西域都护、副校尉，奉命前往西域。陈汤为人深沉智勇，"多策谋，喜奇功"[1]，每过城邑山川，都要极目远眺，考察地形。到达西域都护治所以后，陈汤对甘延寿说："畏服强者是夷狄的天性。西域本来就是匈奴的地盘，郅支单于又威名远闻，不时侵陵乌孙、大宛等国，又常常为康居国出谋

1 《汉书》卷70《傅常郑甘陈段传》。

划策、四处劫掠。假设他哪天灭掉乌孙和大宛，挟众四处扩张，数年之间，那些向汉朝进贡的城郭国家肯定都会被他灭掉。而且郅支单于为人剽悍凶猛，喜好征伐，且屡战屡胜，若长久姑息，以后必为大患。郅支单于所在虽绝远，但匈奴传统上没有坚城劲弩的守备，如果我们调发屯田兵士，加上乌孙国士兵，出其不意，直攻其城，他定然无处可逃，即使守城也不足以自保，千载之功，一朝可成。"甘延寿觉得陈汤的话很有道理，想上奏朝廷请求发兵。陈汤说："朝廷那些公卿大夫议事只会空谈，肯定不会依我之计。"但甘延寿坚持要上奏。正巧那些日子甘延寿因生病不能处理事务，陈汤就假借朝廷名义征发了西域各城郭士兵及屯田的汉军。直到城外大军调动纷纷，甘延寿才惊觉，想出外制止，陈汤大怒，按剑怒叱甘延寿："大队人马已经集结，你小子敢阻挡众军吗？"甘延寿无可奈何，就依势一起勒兵行阵，并增加扬威、白虎、合骑3个纵队，大军共有4万多人。与此同时，他们又上书朝廷，弹劾自己矫制擅自出兵，并奏明了军队的情况。

4万大军分为6队，3队从南道越过葱岭直向大宛，另外3队从北道入赤谷，经过乌孙，到达康居国境。大军在行进中遇到了康居副王带领数千骑人马侵掠赤谷城，他们不仅抢夺到了大批畜产，还常常侵袭汉军。陈汤命所部西域联军进攻康居副王，杀死敌军400多人，夺回了被康居副王俘虏的赤谷城民，将俘获的牛、羊、马等作为军粮。到达康居东界后，陈汤、甘延寿又严禁汉军抢掠当地人，并与当地的康居首领饮酒为盟，谕以威信。汉军势如破竹，一直到距单于城60里才停军立营。当地的康居人因为怨恨郅支单于的残暴，将城内匈奴人的实情尽数告知陈汤。第二日，大军又前行30里，扎营待命。直到此时，郅支单于才知道汉兵已在眼前，他十分慌张，立即派遣使臣前去询问汉兵为何而来。陈汤回答道："天子可怜单于远弃国土，屈身于康居境内，现在派西域都护前来迎接单于一家回去，怕惊动单于，所以没有直接抵达城下。"双方使节如此往来问答数次。甘延寿、陈汤认为时机已到，攻城准备工作就绪，就责备郅支单于的使臣："我们为单于远道前来，至今没有名王大人前来拜见听命，郅支单于怎么如此无礼！我们兵来道远，人畜疲惫，军粮将耗尽，恐怕这样子回不去了，希望单于与大臣尽快商议，回复我们。"

第三天，汉军前进，大军直抵郅支城都赖水边，在距城3里远的地方安营布阵。只见单于城上遍布五彩旗幡，数百人于城上披甲站立，又有百余骑在城下来往驰骋，炫耀兵威。城门口还有百余步兵摆鱼鳞阵，操练演习。城上的人还不停向联军挑衅："前来进攻！"如此迹象，反而暴露出郅支单于的胆怯和心虚，这就像人走夜路大声叫喊，不过是给自己壮胆罢了。正观望间，匈奴骑兵百余人朝联军阵前驰来，汉军将弩机瞄准来人，匈奴兵立即掉转马头跑了回去。陈汤下令，向城门口的骑兵步兵放箭，吓得那些人都跑回城中。甘延寿、陈汤亲自击鼓，诸军立时一齐向前冲，直扑城下，穿堑攻城，劲弩数发，城楼上的披甲兵士不得不跑往楼下。由于土城外有木城，匈奴兵从木城栅格中向外射箭，汉军伤亡不少。联军又纵火烧掉木城，数百骑匈奴兵禁不住大火灼烧，趁黑天向外逃窜，全部被迎头射杀。

起初，郅支单于知道汉兵到来的消息时，本想逃跑，但他怀疑康居人因怨恨自己而做了汉兵的内应，又听说敌国乌孙及其他城郭国都出兵帮助汉人征伐自己，认为根本无所逃遁。当时他已经带人出城，思前想后，决定回城坚守，对左右说："汉兵远来，不能久攻。"郅支单于身披甲胄，在城楼上指挥，他的几十个妻妾也很英勇，都操弓向汉军射箭。汉军同样矢发如雨，一支箭不偏不倚，正中郅支单于鼻子，他的几十个妻妾也死伤殆尽。郅支单于勉强支撑下城，随即骑马逃入内城。到了半夜，木城被联军攻陷，守城匈奴兵向城外高声大呼，当时还有亲匈奴的万余康居骑兵绕城环行，声援匈奴。黎明时分，四面火起，汉军士兵大呼登城，锣鼓之声惊天动地，汉军推着攻城车攻进土城中。见势不好，康居兵仓皇逃走，汉兵攻入内城，到处纵火，郅支单于在格斗中被杀，脑袋被汉兵杜勋一刀割下。此次战役共斩单于阏氏、太子、名王以下1 500多级，生俘145人，投降1 000多人。

大胜之后，甘延寿、陈汤给汉元帝上疏："臣闻天下之大义，当混为一。匈奴呼韩邪单于已称北藩，唯郅支单于叛逆，未伏其辜，大夏之西，以为强汉不能臣也。郅支单于惨毒行于民，大恶通于天。臣延寿、臣汤将义兵，行天诛，赖陛下神灵，阴阳并应，陷阵克敌，斩郅支首及名王以下。宜悬头槁街于蛮夷邸间，以示万里，明犯强汉者，虽远必诛！"[1]这次胜利，结束了西汉与匈奴的百年战争，汉匈交战以来，汉军第一次阵斩单于，为受辱遇难的汉使报仇雪恨，提高了汉朝在西域各国的威信。

但当朝的丞相匡衡、中书令石显对陈汤都有意见，痛恨他矫制，而陈汤又一贯贪婪，违背法令，私自将缴获的战利品运回了塞内。司隶校尉命令属下查处此事，陈汤上疏说："臣与吏士一同诛杀了郅支单于，天幸能够万里回师，应当有使者一路慰劳。但如今司隶校尉反而关押士兵、查验所获，分明是为郅支单于报仇。"汉元帝立即命令不要查处，而且命令地方官在沿途准备酒食犒劳军队。陈汤回到长安后论功行赏，石显、匡衡认为："甘延寿、陈汤擅自矫制兴师，不诛杀已是侥幸，如果还要封爵赐土，那么后来

---

1 《汉书》卷70《傅常郑甘陈段传》。

者定然会为了立功而在蛮夷之地生事，如此将为国招难，不可开此先例。"汉元帝在内心认可甘延寿、陈汤的功劳，但他又看重匡衡、石显的意见，因此久议不决。

宗正刘向高度评价甘、陈二人的功绩："总百蛮之君，揽城郭之兵，出百死，入绝域，遂蹈康居，屠五重城，搴歙侯之旗，斩郅支之首，悬旌万里之外，扬威昆山之西，扫谷吉之耻，立昭明之功，万夷慑伏，莫不惧震。呼韩邪单于见郅支已诛，且喜且惧，乡风驰义，稽首来宾，愿守北籓，累世称臣。立千载之功，建万世之安，群臣之勋莫大焉。"要求论功行赏。于是汉元帝下诏盛赞："匈奴郅支单于背畔礼义，留杀汉使者、吏士，甚逆道理，朕岂忘之哉！所以优游而不征者，重劳师众，劳将帅，故隐忍而未有云也。今延寿、汤睹便宜，乘时利，结城郭诸国，擅兴师矫制而征之。赖天地宗庙之灵，诛讨郅支单于，斩获其首，及阏氏、贵人、名王以下千数。虽逾义干法，内不烦一夫之役，不开府库之臧，因敌之粮以赡军用，立功万里之外，威震百蛮，名显四海。为国除残，兵革之原息，边境得以安。然犹不免死亡之患，罪当在于奉宪，朕甚闵之！其赦延寿、汤罪，勿治。"[1]下诏让公卿商议他二人的封爵。参与讨论的群臣都以为应该按照军法，以捕获、斩单

1　《汉书》卷70《傅常郑甘陈段传》。

于的功劳封赏，但匡衡、石显认为郅支早已失国，逃亡他地，只是窃取了单于的名号，而并非真的单于。汉元帝想仿效安远侯郑吉的先例，折衷封二人为千户，但匡衡、石显仍然不同意，最终只好封甘延寿为义成侯，陈汤为关内侯，食邑各三百户，加赐黄金百斤。

甘延寿、陈汤的远征是中国古代军队到达的最西端，又一举消灭匈奴的统治阶层核心，第一次斩获单于，但竟然囿于两位执政大臣的私人恩怨和政见，久久不得封赏，最终只能降等封爵。汉元帝在这件事上又一次表现了自己优柔寡断的个性，虽然内心认可甘、陈的功绩，但却被宠臣牵制，这在汉武帝、宣帝两朝是无法想象的，同时也表明长期重军功、效率、结果的汉家制度已经开始衰落。

2.昭君出塞与废边塞争论

郅支单于被汉军诛杀后，呼韩邪单于"且喜且惧"[1]，喜的是自己的死敌被汉军消灭，惧的是自己是否会成为下一个被诛杀的对象，于是上书表达了自己愿意经常前往长安谒见皇帝的心意。竟宁元年（公元前33年），呼韩邪单于又一次获得了丰厚的赏赐，并请求成为汉朝的女

---

1 《汉书》卷94《匈奴传》。

婿，于是汉元帝将宫女王嫱（字昭君）赐予呼韩邪单于。昭君出塞与汉初的和亲性质截然不同，这是皇帝对臣服的匈奴单于的赏赐，而此前则是迫于匈奴武力威逼下的不得已。

呼韩邪单于欣喜之余，又要求永远为汉朝守卫从上谷以西至敦煌的边境，并请求汉朝罢去边境的边防军与军事设施以休养生息。汉元帝让大臣讨论，所有人都赞同，只有了解边境事务的郎中侯应反对，他认为"夫夷狄之情，困则卑顺，强则骄逆，天性然也"[1]，中国有道德教化，也有刑法牢狱，尚且还有诸多犯禁之人，匈奴单于难道能约束未经教化的部属不擅自入侵汉地抢掠吗？而且边境的障塞（汉长城）已经建了上百年，耗费了大量的人力物力，废弃之后，百十年内一旦有变，就很难再恢复了；而且让匈奴单于守卫汉朝边境，就会使他认为自己对汉朝有功，一定会有更多的要求，一旦不能满足，便会有不测的后果，这是开匈奴通汉之门，会动摇中国的根本。汉元帝听从了侯应的意见，下令不可再提罢边塞之事。

汉元帝在是否让匈奴守边的大政方针上力排众议，保持了清醒冷静的头脑，非常难得。80多年后，汉光武帝刘秀同意南匈奴称臣守边的提议，将他们安置在塞内（今华

---

1 《汉书》卷94《匈奴传》。

北、西北地区），此即后来"五胡乱华"的源头之一，灭亡西晋的正是南匈奴首领刘渊，那时他的前辈族人已经在塞内居住了100多年，边塞早已失去了作用，一朝变生肘腋，根本无从防范。

后来唐太宗攻灭东突厥，想采纳文彦博的建议，将投降的突厥部众安置在河南（河套以南），遭到了魏征的激烈反对，他认为西晋江统要求将居住于中原的五胡逐出塞外，晋武帝不加采纳，结果数年之后五胡乱华，西晋灭亡，晋武帝被俘杀，造成了几百年的大分裂、大动乱，这就是前车之鉴。如果唐太宗要将突厥安置在河南，就是养兽自遗患。但唐太宗不听魏征的意见，将突厥安置在幽州（今北京市）至灵州（今宁夏自治区灵武市）一线。投降的突厥受到唐朝的优待，吸引了更多的游牧部落为了财物及内地居住权前来归附。凉州都督李大亮认为将这些游牧民族安置在京师附近，非常不安全，且"以中国之租赋，供积恶之凶虏，其众益多，非中国之利也。"果然不到十年后，贞观十三年（639年），唐太宗巡幸九成宫（位于今陕西省宝鸡市麟游县），突厥可汗的弟弟阿史那结社率夜犯御营，企图杀害皇帝未遂，击碎了唐太宗"天可汗"的幻梦，从此他不再信任突厥，下令将突厥遣返到河套以北，终于认识到了"中国百姓，实天下之根本，四夷之人，乃同枝叶，扰其根本以厚枝叶，而求久安，未之有也。初，不纳魏征言，遂觉劳费日甚，几失久安之道。"[1]汉元帝虽有种种缺点，但在这一方面还是明智清醒的，超过了汉光武帝与唐太宗，更不用说晋武帝。

---

1 《贞观政要》卷9《安边》。

第二节 | 俗儒执政：优游不断的皇帝

1. 何谓"召致廷尉"？

　　班彪的外祖父及其兄弟曾担任汉元帝的侍中，据他们亲闻亲见："元帝多材艺，善史书（当时的一种书法）。鼓琴瑟，吹洞箫，自度曲（为歌谱曲），被歌声，分刌节度（调节音律），穷极幼眇（音乐微妙曲折）。少而好儒，及即位，征用儒生，委之以政，贡（禹）、薛（广德）、韦（贤）、匡（衡）迭为宰相。……然宽弘尽下，出于恭俭，号令温雅。"[1]汉元帝是一位书法家、音乐家，又是一位好学的儒生，且对下属宽弘大量，生活简朴，为人温文有礼。如果是一个普通人，汉元帝善良、节俭、好学，而且兴趣广泛，多才多艺，喜欢游乐，在日常生活中或许人缘不错，个人魅力十足。但作为一个皇帝，汉元帝不仅"牵制文义""优游不断""柔仁好儒"，即性格软弱，反复无常，意志不坚定，缺乏决断力，而且身体虚弱、精力不济，不到40岁

1　《汉书》卷9《元帝纪》。

时，他的头发、牙齿就开始脱落。他不擅长处理政务，政治手段与战略规划更无从谈起，完全不是一个合格的皇帝，而是一个拘泥于儒家经典的书呆子。汉宣帝毕生的事业就毁在了他的手里，庞大强盛的汉帝国在他手里开始走向衰落，知子莫如父，汉宣帝早就断言："乱我家者，太子也!"汉元帝坚信俗儒意识形态，放弃了历代秉承的打击豪强、严管吏治、实陵邑、两手都要硬的霸、王之道等一系列重大的国策。

由于体质差，汉元帝经常生病，不能亲自处理不喜欢的政事，他以为宦官没有妻儿，没有家庭等背景，只会忠于自己，于是将中枢大政委托给久在中书任职、精通政务的宦官弘恭、石显二人，事无大小，都由石显向他汇报后决定，石显因此权倾朝野，百官都对他毕恭毕敬，连丞相韦玄成、匡衡，御史大夫贡禹也都畏惧依附他。石显洞悉汉元帝的内心，行为乖巧，内心刻毒，睚眦必报，经常以诡辩中伤、加害他人。前将军、顾命大臣、汉元帝的老师萧望之领尚书事执政，他知道石显专权为奸，认为不应该由受过宫刑的宦官执掌政务，但汉元帝不采纳他的建议。此时萧望之又得罪了史、许两家外戚，弘恭、石显便诬告他与光禄大夫、汉元帝的老师周堪及宗正（九卿之首，管理皇族事务）刘向结为朋党，诬陷大臣，离间亲戚，专擅权势，为臣不忠，污蔑皇帝无道，因此"请谒者召致廷尉"[1]。汉元帝竟然不明白公文术语"召致廷尉"就是逮捕下狱的意思，同意了弘恭、石显的上奏。后来汉元帝想召见周堪、刘向，才知道他们已经被逮捕下狱，大吃一惊。汉元帝责怪弘恭、石显，命令释放周、刘二人并官复原职。但史高却认为汉元帝刚即位，还没有什么政绩，将师傅和九卿大臣逮捕下狱，此时又突然无罪释放、官复原职，无法向天下人交代，因此应该将他们免职。汉元帝居然就听从了这个建议，下令赦免老师萧望之无中生有的罪行，但撤销他前将军兼光禄勋的职务，并将周堪、刘向免为庶民。

此事足证汉元帝之昏庸与优游不断：作为皇帝居然连最重要的公文术语也不清楚，糊里糊涂逮捕了自己的两位老师以及位列九卿之首的大臣；事后发觉被骗，居然为了自己的面子，非但不承认错误，甚至撤销了无辜下狱大臣的职务。将一个不合格的人放在他不能胜任的岗位上真是一出悲剧，而且悲剧的力度与这个岗位的重要程度呈正比。英明的汉宣帝居然有这样一位糊涂、平庸的儿子，不仅证明基因、血统无法确保能力的遗传，而且也说明太子教育的失败——当了近20年的太子居然读不明白公文术语，只会按照儒家经典，照本宣科处理政事，实质上却重用宦官权奸，陷害忠直大臣，还自以为这就是所信奉的儒家"仁

1 《汉书》卷78《萧望之传》。

政"。萧望之、周堪这两位老师也有责任，他们用儒家经典教出了这样一位完全脱离现实的皇帝，结果自己反受其害。

汉元帝的昏庸、愚蠢还远未表演够。过了几个月，他念及师生恩情，封萧望之为关内侯，并想任命他为丞相。此时萧望之的儿子萧伋上书，为父亲下狱之事鸣不平。弘恭、石显趁机向汉元帝诬告萧望之曾经想排斥许、史二家外戚，专权擅朝，现在已经得到了爵位，却还不悔过服罪，深怀怨望，教唆儿子上书，将责任推给皇帝，他自以为是皇帝的老师，不会被治罪。如果现在不将他逮捕下狱，不能平息他的怨恨之心，以后也不能彰显皇帝的深恩厚泽。汉元帝反问："老师一向刚直，怎么肯被逮捕下狱呢？"弘恭、石显回答："人命关天，萧望之犯的只是言论上的小罪，不用担心他的性命。"于是汉元帝批准逮捕。弘恭、石显命人将逮捕令亲手交给萧望之，并派军队包围他的家。萧望之仰天而叹："我曾经备位将相，如今已年过六旬，此时入狱，苟且偷生，何其鄙陋！"于是饮鸩自杀。汉元帝听说后大为震惊，拍掌说："我之前就一直怀疑他不愿意坐牢，现在果然害死了我的好老师！"于是他拒绝进食，哀恸涕泣，责问弘恭、石显办错了事，但却并不追究他们的责任。

汉元帝再次更深刻地表现了他政治能力之低下难以想象，做事首鼠两端，没有一点自我主张和判断力，被他人牵着鼻子尽情利用，多次被骗成为作恶的工具却不自知，这样的人竟然成为最高的执政者，真是这个政权的悲剧。汉宣帝念及夫妻之情而忘却执政大义，误己误国。选立太子并非单纯的家事，更是国事，不能以家事而害国事，这也是人治家天下制度的缺陷与命门所在。在这一点上，汉宣帝远不如他崇敬的曾祖父汉武帝英明果决。

2. 废徙陵：儒生士大夫利益集团的坐大

汉元帝是一位为人宽厚、却毫无政治能力的"滥好人"，他正是害死自己老师的凶手之一，因此他的"仁"只是一种对奸恶势力软弱、退让的无用之"仁"，而对于软弱群体和无辜者只能说是"凶残"。在位16年，他所施行的"仁政"也如同这件事一样，只能导致国家衰落，民众流离失所，并埋下了西汉灭亡的祸根。汉元帝喜好"儒术文辞，颇改汉宣帝之政"[1]，以儒学经典为施政蓝本，要求大臣行政、执法都要符合儒学经典的标准，于是一批长于空谈的儒生投其所好，纷纷出些迂腐的馊主意。汉宣帝担心"俗儒不达时宜，好是古非今，使人眩于名实，不知所守"的现象果然出现了，而汉元帝恰恰重视这些"俗儒"的意见。永光四年（公元前40年），汉元帝下诏："安土重迁，是民

---

1 《资治通鉴》卷29《汉纪二十一》。

众的本性，骨肉相依，是百姓的愿望。之前有人从为臣之道上奏提出，将百姓迁徙到陵邑居住，是令百姓远弃先祖坟墓，破产失业，与亲人分别，以致迁出者怀念家人，在家者思念远亲。现在东部虚耗，关中又有大批无业游民，这并非长久之计。《诗》言'民亦劳止，迄可小康，惠此中国，以绥四方。'如今我的陵刚刚开始修建墓，就不必设置陵邑了，让天下人都能安土乐业，不必担心迁徙流动。特此布告天下，让臣民都了解我的心意。"汉武帝、汉昭帝、汉宣帝时期一直迁关东豪强富民到关中陵邑居住，这是防止地方势力坐大、土地兼并、贫富悬殊加大的重要国策，居然就被这位书呆子、"滥好人"皇帝依据儒学经典《诗经》轻易废除。

徙陵政策被废除是与儒生执政形成了新的士大夫利益集团密切相关。由于当时还没有印刷术，儒学经典书籍掌握在少数的家族手中，他们垄断了儒学的传播，也就逐渐垄断了仕途。关东鲁国邹县（在今山东省邹县东南）人韦贤号称"邹鲁大儒"，以精通《诗经》闻名于世，他于汉昭帝时被迁徙至平陵，后于汉宣帝时任丞相封侯，是儒生利益集团的领袖人物，82岁时退休，去世后葬于平陵。他的小儿子韦玄成被迁徙到杜陵，他以"明经"（明习儒家经学，为汉朝选举官员的科目）发迹，又任丞相封侯。他们的家乡邹鲁因此流传一句谚语："遗子黄金满籝（竹器），不如一经"[1]，儒学已经成为求取功名利禄、在仕途上飞黄腾达的重要工具，而以军功封侯的汉武帝时代已经一去不复返了。韦玄成担任了七年丞相，临终前要求安葬于父亲的墓旁，被汉元帝批准。正是在韦玄成担任丞相期间，徙陵政策被废除。汉元帝时期，执政的是以精通儒学经典而发迹的关东儒生集团，他们本身就是地方豪强富民，自然反对严重损害自身利益的徙陵政策；他们以儒学理论、施仁政的幌子掩盖自身的经济利益，投汉元帝所好，致使以经术为施政准则的汉元帝又一次心甘情愿地上当受骗。汉元帝的太子老师、后任丞相的张禹、丞相匡衡都是以儒学走上仕途而发迹，变成家财亿万的大地主。司马光对汉元帝的评价是"甚矣！孝元之为君，易欺而难寤（悟）也。"[2]并认为他连中等的智力也不具备，可谓恰如其分。

西汉宣、元之际，儒术成为官方意识形态已近100年，四五代人的时间，培养了一大批真真伪伪的儒生，打着红旗反红旗，用原教旨的教条谋取自己的利益已经常态化。当时真能读得起书，举贤良做官的大多是中产以上，即使极个别如匡衡这样的底层，也都极为贪婪，上位后会变本加厉，兼并大量地产，成为著名的大地主。当时已经占据朝廷大多数要职的儒生既得利益集团最痛恨西汉反豪强的

1 《汉书》卷73《韦贤传》。
2 《资治通鉴》卷28《汉纪二十》。

国策，一力反对、造势，正好撞上了刘家难得的俗儒书呆子汉元帝，他坏就坏在自己是真俗儒，真信经典书本上的那一套，事遂成矣。

废除徙陵政策的恶果很快就显现了。汉成帝鸿嘉二年（公元前19年），陈汤上书，建言恢复徙陵政策："天下民不徙诸陵三十余岁矣，关东富人益众，多规（占据）良田，役使贫民。"[1]土地良田是有限的，既然被豪强富民所占，社会中下层的民众必然就会失去土地，成为流民。永光元年（公元前43年），关东地区大灾，人民流离失所，而汉元帝却要滞留于甘泉宫打猎，御史大夫薛广德劝谏："窃见关东困极，人民流离。陛下日撞亡秦之钟，听郑卫之乐(淫曲)，臣诚悼之（忧虑）。今士卒暴露，从官劳倦，原陛下亟返宫，思与百姓同忧乐，天下幸甚。"[2]民众在受苦受难，汉元帝每天却仍旧在从事自己的音乐活动，甚至还要游猎，他分明是在撞响西汉的亡国之钟。

汉元帝是游移不断的才子（擅长音乐、书法、儒家理论）、糊涂虫、书呆子、儒家原教旨主义者。他的先祖汉武帝独尊儒术是用来欺骗别人的，他父亲汉宣帝名为儒生，但信奉霸、王之道，以严刑峻法驾驭官僚，而元帝竟然被山东儒生官僚欺骗，废除了徙陵邑这一汉家调控贫富差距

---

1 《汉书》卷70《傅常郑甘陈段传》。
2 《汉书》卷71《隽疏于薛平彭传》。

的国策，导致流民四起，汉家合法性严重动摇。

为了实行"仁政"，汉元帝奉行"轻刑"政策，减少了34种死罪，他的继承者在此基础上继续推进，结果导致盗贼越来越多，每年就有上万人。他们在首都长安所在的三辅横行，甚至火烧汉武帝的茂陵，在未央宫都能见到大火。陇西、北地、西河的盗贼，越州度郡，万里交结，攻取武库的兵器，劫略官吏，皇帝下诏书征讨围捕，却连年不获。当时天下并没有战乱，而盗贼却如此猖獗，其中至少有部分原因是汉元帝及其继承者们为了施行所谓的"仁政"而盲目减刑，结果反而导致奸恶作乱，祸害善良守法的民众，形成了动乱，受害者远超过减刑前的死刑犯，这是对汉元帝所谓"仁政"的莫大讽刺。

3. 孝宣之业衰焉：霸、王之道的丧失

汉武帝与汉宣帝之所以是杰出的政治家，一个重要的原因是他们均不为任何利益集团所左右，而且动用严刑峻法有效遏制、打击了既得利益集团，防止他们坐大威胁政权，以缓解贫富悬殊与阶级矛盾。他们是超越一切利益集团的最高政治存在，代表的是刘氏汉朝政权的最根本、最长远的利益，而不是功臣、平民精英、外戚或其他集团的代表、工具。"不别亲疏，不殊贵贱，一断于法"，法家的

"霸道"是汉武帝、汉宣帝用来对付官僚、贵族、地方豪强等既得利益集团最有力的武器。汉宣帝时期，儒生士大夫集团、外戚与中书宦官形成三股互相制衡的政治势力，而皇帝本人凌驾于其上，进行操控，但政治能力低下的汉元帝不仅不能遏制既得利益集团的势力，而且在不知不觉间沦落为关东儒生集团、地方豪强的政治利益代言人，成为了被他们操控的工具，却还自以为是在按照儒学经典统治国家。放弃"霸道"，施行所谓的"王道"，也就放弃了对官僚、贵族、地方豪强等少数人组成的既得利益集团的有力制约，使得他们的利益可以不受约束地扩张，结果对占绝大多数的社会中下层民众的利益却损害最大，这与汉元帝想要施行所谓仁政的初衷背道而驰。设想一下，如果汉文帝、景帝之后，不是汉武帝、宣帝，而是汉元帝这样的人直接继承皇位，那么不仅不会出现西汉盛世，甚至会将文景之治的黄金年代直接带入衰世的深渊，西汉盛世的不可复制性，就在于此。崔寔认为治国就像照顾人的身体，健康时注意调养即可，生病的时候就需要治疗。刑罚就是治理乱世的药物，道德教化则是太平时代的食物。如果用道德教化治理乱世，就是用谷物、肉类来治病；用刑罚来治理太平盛世，就是用药物来取代食物。与"严刑峻法，破奸轨之胆"的汉宣帝恰恰相反，汉元帝"多行宽政"，丧失了权威，结果"权幸之臣有罪不坐，豪猾之民犯法不诛；

仁恩所施，止于目前；奸轨得志，纪纲不立"[1]，普通中下层民众成了豪强欺压、剥削的对象，国内阶级矛盾激化，诚如其父亲预测的那样，汉元帝是一位"乱我家者"的"汉室基祸之主"[2]。

西汉强盛的重要原因就是文、景、武、宣诸帝均能以法家的"霸道"驾驭执政团队，打击既得利益集团，有功必赏，有罪必罚，纲纪严明，政策、方针、战略规划能够在各级政府管理层面得到切实有效的落实、执行，而不是政令不出未央宫；他们不为任何利益集团操控，而是凌驾于各利益集团之上，所有集团只是他们用以操控的工具；他们的首要目标是维护汉家天下的江山能够长久稳定，繁荣昌盛，一切妨碍这个目标的个人或集团都会被他们无情消灭；无论"霸道""王道"都只是他们执政的手段，根据实际的形势和目标，他们有时侧重于"霸道"（汉武帝），有时侧重于"王道"（汉文帝、汉景帝），有时两者平衡使用（汉宣帝），但无一例外，他们全部是两者并用。与之相比，因为政治能力低下，汉元帝不明白没有"霸道"就没有"王道"，"霸道"是"王道"能够有效实施的最基本前提和保证；没有了"霸道"，强势的既得利益集团就会贪婪蚕食弱势群体的利益，会导致贫富悬殊加剧，阶级矛盾激

1 《资治通鉴》卷53《汉纪四十五》。
2 《后汉书》卷52《崔骃列传》。

化，损害政权的根本利益，最终导致社会动荡，甚至全面崩溃内战，率兽食人，这时候哪里还有"王道"？这就是以霹雳手段施菩萨心肠的真实含义。

汉宣帝考核官员强调以实际的行政能力与政绩为准，而汉元帝以经治国，强调以经取士，读经成为做官显贵的捷径和工具，有行政能力的人因不读经而无法得到重用，而熟读经书者往往没有行政能力。那些投机钻营的所谓大儒，如韦玄成、匡衡之流，不仅没有行政能力，还依附、投靠宦官，谋取个人利益，却被重用，担任丞相。王夫之评价汉元帝重用儒生："盖孱主、佞臣惩（担心）萧（望之）、周（堪）、张（猛）、刘（向）之骨鲠，而以柔惰销天下之气节也。自是以后，汉无刚正之士，遂举社稷以奉人，而自诩其敦厚朴让之多福。"[1]

大臣京房曾当面对汉元帝的统治有过一段直率的描述："《春秋》记载了242年的灾异以昭示万世的君主。如今自陛下即位已来，日月失明，星辰逆行，山陵崩塌，泉水满涌，地震频频，天降陨石，夏日有霜，冬雷阵阵，春花凋残，秋草向荣，陨霜不杀，旱涝交叠，螟虫纷飞，人民饥馑，多所染疫，盗贼不禁，刑人满市，《春秋》所记载的灾异已然尽备。陛下认为今日是治世还是乱世？"汉元帝再愚

---

1 （清）王夫之《读通鉴论》卷4《汉元帝二》。

蠢，也知道自己治下已经乱象丛生，对此只好承认："已是极乱之世。但这是什么原因呢？"京房又问："那你现在重用什么人？"汉元帝回答："现在的世道似乎比周幽王、秦二世时期要强，可能不是因为这个人作恶导致的。"京房回应道："以前的乱世之君也都是像你这样认为的，但臣恐怕后人看今日，就像今人看以前的乱世一样。"汉元帝良久才答："那为乱的祸首是谁？"京房回应道："明主自己应该知道。"汉元帝回答："我不知道，如果知道，我为何还用他呢？"京房回应道："你最信任的、一起谋划国事的那人就是祸首。"汉元帝明知道京房说的就是中书令石显，但只是回答："我已经知道了。"非但没有任何举措，甚至最后京房与汉元帝的老师周堪及其弟子张猛都被石显迫害致死。

汉元帝的昏聩在此段对话中又一次表露无遗，明知是衰世、乱世，明知自己用人、为政不当，却不能纠正，甚至像京房这样直言敢谏的大儒也因此被迫害而死。当时的乱象既是天灾，更是人祸；天灾不可避免，当时正值气候从温暖期转向寒冷期，灾害频繁，但人为努力可以减轻后果，反之则可以加剧。汉元帝时期糟糕的吏治，低下的效率已经无法应付这些天灾，而被地方豪强兼并土地的流民更是无法抵御这些天灾。

不能说汉元帝不希望将天下治理好，这毕竟是祖宗留给他的天下，他还要传给子孙，他对此担负着最终的无限责任。在位期间他几乎年年下诏公开反省、自责，称自己"治有大亏，咎至于斯。夙夜兢兢，不通大变"；"朕战栗恐惧，不烛变异，咎在朕躬"；"咎在朕之不明，无以知贤"；"咎至于此，朕甚自耻"……[1]不能否认这些自责是发自内心的，态度是真诚的，他也确实有过一些减免民众负担、救济灾民的措施，但实在是因为能力问题，他也只能浑浑噩噩地混下去，完全无力挽回颓势。他徒劳无用的罪己诏，也许开始还能博得同情和谅解，但长此以往，只会使人麻木、厌烦，沦为廉价的作秀，损害自身以及政权的威信，让民众觉得他是一个无能的滥好人，并对汉家江山的合法性产生深深的质疑。一个政治家只有良好的政治意愿却没有实现的能力是没有用的，甚至还会带来灾难，通往地狱之路往往是好心铺就的。作为政治家，能力是首要的条件，像汉元帝这样只会空谈仁政，结果反而害国、害民，这真是一场悲剧，西汉盛世不可救药地毁在了他的手里。

竟宁元年（公元前33年），在位16年的汉元帝终于去世，摆脱了让他痛苦的皇帝职位。深受祖父汉宣帝宠爱的皇太子刘骜继位，即为汉成帝。他的舅舅王凤任大司马、大将军领尚书事。汉成帝仪表堂堂、外表庄重，说话慢条斯理，临朝少言寡语，状不可测。这位表面"尊严若神"

1　《汉书》卷9《元帝纪》。

的年轻皇帝实际上却是一个耽于酒色的草包。他的母亲皇太后王政君家一门十人封侯，五人任大司马秉政，王氏逐渐取代刘氏成为西汉实际的最高统治者，汉成帝已经成了傀儡。汉元帝、汉成帝及其后的汉哀帝、汉平帝一蟹不如一蟹，他们不仅无法挽回颓势，而且由于拙劣的表现，经济危机反而越发加剧，进而演变成了政治危机，完全失去了对局势的掌控。王家的崛起也是偶然，当年还是太子的汉元帝丧偶，终日痛苦不堪，父亲汉宣帝特意准备了一群美女让他挑选，他根本没有兴趣，头也不抬，随手指了一位，就是王政君，她后来生下了嫡长子汉成帝，而且非常高寿，活了80多岁，一直活到西汉灭亡，扛死了汉朝，确保了王家势力经久不衰。

整个社会从高层到低层，都普遍对汉朝失去了信心，当时官方意识形态儒家学说的禅让理论与"汉家尧后，有传国之运"[1]的社会舆论也越来越盛行，朝野上下甚至包括部分皇族宗室也认为刘姓汉室已经无法有效处理政治、经济危机，必须要禅让给贤人才能解民之困苦，重现太平盛世。此时王氏家族的最后一任大司马王莽不仅已经掌握了汉朝最高权力，而且拥有崇高的儒家道德威望，生活简朴，乐善好施，救助灾民，甚至处死了杀奴仆的儿子，成为朝

---

1 《汉书》卷75《眭两夏侯京翼李传》。

野上下心目中的大救星。在这种背景下，王莽非常轻易地篡夺了汉朝政权，称帝建立了新朝。西汉是中国历史上唯一被意识形态忽悠灭亡的朝代，而西汉恰恰又是最强大的朝代，一直到末年，仍然是亚洲大陆的绝对霸主，因此著名学者王夫之感喟："故国恒以弱丧，而汉以强亡。"[1]

王莽篡汉的野心早就一目了然，却无人能阻止，一方面原因在于汉成帝、哀帝、平帝三人都先后绝嗣，中央政权不稳，天下对汉家的信心丧失，另一方面在于此时已经没有汉初强大的刘姓诸侯存在。元、成、哀、平四位皇帝竟然连续三代绝嗣，元帝也因此彻底绝嗣，而汉宣帝的曾孙却多达53人，玄孙23人，枝繁叶茂，换任何一个人上来也比这祖孙四代强，在传统中国，皇统绝嗣意味着人心散尽，政权将终，真可谓天亡汉家。汉宣帝当时没有下定决心换太子更是失策，当然他无论如何也没有想到自己的孙子、曾孙、玄孙竟然如此不堪，他宠爱的孙子汉成帝为了确保赵飞燕生太子，竟然亲手杀害自己的儿子以致绝嗣。

汉初，汉高帝刘邦翦除异姓诸侯王，大封同姓子侄为王，"藩国大者夸州兼郡，连城数十"，这是吸取了秦朝不封诸侯，高度中央集权，一朝中枢有变（赵高篡权），立即土崩瓦解，占领百越的重兵集团却不回师救援的教训。汉

---

1 （清）王夫之《读通鉴论》卷8《后汉恒帝九》。

初大封同姓诸侯，起到了积极的作用，最强大的齐王起兵，有效防止了吕氏篡汉。但随着各诸侯国的实力增强，血缘亲情逐渐疏远，汉廷中央与同姓诸侯的矛盾逐渐突出，最终酿成了吴楚七国之乱。随后同姓诸侯国的实力被严重削弱，汉武帝又实行推恩令，"自此以来，齐分为七，赵分为六，梁分为五，淮南分为三。皇子始立者，大国不过十余城……作左官之律，设附益之法，诸侯惟得衣食税租，不与政事"，诸侯王失去了一切军政权力。到了汉末，王莽倚仗太皇太后王政君窃取了中央权力，而天下刘姓诸侯没有半点反抗能力，甚至为了保命"厥角稽首，奉上玺韨，惟恐在后，或乃称美颂德，以求容媚"[1]，早就失去了当初齐王、吴楚七国、淮南王、衡山王等起兵的勇气与能力。这个事实又一次表明，不存在永久有效的制度，任何制度都是写在纸上的，需要人来执行，人心的向背、变化都会直接影响到制度的效果，因此只有因时因地制宜才是最好的制度；同时也说明以史为鉴时绝不可以矫枉过正，因为各种势力此消彼长，如何平衡，存于一心，否则就会适得其反。这一悲剧在汉朝之后仍然继续，曹魏篡汉，吸取了汉朝的教训，不封同姓诸侯，结果被司马氏篡夺；司马氏又吸取了曹魏的教训，大封同姓诸侯，酿成了八王之乱，内

---

1 《汉书》卷14《诸侯王表》。

战严重消耗了国力军力，内附的诸少数民族趁机起兵，五胡乱华，西晋覆灭，这都属于矫枉过正、僵化的以史为鉴。

脱离现实，缺乏社会经验，只重视书本二手知识的人经常是"名词蛊"，即沉迷于各种概念、术语、口号、理论。语言的魔力是很大的，因为人们的思维就是建立在这些之上，而很少会进一步思考这些术语、概念、口号、理论本身是否正确、是否有适用范围，以及是否经过验证。社会、人文学科（它们不是可以重复检验、证伪的"科学"）根本不存在如牛顿三定律这样确凿无疑，可以经过反复证实、证伪，可重复性检验的理论，但社会、人文学科的从业者却喜欢将自己半真半假（塔尖上的大忽悠一般不会相信，中底层的信众门徒才会真信）信奉的理论上升为经典实验物理学理论一样不容置疑，这也是一种"欺世盗名"。所以这些学科经常会为一些观点争执几十年、上百年，而最终没有任何结果，原因就在于这些争论的东西根本无从检验。中国古人对此也有深刻的认识，发明了名、实概念：名就是术语、概念、口号、理论；实就是实际情况。汉宣帝痛骂的"不达时宜，好是古非今，使人眩于名实，不知所守"：喜欢玩弄词藻章句、术语、概念、口号、理论，将简单的事情复杂化、浆糊化，让人更分不清楚它们与实际的差别，无所适从，只能听他们的忽悠，一旦思考就必须遵循他们忽悠的概念、术语、理论，这样他们就掌握了话语权，可以浑水摸鱼，增加社会认识成本，突出自己的重要性，这是何足委任的"俗儒"的典型特征。王莽是比他姑父汉元帝更变本加厉的俗儒，他改变了全国地名，甚至将"匈奴单于"改为"降奴服于"，"高句丽"改名"下句丽"，导致与属国关系破裂，边境战争不绝。

王莽是原教旨儒家，真心相信西周的井田制、社会资源国有化是解决当前社会矛盾的关键，臆想通过全面复古，推行西周的制度来缓和社会矛盾，因此他推行了一系列激烈的社会改革，结果却得罪了社会各阶层，社会更加动荡，并直接导致了大规模内战，他从一位大救星迅速变成了一位大灾星。社会动荡，"人心思汉"，社会各阶层又开始思念汉朝的稳定、繁荣、强大，于是王莽又变成了篡汉的罪人，结果身死国灭。汉元帝废除实陵邑，贫富悬殊拉大，社会矛盾激化，积重难返，王莽想通过激进的改革解决，重新分配资源财富，托古改制，从儒家经典中寻找合法性，结果得罪了有产阶层，而贫穷阶层也没有获得利益，矛盾更加激化，导致天下大乱、全面内战。讽刺的是，王莽没能完成的使命，竟然由他的死敌绿林、赤眉完成了。他们和王莽明为敌人，实质是战友，都想要解决贫富悬殊、资源分配的问题，只是解决的代价极为高昂——数千万人死亡。

西汉经历了数代人不懈的努力、积累，休养生息70

年，才有了汉武帝历经半个世纪的开疆拓土，扬国威于万里之外，又经过了汉昭帝、汉宣帝40年的用心经营才达到了极盛。盛世的建立非常缓慢、不易，但崩溃却极为容易、快速，经过汉元帝仅16年的低劣统治，西汉盛世已经开始崩溃，衰亡不可挽回。汉元帝之后仅42年，西汉就灭亡了。建设好一个系统总是艰难的，但一个系统的崩溃却总是容易的，西汉的历史是最好的例证。

后记

本书是拙著《盛世启示录》上编的增补修订本，主要增补了秦朝统一后的急速覆亡，以及清朝空前规模的人口数量与美洲作物无关的内容。

"一切历史都是当代史"，这句话已经耳熟能详，但究竟是什么意思？

以我的理解，一切历史的叙述与建构都由当代撰写者的认识能力、价值判断以及个人审美决定，更与其身处的现实环境息息相关。从来不存在全面、客观、中立的历史叙述，因为即使是最简单的史料详略取舍，都一定会带有强烈的个人色彩。

原书写于2010年，当时我已经隐隐感觉到了时代变化的到来，这一感触深深融入了本书的撰写。现在回首，当时的感觉非常正确，这本书可以说是一种预言。

我从来不认为历史学是一门科学，因为科学必须可以证伪，必须能重复检验，而人类迄今还无法穿越，目睹历史上发生的一切，历史更不可能重复发生。当然更进一步讲，即使目睹历史也未必真实，更未必全面。但历史叙事必须经得起基本史料的检验，必须经得起基本逻辑的检验，更必须经得起现实甚至未来预言的检验。因为连现实问题都看不清楚的人，也不可能看清楚未来，当然更不可能清楚、理解几百年甚至两千年前的历史。

因此，虽然历史无法用历史检验，但历史却要经得起现实与未来的检验。

侯杨方

2019年5月27日